全本全注全译丛书

中华
经典
名著

张　景　张松辉◎译注

战国纵横家书

中華書局

图书在版编目（CIP）数据

战国纵横家书/张景,张松辉译注. —北京:中华书局,2025.
6. —（中华经典名著全本全注全译丛书）. —ISBN 978-7-101
-17179-2

Ⅰ.K231

中国国家版本馆 CIP 数据核字第 2025NR3698 号

书　　名　战国纵横家书
译注者　张　景　张松辉
丛书名　中华经典名著全本全注全译丛书
责任编辑　舒　琴
装帧设计　毛　淳
责任印制　陈丽娜
出版发行　中华书局
　　　　　（北京市丰台区太平桥西里 38 号　100073）
　　　　　http://www.zhbc.com.cn
　　　　　E-mail:zhbc@zhbc.com.cn
印　　刷　北京中科印刷有限公司
版　　次　2025 年 6 月第 1 版
　　　　　2025 年 6 月第 1 次印刷
规　　格　开本/880×1230 毫米　1/32
　　　　　印张 11　字数 230 千字
印　　数　1-8000 册
国际书号　ISBN 978-7-101-17179-2
定　　价　36.00 元

目录

前言 …………………………………… 1

一、苏秦自赵献书燕王章 …………………………… 1

二、苏秦使韩山献书燕王章 ……………………… 10

三、苏秦使盛庆献书于燕王章 ……………… 14

四、苏秦自齐献书于燕王章 ………………… 23

    附录:《战国策·燕策二》"苏代(秦)自齐

    献书于燕王章" ……………………… 36

五、苏秦谓燕王章 ………………………… 40

    附录一:《战国策·燕策一》"人有恶苏秦于

    燕王者章" ……………………………… 46

    附录二:《战国策·燕策一》"苏代谓燕昭王

    章" …………………………………… 54

    附录三:《史记·苏秦列传》部分文字 ……… 62

六、苏秦自梁献书于燕王章(一) ……………… 66

七、苏秦自梁献书于燕王章(二) ……………… 70

八、苏秦谓齐王章(一) …………………… 75

九、苏秦谓齐王章(二) …………………… 83

一〇、苏秦谓齐王章(三) …………………… 88

一一、苏秦自赵献书于齐王章(一) ………… 92

一二、苏秦自赵献书于齐王章(二) ············· 97

一三、乾賨献书于齐章 ·················· 108

一四、苏秦谓齐王章(四) ················ 112

一五、须贾说穰侯章 ··················· 123

　　附录一:《战国策·魏策三》"秦败魏于华

　　　章" ······················ 132

　　附录二:《史记·穰侯列传》部分文字 ······ 136

一六、朱己谓魏王章 ··················· 142

　　附录一:《战国策·魏策三》"魏将与秦攻

　　　韩章" ····················· 156

　　附录二:《史记·魏世家》部分文字 ······· 163

一七、胃起贾章 ····················· 171

一八、触龙见赵太后章 ················· 185

　　附录一:《战国策·赵策四》"赵太后新用

　　　事章" ····················· 193

　　附录二:《史记·赵世家》部分文字 ······· 197

一九、秦客卿造胃穰侯章 ················ 202

　　附录一:《战国策·秦策三》"秦客卿造谓

　　　穰侯章" ···················· 208

　　附录二:《史记·秦本纪》与《史记·穰侯

　　　列传》部分文字 ················ 211

二〇、谓燕王章 ····················· 214

　　附录一:《战国策·燕策一》"齐伐宋章" ····· 223

　　附录二:《史记·苏秦列传》部分文字 ······ 229

二一、苏秦献书赵王章 ················· 237

　　附录一:《战国策·赵策一》"赵收天下章" ··· 248

附录二:《史记·赵世家》部分文字 ············· 255

二二、苏秦谓陈轸章 ··················· 262

附录:《史记·田敬仲完世家》部分文字 ····· 269

二三、虞卿谓春申君章 ··················· 274

附录一:《战国策·楚策四》"虞卿谓春申
君章" ···················· 279

附录二:《战国策·韩策一》"王曰向也子
曰天下无道章" ············· 281

二四、公中佣胃韩王章 ··················· 283

附录一:《战国策·韩策一》"秦韩战于浊
泽章" ···················· 290

附录二:《史记·韩世家》部分文字 ········· 293

附录三:《韩非子·十过》部分文字 ········· 296

二五、李园谓辛梧章 ··················· 300

二六、见田偈于梁南章 ··················· 306

二七、魔皮对邯郸君章 ··················· 317

前言

　　帛书《战国纵横家书》的出土，为我们进一步认识战国时期的政治、军事、外交等情况提供了难得的第一手史料，特别是当时国与国之间、君与臣之间、个人与个人之间的矛盾斗争的复杂性与尖锐性，在该帛书中都有着较为全面而清晰的反映。在阅读《战国纵横家书》原文之前，我们有必要对这一珍贵史料的出土、整理、内容、注释等情况有一个大致的了解。

一、关于本书的出土、书名

　　1973年年底，考古人员对湖南长沙马王堆二号墓和三号墓进行发掘整理，三号墓首先清理完毕，其中出土的大量帛书，是这座古墓中最有价值的文物。在这批帛书中，有一部分内容与《战国策》近似。

　　自1974年始，在政府的统一协调下，有关单位的考古人员协力合作，对这些帛书进行系统整理。与《战国策》内容近似的这部分帛书原无书名，为了称引方便，马王堆汉墓帛书整理小组（以下简称整理小组）就把这部分帛书定名为《战国纵横家书》。全书共二十七章，原无章名，为了阅读方便，整理小组又在每章释文的前面添加了章名。《战国纵横家书》全书共三百二十五行，一万一千多字。其中十一章的内容见于《战国策》《史记》及《韩非子》，文字、细节略有差异。另外十六章，则是失传已久的佚书,这些佚书的史料价值弥足珍贵。因为这本帛书避汉高祖刘邦的"邦"字讳,故整理者据此推断是前195年前后的写本。

既然整理小组为本书定名为《战国纵横家书》,我们首先就必须对书名有一个确切的理解。所谓的"战国",是指中国历史上春秋时期之后、秦始皇统一中国之前这段大约两百多年的历史时期。把秦始皇统一中国的前221年作为战国的终止年,学界没有异议。关于战国的起始年份,由于与春秋时期在历史上并无明确的时间界限,因此有不同说法。旧史多以周威烈王二十三年(前403)韩、赵、魏三家分晋后被列为诸侯为战国的起点;现在学界多以周元王元年(前475)为战国的起点。关于"战国"这一名称的起源,也有两种说法,一是因为这一时期诸侯大国连年征战,故被称为"战国";二是因为西汉末年的刘向将有关这段历史的各种资料汇编为一本书,取名《战国策》,所以这一历史时期被称为"战国"。其实这两种说法并不矛盾,因为这一时期战乱频仍,所以刘向称这一时期的史料为《战国策》;因为《战国策》这一书名,人们更认同把这一时期称为"战国"。它们彼此互为因果关系。

战国时期虽然是一个动乱时期,但也是中国历史上百家争鸣的学术繁荣时期。其主要原因是当时没有一个统一的中央集权政府,因此也就没有一个统一的占主导地位的统治思想,各个学派可以自由发展;同时,正是由于各国之间征战激烈,各诸侯国为了自保,在展开军事、经济等各方面竞争的同时,也展开了人才竞争,学者对待君主的态度是合则留,不合则去,用春秋末年孔子的话讲,就是:"鸟能择木,木岂能择鸟乎!"(《史记·孔子世家》)这就客观上为不同学派的学者提供了充裕的生存空间。在这种情况下,能够为诸侯解决燃眉之急的纵横家应运而生。关于"纵横家"这一名称的含义,我们看以下两条史料:

从者,合众弱以攻一强也;而衡者,事一强以攻众弱也。(《韩非子·五蠹》)

从横家者流,盖出于行人之官。孔子曰:"诵《诗》三百,使于四方,不能专对,虽多亦奚以为?"又曰:"使乎,使乎!"言其当权事制宜,受命而不受辞,此其所长也。及邪人为之,则上诈谖而弃其信。(《汉书·艺文志》)

文中的"从"通假为"纵","纵"即"合纵"。韩非认为,所谓的合纵,就是联合多个弱小的国家去攻打一个强大的国家;"衡"通假为"横","横"即"连横",而所谓的连横,就是依附于一个强大的国家而去攻打众多的弱小国家。《汉书》认为纵横家出自外交官员,属诸子十家之一,他们的长处是能够随机应变,灵活处事,短处则是往往不讲信用,喜欢使用欺诈手段。

　　现在对"纵横"的解释一般是:"纵横"是"合纵连横"的缩称。合纵与连横是战国时期各国处理军事、外交活动的两种方式。战国中后期,秦国日益强大,对其他国家的生存构成极大威胁,合纵就是指相对弱小的东方六国联合起来共同对抗秦国;连横则指秦国联合若干个弱国一起进攻其他国家。还有一种解释更为形象贴切:南北为纵,东方六国的土地呈南北方向分布,故南北六国联合抗秦,谓之合纵;东西为横,秦国处于西部,六国处于东部,故秦国联合东部六国中的某些国家以对付其他国家,谓之连横。由于六国都想借助他国力量以利己,故合纵多为松散联盟,从而导致抗秦活动无法持久,最终为秦国各个击破,使秦国得以灭六国而一统天下。

　　纵横家的主要代表人物有公孙衍、苏秦、张仪、李兑、庞煖等,有人把鬼谷先生也视为纵横家,因为鬼谷先生虽然没有太多的实际政治活动,但他毕竟是苏秦、张仪的老师。在所有这些人物中,又以苏秦与张仪最为著名。苏秦是主张合纵的代表人物,张仪是主张连横的代表人物。

二、本书主要内容

　　为了更好地说明本书的特色及内容,我们先看《史记·张仪列传》中的一段记载:

　　张仪已学而游说诸侯。尝从楚相饮，已而楚相亡璧（丢失玉璧），门下意（怀疑）张仪，曰："仪贫无行，必此盗相君之璧。"共执张仪，掠笞数百，不服，醳（释放）之。其妻曰："嘻！子毋读书游说，安得此辱乎？"张仪谓其妻曰："视吾舌尚在不？"其妻笑曰："舌在也。"仪曰："足矣。"

　　张仪在事业成功之前，曾陪同楚国的相国饮酒，结果被怀疑为盗璧的小偷，挨了一顿鞭笞。当妻子责备他时，张仪竟然以"舌在"而自我宽慰。这一故事准确而形象地说明了纵横家的本钱所在。纵横家们要想实现各自的政治目标，从而获取富贵，依靠的还是诸侯君主，而要得到诸侯的青睐，靠的就是巧言善辩。赵国平原君赵胜曾经评价自荐的毛遂说："毛先生以三寸之舌，强于百万之师。"（《史记·平原君虞卿列传》）这话虽然有些夸张，但在某种程度上也符合历史事实。张仪、苏秦等人在当时政治、外交、军事上纵横捭阖，翻云覆雨，不仅左右着一些政治人物的个人命运，甚至还左右着整个国家政局的走向。

　　本书就极为真实地反映了纵横家的这一"口舌"特点，全书基本上都是纵横家或其他外交使臣的言论，很少对具体历史事件进行详细、正面的描述。所以杨宽先生的《马王堆帛书〈战国纵横家书〉的史料价值》（见文物出版社1976年出版的《战国纵横家书》附录）说："这部帛书，看来是秦、汉之际编辑的一种纵横家言的选本。"说本书是纵横家的言论集，这一定位是非常准确的。本书大体上可以分为三大部分：

　　第一部分，自第一章至第十四章。这一部分大多属于苏秦的游说之辞，这些说辞或以书信形式，或为当面表述，其说辞的主要内容有三，一是为了燕国的利益，对齐国进行外交破坏的言论。苏秦虽然对其他国家谎话连篇，但对燕国基本上是忠诚的，这就是《淮南子·说林训》说的"苏秦以百诞成一诚"。二是从总体上为维护合纵策略所做的努力。三是对自己言行做出的辩护，因为苏秦也曾受到燕国君臣的猜疑。从苏秦的这些言辞中，我们不难看出当时国与国之间、君与臣之间、大臣与大臣之间关系的复杂性与矛盾的尖锐性。杨宽先生对这一部分的评价是："帛书中这部分苏秦资料编排得很有条理，和第十五章以后的杂乱无章不同。可知这部分应该是从一部有系统的著作中辑录出来的，很可能是从《苏子》一类的书中辑录出来的。"（《马王堆帛书〈战国纵横家书〉的史料价值》）

　　第二部分，自第十五章至第十九章。这五章在内容方面无太多的相互关联，但有一个共同的特点，就是每章后面都有字数统计。如第十五章后有"五百七十"，第十六章后有"八百五十八"等等，在第十九章最后，还有这样的字样："三百，大凡二千八百七十。"意思是说，本章共计三百个字，这五章总共有两千八百七十个字。因此，沈月《〈战国纵横家书〉译注》认为"这部分也是从另外一种记载战国游说之事的册子中辑录出来的"。当然，也不能排除另外一种可能：就是这部分的抄录者与前后两部分的抄录者并非同一个人，因为习惯问题，这部分的抄录者顺便记录了自己的抄录字数。

　　第三部分，自第十九章至第二十七章。这部分的内容虽然较杂，但涉及许多重要的历史事件，特别是还记载了战国末年李园、吕不韦、蒙骜、王龁等人的事迹，这就使我们可以确定，这部帛书的编成、抄写年代，大约在秦、汉之际。

　　这本帛书的史料价值是毋庸置疑的，但一些学者把帛书中的许多书信的作者全部归于苏秦，把许多历史事件也归于苏秦在世期间（而依据《史记》，有些事件则应归于苏秦的弟弟苏代、苏厉在世时期）。于是这些学者就依据《战国纵横家书》去纠正《史记》，甚至把苏秦说成是张仪的晚辈："因为司马迁误信这些游说辞为真，误认为苏秦是和张仪同时对立的人物……事实上，和张仪主要敌对的人物是公孙衍与陈轸，当张仪在秦国当权的时候，苏秦只不过是个年轻的游说者。苏秦的年辈要比张仪晚得多，张仪死在前310年，苏秦要晚死二十五年左右。"（杨宽《马王堆帛书〈战国纵横家书〉的史料价值》）然而杨宽先生忽略了本书第二十二章《苏秦谓陈轸章》的记载：

> 齐、宋攻魏，楚回翁是，秦败屈匄。胃陈轸曰："愿有谒于公，其
> 为事甚完，便楚，利公。成则为福，不成则为福。今者秦立于门，客
> 有言曰：'魏王胃韩俑、张义：煮棘将榆，齐兵有进，子来救［寡］人可
> 也，不救寡人，寡人弗能枝。'……"

本章大意是：齐国与宋国联合进攻魏国，楚国包围了韩国的雍氏，秦国在
丹阳打败了楚国将军屈匄。在此情况下，苏秦对楚国大夫陈轸说："我希
望能够把我的一个计谋进献给您，如果能够按照这条计谋行事，将会是
非常完美的，此事不仅有利于楚国，也有利于您个人。这件事情办成功
了，能够为楚国带来好处；如果办不成功，也同样能够为楚国带来好处。
今天我苏秦站在门前时，听到有一位外地人说：'魏王对韩国的相韩俑、
秦国的相张仪说：我们的煮枣马上就要被攻破了，齐国还在继续进军，如
果你们能够出兵来救援我，我们魏国还会有一些转机；如果不来救援我，
我真的支撑不住了。'""今者秦立于门"中的"秦"是苏秦自称，本章是
苏秦与陈轸的对话，文中的"张义"即张仪，时为秦相。本章的记载，非
常明确地说明苏秦、张仪、陈轸为同一时期人，而非杨宽先生所说的苏秦
年辈远远晚于张仪与陈轸。

基于对《战国纵横家书》的极度信任，唐兰先生几乎完全否定了
《史记·苏秦列传》内容的真实性，认为司马迁撰写此传时，"时序既差，
事迹中既有弄错的，又有假造的，他的《苏秦传》就等于后世的传奇小说
了"（《司马迁所没有见过的珍贵史料——长沙马王堆帛书〈战国纵横家
书〉》，见文物出版社1976年出版的《战国纵横家书》附录）。马雍《帛
书〈战国纵横家书〉各篇的年代和历史背景》（见文物出版社1976年出
版的《战国纵横家书》附录）也说："《史记》中有关苏秦的记载错误百
出，其材料来源多出伪造，可凭信者十无一二。有许多地方同《战国策》
及先秦其他书籍的说法完全矛盾。尤其严重的错误是以为苏秦死于燕
王哙之时（前320—314），早于昭王之立（前311）。"唐兰先生、马雍先

生与杨宽先生都是史学界的翘楚，他们的意见举足轻重，但他们视《史记·苏秦列传》为传奇小说的论据主要来自这本帛书。那么究竟帛书与《史记》的记载哪个更为真实，我们认为还有待进一步商榷，请注意司马迁的这样一段话：

> 太史公曰：苏秦兄弟三人，皆游说诸侯以显名，其术长于权变。而苏秦被反间以死，天下共笑之，讳学其术。然世言苏秦多异，异时事有类之者皆附之苏秦。夫苏秦起闾阎，连六国从亲，此其智有过人者。吾故列其行事，次其时序，毋令独蒙恶声焉。（《史记·苏秦列传》）

可见司马迁在整理有关苏秦史料时，已经察觉到各种史料的记载较为混乱，"异时事有类之者皆附之苏秦"，所以，《苏秦列传》应该是经过司马迁仔细甄别真伪之后才写就的，钱穆称"史公之传苏秦至慎至谨也"（《先秦诸子系年》）。

使用出土文物去验证传世史书的真伪，不失为一种科学的方法，但如果一味相信出土文字，也会被错误引导，因为出土的竹简、碑文等记载，并不完全可靠。如许多碑文，就被认为多捏造、阿谀之词。我们不能说涵容数千年历史的《史记》的记载都完全真实，但两者比较，我们更相信《史记》，因为司马迁依据的是朝廷档案，是以史学家的眼光对有关史料进行认真筛选后的记录。如果一味相信本帛书，那么需要改写的历史何止《史记·苏秦列传》！限于篇幅，我们仅举数例。本书《虞卿谓春申君章》记载：

> 秦孝王死，公孙鞅杀；惠王死，襄子杀。

秦国第一个称王的是秦孝公之子秦惠王，这是司马迁根据没有遭遇秦火、保存完整的《秦记》记载下来的。如果依据《虞卿谓春申君章》的记载，那么秦国首先称王的就不是惠王了。关于苏秦的死亡原因及大致时间，不仅仅见于《史记》的《苏秦列传》，《燕召公世家》《张仪列传》也都有相同记载。《战国策·燕策一》也说苏秦死于燕王哙时或之前："苏秦死，其弟苏代欲继之，乃北见燕王哙。""燕王哙既立，苏秦死于齐。"我们怎么能够仅仅依据本帛书，就完全否定《史记》与《战国策》的记载呢？

　　另如帛书《战国纵横家书》"苏秦谓齐王章（一）"记载："薛公相脊也，伐楚九岁，功秦三年。"说孟尝君在齐国当相的时候，讨伐楚国整整九年，进攻秦国整整三年。整理小组据有关史书纠正说："九岁疑是五岁之误。《燕策》苏秦死章说：'今夫齐王长主也而自用也。南攻楚五年，穑积散；西困秦三年，民憔瘁，士罢弊；北与燕战，覆三军，获二将；而又以其余兵南面而举五千乘之劲宋而包十二诸侯。'所说攻楚只有五年。据《史记·楚世家》，楚国本与齐为从亲，由于楚怀王与秦昭王定约，怀王二十六年即齐宣王十七年（前303），'齐、韩、魏为楚负其从亲而合于秦，三国共伐楚'，是伐楚的开始。两年以后，'秦乃与齐、韩、魏共攻楚，杀楚将唐眜'。再过两年，孟尝君（即薛公）入秦为相，在秦一年后逃回，就转为攻秦了。总计从前三〇三年开始伐楚到前二九九年薛公相秦，首尾只有五年。"裘锡圭主编的《长沙马王堆汉墓简帛集成·战国纵横家书》认同这一纠正。"五年"被帛书误为"九年"，伐楚时间几被翻倍。

　　实际上，帛书的史实记载或者是后人对该书记载的解释也是混乱的。如《苏秦自齐献书于燕王章》，不少学者认为本章中的书信是苏秦写给燕昭王的："此章系年于公元前286年。此时燕昭王听信谗言，要治罪于苏秦。苏秦在齐国写信给燕昭王向其辩白鸣冤。"（沈月《〈战国纵横家书〉译注》）但本章记载："臣之计曰：齐必为燕大患。"意思是："臣下苏秦认为：齐国将来一定会为燕国造成大的灾难。"意思是当时苏秦只是推测"齐必为燕大患"，事实上"大患"还没有发生。这就说明这封书信不可能是写给燕昭王的，因为燕昭王即位之前，齐国已经几乎灭掉燕国："（齐）王因令章子将五都之兵，以因北地之众以伐燕。士卒不战，城门不闭，燕君哙死，齐大胜。燕子之亡二年，而燕人共立太子平，是为燕昭王。"（《史记·燕召公世家》）我们认为这封信应是写给燕易王的："（燕）文侯卒，太子立，是为燕易王。易王初立，齐宣王因燕丧伐燕，取十城。易王谓苏秦曰：'往日先生至燕，而先王资先生见赵，遂约六国从。今齐先伐赵，次至燕，以先生之故为天下笑，先生能为燕得侵地乎？'苏秦大惭，曰：'请为王取之。'苏秦见齐王……于是乃归燕之十城……人有毁苏秦者曰：'左右卖国反覆之臣也，将作乱。'苏秦恐得罪，归，而燕王不复官也……易王母，文侯夫人也，与苏秦私通。燕王知之，而事之加厚。苏秦恐诛，乃说燕王曰：'臣居燕不能使燕重，而在齐则燕必重。'燕王曰：'唯先生之所为。'于是苏秦详为得罪于燕而亡走齐，齐宣王以为客卿。"（《史记·苏秦列传》）这些史料说明，在燕易王与苏秦的关系时好时坏的时候，苏秦先后两次到齐国，这封信应写于第二次到齐国做官时期。

　　学界提出的把出土文物和传世史书的记载相互验证的二重证据法无疑是正确的，但我们要注意的是要"相互验证"，而非单向验证。因此我们既不能完全以传世史书的记载去否定出土文献的记载，也不能完全以出土文献去否定史书的内容。《后汉书·郭符许列传》记载，郭林宗去世后，蔡邕为之作碑文，"既而谓涿郡卢植曰：'吾为碑铭多矣，皆有惭德，唯郭有道无愧色耳。'"蔡邕作碑文可以说是时人记时事，但如果以其碑文去评价碑主，得出的结论十有八九是真伪参半，因为作碑文者是拿了碑主家属丰厚润笔费的，更何况还为友情所похож。同理类推，我们也可以说，帛书的史料价值虽然弥足珍贵，但未必完全都是信史，所以白寿彝先生的《中国通史》在介绍苏秦生平时，虽然提到了这本帛书，但使用的史料主要还是来自《史记·苏秦列传》。

　　有关战国史的记载，本来就较为混乱，《史记》《战国策》《战国纵横家书》的记载彼此相互矛盾，甚至同一本史书中也自相矛盾，而且这些矛盾还错综复杂，如关于苏秦的卒年，学界竟然有八种不同的说法（见何建章注释、中华书局2019年出版的《战国策注释》中的《东周策》"东周欲为稻章"注释中的总结），至今没有定论。澄清战国史的诸多问题，非我们学力所及，更非本书篇幅所能容纳。

三、本书的整理与译注

马王堆帛书出土之后，相关单位就组织专家成立帛书整理小组，对这批帛书进行系统整理，《马王堆汉墓帛书：战国纵横家书》（文物出版社1976年出版）就是其中的成果之一。本书共二十七章，其中十一章的内容见于《战国策》和《史记》，文字大致相同，这就为整理工作提供了部分参照物。但另外十六章是已经失传的佚书，对于这十六章，整理小组可以说是筚路蓝缕，以启山林，他们能够做出如此准确的释文，实在令人感佩。我们的这本三全本《战国纵横家书》主要以整理小组的《战国纵横家书》为底本，注释也基本采取整理小组的研究成果，因为我们认为整理小组的释文做到了信以传信，疑以传疑，未故作惊人之语，比较稳妥可信。对于一些明显的史误问题，我们也尽力做出说明，能解决者则解决之，不能者则留待后来者。

裘锡圭先生主编的《长沙马王堆汉墓简帛集成·战国纵横家书》（修订本）（中华书局2024年出版）对整理小组《战国纵横家书》做的是锦上添花的工作，对原释文做了进一步的整理、校对与诠释，使该书得到了更为精确的解释，特别是裘锡圭先生说的"马王堆帛书的整理工作，可以说是没有止境的"，这一方面说明帛书整理还存有一些纰漏，另一方面也表现出学者为此而不懈努力的可贵精神。

沈月先生的《〈战国纵横家书〉译注》（光明日报出版社2024年出版）与前两本著作相比，至少有三个特色，第一，根据每章所涉及事件发生的时间，重新安排原文章节的先后次序，比如原书第一章为"苏秦自赵献书燕王章"，而沈书则把原第五章的"苏秦谓燕王章"安排为第一章；原书最后一章为"麛皮对邯郸君章"，而沈书则把原二十五章"李园谓辛梧章"安排为最后一章，如此等等。第二，除了注释之外，沈书还添加了译文，这对于理解该帛书是非常有益的。第三，原帛书中还残缺不少文字，沈书根据上下文，进行了尽可能接近原作者本意的补充。

我们的这本三全本《战国纵横家书》就是在前人整理、研究的基础上写就的。可以说，如果没有之前的研究成果，三全本《战国纵横家书》就不可能与读者见面，因此我们向这些学者致以崇高的敬意！

在译注时，我们也提出了一些与前人不同的看法，比如帛书《战国纵横家书》第二十一《苏秦献书赵王章》中有这样一段话：

献书赵王：臣闻[甘]洛降，时雨至，禾谷绛盈，众人喜之，贤君恶之。

风调雨顺，五谷丰登，民众皆大欢喜，而贤君为什么会对如此美好的景象感到厌恶呢？这从情理上是说不通的，所以整理小组《战国纵横家书》认为"恶"是个误字："恶，《赵策》同，疑有误。《赵世家》作图。"《长沙马王堆汉墓简帛集成·战国纵横家书》对该条注释只补充了"谷"字的原形，未对"恶"的解释提出异议，实际也就是认可了"恶"为误字的这一说法。沈月《〈战国纵横家书〉译注》："恶，疑有误，当从《赵世家》作图，是筹划、谋划的意思。"译为："我听说甘露普降，雨水按时而至，五谷丰收，百姓欢喜，而贤君则要开始筹谋。"实际上，"恶"字并非误字，而是非常准确地表达了古人的一种哲学思想——天人感应。古人认为，君圣臣贤，国泰民安，上天就会降下许多美好的事物，如庆云甘露、风调雨顺等祥瑞以示嘉许；反之则会出现日食雷暴、水旱不均等灾害以示惩告。我们看与本章内容一致的《战国策·赵策一》的记载：

苏秦为齐上书说赵王曰："臣闻古之贤君，德行非施于海内也，教顺慈爱非布于万民也，祭祀时享非当于鬼神也，甘露降，时雨至，农夫登，年谷丰盈，众人喜之，而贤主恶之。今足下功力，非数痛加于秦国，而怨毒积恶非曾深凌于齐也。臣窃外闻大臣及下吏之议，皆言王前专据以秦为爱赵而憎齐。臣窃以事观之，秦岂得爱赵而憎齐哉！"

贤君之所以讨厌这种美好的现象，是因为事物的过度美好，与自己的德行不相配，那就是一种反常的现象，而反常现象的出现往往意味着灾难的降临。本段话与帛书《战国纵横家书》相比,多了"德行非施于海内也,教顺慈爱非布于万民也,祭祀时享非当于鬼神也"数句作为前提,文义就明确得多了。苏秦这样讲,主要目的是为了分析赵国与秦国的关系,既然赵国并没有施什么恩德于秦国,而秦国却表现出对赵国的异常关心与爱护,这种反常现象,只能说明秦国别有用心。这种"无故之利"是古人非常排斥的,《战国策·赵策一》记载:"冯亭守三十日,阴使人请赵王曰:'韩不能守上党,且以与秦,其民皆不欲为秦,而愿为赵。今有城市之邑十七,愿拜内之于王,唯王才之。'赵王喜,召平阳君而告之曰:'韩不能守上党,且以与秦,其吏民不欲为秦,而皆愿为赵。今冯亭令使者以与寡人,何如?'赵豹对曰:'臣闻圣人甚祸无故之利。'"《史记·赵世家》亦载:"后三日,韩氏上党守冯亭使者至,曰:'韩不能守上党,入之于秦。其吏民皆安为赵,不欲为秦。有城市邑十七,愿再拜入之赵,财王所以赐吏民。'王大喜,召平阳君豹告之曰:'冯亭入城市邑十七,受之何如?'对曰:'圣人甚祸无故之利。'"本章的贤君之所以讨厌,他们讨厌的不是"甘洛降,时雨至,禾谷绛盈,众人喜之"本身,而是这些美好事物来得"无故",也即讨厌人们常说的"非分之福"。

另如,沈书为我们的写作提供了极大的便利,其对章节顺序的调整建立在精心研究的基础之上,但我们并未采纳,主要原因有二:一是我们要尽量保持《战国纵横家书》的原貌,二是对各章节所涉及的时间问题可能还有进一步讨论的必要。

关于本书的体例,有五点需要说明:

第一,帛书中无法辨识或无法补出的残缺文字,用"□"代替,只在注释与译文中做出尽可能符合原义的补充。当然,这些补充仅供参考。

第二,帛书中的残缺文字能够根据上下文义或参照其他古籍填补的,尽量补入,所补文字用"[]"标明。

第三,帛书中涂去及未写全的废字,则用"〇"标出。

第四,帛书中共有两处错简,错简文字保留于原处,以"□"标出,错简的文字移置正处后，以"[]"标出。

第五，帛书中有十一章的内容见于《战国策》《史记》及《韩非子》，虽然内容大致相同，但文字有程度不同的差异，我们把这些文字以"附录"的形式置于有关章节的后面，并加以译注，以供读者对照参考。

在译注时，我们虽想在前人的肩膀上站得更高一些，能够在无止境的帛书研究中做出些微贡献，但由于学识所限，定会出现各种不足甚至错误。因此对于本书中的各种错误与不当之处，万望读者不吝赐教。

张景　张松辉

2024年12月

一、苏秦自赵献书燕王章

【题解】

苏秦自赵献书燕王：苏秦从赵国写书信给燕王。苏秦，字季子，东周洛阳（今河南洛阳东）人，战国时期的著名纵横家。他的外交主张是把东方六国联合起来，以对抗秦国。燕王，指燕文侯。据《史记·苏秦列传》记载，苏秦有两次在赵国处境困难。一次是在他游说周王室、秦国失败后，"乃东之赵。赵肃侯令其弟成为相，号奉阳君。奉阳君弗说之。去游燕"。第二次是在奉阳君去世后，"秦使犀首欺齐、魏，与共伐赵，欲败从约。齐、魏伐赵，赵王让苏秦。苏秦恐，请使燕，必报齐"。根据本章奉阳君还在世的记载，苏秦的书信应写于第一次游赵时。本章缺文较多，且无相关史料可供补充。其大致内容是：苏秦困于赵国时，写信向燕王求助，信中分析了如何才能够使燕国处于有利地位，并介绍了自己为此而做出的努力。

自赵献书燕王曰[1]：始臣甚恶事[2]，恐赵足□□□□□□□□□□□□□□□□□□□□□□□□□[3]，臣之所恶也[4]，故冒赵而欲说丹与得[5]，事非□□□□□□臣也[6]。今奉阳〔君〕之使与□□□□□□□□□封秦也[7]，任秦也[8]，

比燕于赵^⑨。令秦与芫□□□□□□^⑩，宋不可信，若□□
□□持我其从徐□□□□□□制事^⑪，齐必不信赵矣。王毋
夏事^⑫，务自乐也^⑬。臣闻王之不安，臣甚愿□□□□□之
中^⑭，重齐欲如□□□齐^⑮，秦毋恶燕、梁以自持也^⑯。

【注释】

① 自赵献书燕王曰：苏秦在赵国写信给燕王。本句的主语是苏秦。
燕王，应指燕文侯。马王堆汉墓帛书整理小组《战国纵横家书》
认为是燕昭王。裘锡圭先生主编的《长沙马王堆汉墓简帛集
成·战国纵横家书》认可这一说法。我们认为此说有待进一步
讨论。据《史记·苏秦列传》记载，苏秦有两次在赵国的处境不
佳。我们看《史记》中的几条记载：

乃东之赵。赵肃侯令其弟成为相，号奉阳君。奉阳君
弗说之。去游燕，岁余而后得见。说燕文侯曰："……"（《史
记·苏秦列传》）

而奉阳君已死，即因说赵肃侯……苏秦既约六国从亲，
归赵，赵肃侯封为武安君，乃投从约书于秦。秦兵不敢窥函
谷关十五年。其后，秦使犀首欺齐、魏，与共伐赵，欲败从
约。齐、魏伐赵，赵王让苏秦。苏秦恐，请使燕，必报齐。苏
秦去赵而从约皆解。秦惠王以其女为燕太子妇。是岁，文侯
卒，太子立，是为燕易王。易王初立，齐宣王因燕丧伐燕，取
十城。易王谓苏秦曰："往日先生至燕，而先王资先生见赵，
遂约六国从。今齐先伐赵，次至燕，以先生之故为天下笑，
先生能为燕得侵地乎？"苏秦大惭。（《史记·苏秦列传》）

燕易王卒，燕哙立为王。其后齐大夫多与苏秦争宠者，
而使人刺苏秦，不死，殊而走……苏秦既死，其事大泄。（《史

记・苏秦列传》）

　　　燕哙既立，齐人杀苏秦。（《史记・燕召王世家》）

根据以上记载，本章说的燕王，要么是燕文侯，要么是燕易王。第一，本章内容与奉阳君有关，而奉阳君掌权与去世都在赵肃侯的时候，与燕文侯同时。第二，燕哙在位的时候，苏秦已经被齐人刺杀，而燕昭王是燕哙的儿子，死后的苏秦怎么可能会给燕昭王写信呢？苏秦死后，其弟苏代倒是给燕昭王写过信："齐伐宋，宋急，苏代乃遗燕昭王书。"（《史记・苏秦列传》），但该信与本章内容不符。

　　有人说《史记・苏秦列传》的记载是不可信的，我们不要忘记，司马迁是太史令，他使用的史料是从先秦保留下来的官方文件，《史记》可以说是正史，他与苏秦没有任何利害关系，没有必要为苏秦编造虚假的人生经历。

②恶（wù）事：讨厌被困于赵这类事情。恶，讨厌。

③恐赵足：我担心赵足。赵足，人名。赵国大夫。本句缺二十四字，无其他可供参考的史料予以补充。沈月《〈战国纵横家书〉译注》："此句有多处脱文，大意是：我担心赵足四处跟踪我，破坏我们的谋齐大计，这是我最害怕的事情。"但沈月没有给出所补文字的依据，因此仅供参考。我们认为，根据下文，缺字部分的大致含义应是："我非常担心赵足会联合齐国以不利于燕国。"

④臣之所恶也：这是我所讨厌的事情。

⑤故冒赵而欲说丹与得：所以我冒着得罪赵国的风险，想劝说齐国公玉丹与强得不要把蒙邑送给奉阳君。冒，冒着，冒犯。丹，指齐国大夫公玉丹。得，指齐国大夫强得。本书《苏秦自齐献书于燕王章》记载："公玉丹之勺（赵）致蒙，奉阳君受之。王忧之，故强臣之齐。臣之齐，恶齐、勺之交，使毋予蒙而通宋使。"赵国与齐国都与燕国接壤，燕国最为弱小，如果齐、赵两国交好，就有联合

瓜分燕国土地的可能,所以燕国对齐、赵交好的事情十分担忧。

⑥事非□□□□□臣也:本句缺文较多,根据上下文,大意可能是:然而这件事情做起来并不容易。

⑦今奉阳[君]之使与□□□□□□□□□封秦也:本句缺文较多。根据上下文,大意可能是:如今奉阳君指使我劝说燕国依附于赵国,如果我做到了,就会分封一块土地给我苏秦。奉阳君,指赵肃侯的弟弟赵成,又称公子成,被封为奉阳君;赵惠文王时,又封为安平君(见《史记·赵世家》)。整理小组《战国纵横家书》注:"奉阳君是李兑的封号。"《长沙马王堆汉墓简帛集成》《〈战国纵横家书〉译注》都认为奉阳君是李兑,似误。《史记·苏秦列传》明确记载:"赵肃侯令其弟成为相,号奉阳君。"李兑与赵肃侯、公子成为同时人,赵国不可能同时封两个人为"奉阳君"。学界之所以认为李兑就是奉阳君,原因出自《战国策·燕策一》的一段记载:

> 奉阳君、李兑甚不取于苏秦。苏秦在燕,李兑因为苏秦谓奉阳君曰:"齐、燕离,则赵重;齐、燕合,则赵轻。今君之齐,非赵之利也。臣窃为君不取也。"

有学者把"奉阳君李兑"连读,自然就认为"奉阳君"与李兑是同一个人。对此,何建章《战国策注释》说:"鲍彪以为此'奉阳君'乃'公子成',故删'李兑'二字。吴正:'奉阳实"李兑",非"公子成",盖下"李兑"误羡耳。'徐中舒说:'"奉阳君"应是"公子成"而非"李兑"。'(见《历史研究》1964年第一期《论〈战国策〉编写及有关苏秦诸问题》)"我们赞成徐中舒的意见,除了前文讲的赵国不可能同时授予两人同样的"奉阳君"封号这一理由外,《战国策》中的"李兑因为苏秦谓奉阳君曰"的意思是:"李兑因此为了苏秦而对奉阳君说。"本句证明"李兑"与"奉阳君"是两人。李兑与奉阳君虽然都不喜欢苏秦,但李兑为了赵国的利益,担心燕国在苏秦的游说下与齐国结盟而不利于赵国，所以还是劝告奉阳君与苏秦和好。

⑧任秦也：重用我苏秦。

⑨比燕于赵：让燕国依附于赵国。比，亲近，顺从。

⑩令秦与芮□□□□□□：本句缺文较多，依据上下文，意思可能是：命令我与李兑协商此事。芮，通"兑"。即李兑，赵国大臣。本句"令秦与芮"也可证明李兑与奉阳君非一人，因为"命令苏秦与李兑"的主语是奉阳君，而不可能是"李兑命令苏秦与李兑"。

⑪若□□□□持我其从徐□□□□□□制事：本句缺文较多。据上下文，大意可能是：假如奉阳君与李兑坚持让我跟随着韩徐为一起掌控燕、赵两国盟军事务。徐，人名。即韩徐为，又称韩徐、韩为。当时为赵国将军。

⑫王毋夏事：大王您就不要为此事忧愁。夏，假借为"忧"。整理小组《战国纵横家书》认为"夏"是"忧（憂）"的误字。

⑬务自乐也：只管为此事感到高兴吧。

⑭臣甚愿□□□□□之中：缺文较多，大意可能是：我非常希望大王您处于齐、赵两国之间。

⑮重齐欲如□□□齐：大意可能是：燕国表面上推重齐国，就像赵国推重齐国一样。也即不可得罪齐国。

⑯秦毋恶燕、梁以自持也：秦国也就不敢再去痛恨、攻击中立的燕国与魏国了。秦，指秦国。梁，通"梁"。梁国，即魏国。魏国于前361年迁都大梁（在今河南开封），故魏国又称梁国。本句意思是，秦国虽然希望燕国依附于自己，一旦燕国与赵国、齐国和好，秦国对燕国也就无可奈何了。

【译文】

苏秦在赵国的时候，写了一封信给燕王，信中说：从开始我就很讨厌自己被困在赵国这件事情，非常担心赵足会联合齐国以不利于我们燕国,这是我最感厌恶的事情,所以我就冒着得罪赵国的风险,想劝说齐国的大夫公玉丹与强得不要把蒙邑赠送给赵国的奉阳君,但此事办起来并不容易。如今奉阳君指使我去劝说燕国要依附于赵国,如果我做到了这一点,赵国就会分封一块土地给我苏秦,还要重用我苏秦,奉阳君的目的就是想让燕国依附于赵国。现在奉阳君正命令我与赵国大夫李兑协商此事,并强调宋国不可信任。假如奉阳君与李兑坚持让我跟随着赵国将军韩徐为一起掌控燕、赵两国盟军,那么齐国就一定不会再信任赵国了。大王您不必为此事感到忧愁,相反还要感到高兴。我听说大王您最近心绪不宁,我非常希望您能够处于赵国与齐国之间,表面上推重齐国,就像赵国推重齐国一样,如此一来秦国对燕国与魏国的中立也就无可奈何了。

今与臣约①,五和②,入秦使③,使齐、韩、梁、[燕]□□□□□□□④,约御军之日⑤,无伐齐、外齐焉⑥。事之上⑦,齐、赵大恶⑧;中⑨,五和,不外燕;下,赵循合齐、秦以谋燕⑩。今臣欲以齐大[恶]而去赵⑪,胃齐王⑫:"赵之禾也⑬,阴外齐、谋齐⑭。"齐、赵必大恶矣。奉阳君、徐为不信臣⑮,甚不欲臣之之齐也⑯,有不欲臣之之韩、梁也⑰。燕事小大之净⑱,必且美矣。臣甚患赵之不出臣也⑲。知能免国⑳,未能免身,愿王之为臣故㉑,此也㉒。使田伐若使使孙疾召臣㉓,自辞于臣也㉔。为予赵甲因在梁者㉕。

【注释】

①今与臣约:现在赵国一方面想与我商议。

②五和:使赵、齐、韩、魏、燕五国联合起来。和,和好,联合。

③入秦使:一方面又派使者到秦国联络。指赵国脚踏两只船。

④使齐、韩、梁、[燕]□□□□□□□:本句缺文较多。依据下文,

大意是：让齐、韩、魏、燕联合起来进攻秦国。

⑤约御军之日：约定战胜秦国、撤军之后。御，同"却"。退，撤退。《〈战国纵横家书〉译注》把本句翻译为"如果行动失败，就在退军之时不攻齐"，我们认为应该是"战胜秦国，在撤军之后不攻齐"，因为在联合出兵之时，首先考虑的应该是战胜之后的安排，而不是失败之后的安排，更何况，失败之后，各国自顾不暇，哪里还有进攻别人的力量！

⑥无伐齐、外齐焉：不要进攻齐国、排斥齐国。外，排斥。做出这样的约定，主要是为了取得齐国的支持。

⑦事之上：我们要努力达到的最佳形势。这里指对燕国最有利的形势。

⑧齐、赵大恶：齐国与赵国之间的关系十分恶劣。齐国与赵国关系不和，对燕国最为有利。

⑨中：指稍次一点的形势。

⑩赵循合齐、秦以谋燕：赵国联合齐国、秦国一起进攻燕国。循，顺从，跟随着。

⑪今臣欲以齐大［恶］而去赵：如今我想为了让齐、赵关系破裂而离开赵国。齐大恶，指齐、赵两国关系破裂。去，离开。

⑫胃齐王：去对齐王说。胃，通"谓"。说。

⑬赵之禾也：赵国表面上与齐国和好。禾，通"和"。

⑭阴外齐、谋齐：暗中却排斥齐国，并密谋进攻齐国。

⑮奉阳君、徐为不信臣：奉阳君与徐为不信任我。

⑯甚不欲臣之之齐也：他们非常不希望我到齐国去。本句第一个"之"为句中助词，第二个"之"是"到""往"的意思。

⑰有：通"又"。

⑱燕事小大之诤：关于燕国大小事情的争执。诤，通"争"。

⑲臣甚患赵之不出臣也：我特别担心赵国不放我离开。患，担心。不出臣，不让我离开赵国。

⑳知能免国：一个人的智慧可以使一个国家免遭灾难。指苏秦自己。知，同"智"。

㉑愿王之为臣故：希望大王为我的事情费心。愿，希望。故，事。

㉒此也：就是因为我无法摆脱危险处境。此，指自己"知能免国，未能免身"。

㉓使田伐若使使孙疾召臣：您可以派田伐或者派使孙快点来召我去燕国。本句前两个"使"都是派遣的意思。田伐，燕国大夫。若，表示选择关系，相当于"或""或者"。使孙，燕国大夫。疾，赶快。

㉔自辞于臣也：我也会找理由向赵国解释自己要离开赵国的原因。裘锡圭认为本句的"自"应为"因"（《长沙马王堆汉墓简帛集成·战国纵横家书》），那么这句话的意思就是："他们会因此而让我离开赵国。"

㉕为予赵甲因在梁者：因为我的缘故，赵国的军队至今还滞留在魏国。甲，穿甲衣的士兵。代指军队。梁，通"梁"。魏国。本句话的历史背景，我们不太清楚。另外，还要考虑到纵横家喜好大言夸饰，以抬高自己的身价，往往把与己无关的事件同自己联系起来，以强调自己的重要性。《长沙马王堆汉墓简帛集成·战国纵横家书》、整理小组《战国纵横家书》对本句均无解释，《〈战国纵横家书〉译注》也未出注，而把本句翻译为："因为赵国以武力监视我真的很危险。"

【译文】

如今赵国一方面与我商议，希望赵、齐、韩、魏、燕五国能够联合起来，一方面又派使者与秦国沟通。赵国与我商议的内容，是让齐、韩、魏、燕与自己联合起来抗击秦国，约定在战胜秦国、撤军之后，不得讨伐齐国、排斥齐国。未来对燕国最为有利的形势，是齐国、赵国之间的关系变得非常恶劣；其次的形势是，五个国家关系友好，也不排斥燕国；对燕国最为不利的形势，是赵国联合齐国、秦国一起进攻燕国。如今我想为了挑起齐国与赵国的矛盾而离开赵国，去齐国对齐王说："赵国表面上对齐国友好，暗中却在排斥齐国，密谋进攻齐国。"这样一来齐国与赵国的关系一定会变得极为紧张。奉阳君、徐为不信任我，他们特别不希望我到齐国去，也不愿意我到韩国与魏国去。对于燕国的大小事情虽然还存有许多争执，但结果一定是很好的。我现在特别担心的是赵国不让我离开赵国。一个人的智慧能够免除一个国家的灾难，却无法免除自身的灾难，希望大王您能够为我的事情多多费心，原因就是我现在已经身处困境之中了。您可以派田伐或者派使孙，赶快来赵国召我去燕国，我也会找理由向赵国解释自己要离开赵国的原因。因为我的原因，赵国的军队现在还滞留在魏国。

二、苏秦使韩山献书燕王章

【题解】

苏秦使韩山献书燕王，即苏秦派韩山送信给燕王。韩山，人名。燕国大臣。本章紧承上章。苏秦再次写信给燕王，感谢燕王帮助自己讲话，使自己的处境得以改善。但由于齐王也替自己讲了话，而齐王讲的话不够妥当，造成赵国对自己更加不利，因此恳请燕王多提供帮助，以便自己能够早日离开赵国。

通过本章及上一章，我们可以看出，当时的苏秦既不是燕国的使者，也不是齐国的使者，而是游历于各国之间的说客。因为在正常情况下，一个国家是不会扣押另一个国家使者的。

使韩山献书燕王曰①：臣使庆报之后②，徐为之与臣言甚恶③。死亦大物已④，不快于心而死⑤，臣甚难之⑥。故臣使辛谒大之⑦。王使庆谓臣："不利于国，且我夏之⑧。"臣为此未敢去之⑨。王之赐使使孙与弘来⑩，甚善已⑪。言臣之后⑫，奉阳君、徐为之视臣益善⑬，有遣臣之语矣⑭。今齐王使李终之勾⑮，怒于勾之止臣也⑯。且告奉阳君，相桥于宋⑰，与宋通关⑱。奉阳君甚怒于齐，使勾足问之臣⑲，臣对以弗知也^⑳。臣之所患，齐、勺之恶日益^㉑，奉阳君尽以为臣罪^㉒，恐久而后不可□救也^㉓。齐王之言臣^㉔，反不如已^㉕。愿王之使人反复言臣^㉖，必毋使臣久于勺也。

【注释】

①韩山：人名。燕国大夫。

②庆：人名。即盛庆。燕国大夫。

③徐为之与臣言甚恶：徐为对我讲的话非常恶毒。据《战国策·燕策二》记载，韩为（即徐为）对苏代讲的话是："人告奉阳君曰：使齐不信赵者，苏子也；令齐王召蜀子使不伐宋者，苏子也；与齐王谋道取秦以谋赵者，苏子也；令齐守赵之质子以甲者，又苏子也。"关于这段记载，解释较为混乱，《战国策》把此事归于苏代名下，文中的"苏子"指苏代。徐中舒《论〈战国策〉的编写及有关苏秦诸问题》、唐兰《司马迁所没有见过的珍贵史料》认为《战国策》说的"苏代"应为"苏秦"之误。我们只能存疑。徐为，即韩徐为，亦作韩为。赵国将军。

④死亦大物已：死亡也是人生的大事啊。物，事情。已，通"矣"。

⑤不快于心而死：带着满腹的郁闷、委屈而死去。不快，不快乐。

⑥臣甚难之：我对此感到非常难受。

⑦故臣使辛谒大之：所以我派辛向您求援，让我离开赵国。辛，人名。应是苏秦派往燕国的送信人。谒，请求。大，应为"去"字之误。指离开赵国。整理小组《战国纵横家书》："大字疑去字之误，所以下文说：'臣为此未敢去之。'"

⑧不利于国，且我夏之：你如离开赵国来到燕国，将不利于燕国，我对此将会感到担忧。夏，假借为"忧（憂）"。整理小组《战国纵横家书》认为是"忧（憂）"的误字。

⑨臣为此未敢去之：我因为您的这番话，也就不敢离开赵国了。

⑩王之赐使使孙与弘来：大王赐恩与我，派使孙与弘来到赵国。使孙、弘，燕国使者。

⑪甚善已：真是太好了。已，通"矣"。

⑫言臣之后：您帮我说话之后。

⑬奉阳君、徐为之视臣益善：奉阳君、徐为对待我的态度越来越友善。视，看待，对待。益，越来越，越发地。

⑭有遣臣之语矣：还说要放我离开赵国。遣，送走，释放。

⑮李终之勺：李终来到赵国。李终，人名。齐国大夫。之，来到。勺，通"赵"。整理小组《战国纵横家书》："本书经常用勺字代赵，勺、赵音相近。"

⑯止臣：扣押了我。

⑰相桥于宋：让桥做宋国的相。相，用作动词。让……当相。桥，人名。

⑱与宋通关：与宋国打开关卡以互通往来。

⑲勺足：人名。即赵足。

⑳臣对以弗知也：我回答说，我对此一无所知。对，回答。

㉑齐、勺之恶日益：齐、赵之间的紧张关系日益加剧。益，增加，加剧。

㉒尽以为臣罪：把这些全部归罪于我。

㉓恐久而后不可□救也：担心时间久了，就没有办法救我离开赵国了。本句缺一字，不影响对全句的理解。

㉔齐王之言臣：齐王替我说话。

㉕反不如已：反而还不如别替我说话。已，停止。这里指不替我说话。意思是，齐王为苏秦讲话，结果引起赵国对苏秦的反感。

㉖反复言臣：不断派人替我讲情。

【译文】

苏秦派韩山送信给燕王，信中说：我上次让盛庆给您送信汇报之后，徐为对我讲了一些十分狠毒的话。死亡也是人生的一件大事，如此带着满腹的郁闷、委屈而死去，我确实感到十分难受。所以我就让辛去请求您帮我离开赵国。大王您派盛庆告诉我说："你离开赵国来到燕国，对燕国不利，我对此将会感到担忧。"我为此也就不敢离开赵国了。大王您赐恩与我，派使孙与弘来到赵国，这真是太好了。自从您替我讲话之后，奉阳君、徐为对待我的态度越来越友善了，甚至还说了要放我离开赵国的话。如今齐王派使者李终来到赵国，怒斥赵国对我的扣押。李终还告诉奉阳君，要让桥到宋国当相，并与宋国开放关卡互通往来。奉阳君对齐国的做法非常生气，就让赵足来质问我，我回答说我对这些事情一无所知。我现在担心的是，齐国、赵国的关系日益恶化，而奉阳君把这些全部归罪于我，我担心时间久了就无法把我从赵国救出去了。齐王这次替我说话，反而还不如他别替我说话。希望大王您多派人来不断地替我求情，一定别让我在赵国被扣留得太久了。

三、苏秦使盛庆献书于燕王章

【题解】

苏秦使盛庆献书于燕王：苏秦让盛庆为自己送信给燕易王。从这封信中的"则臣请为免于齐而归矣"一句看，当时苏秦应在齐国。据《史记·苏秦列传》记载，苏秦对齐国尤为痛恨："其后秦使犀首欺齐、魏，与共伐赵，欲败从约。齐、魏伐赵，赵王让苏秦。苏秦恐，请使燕，必报齐。"齐国破坏了苏秦千辛万苦建立起来的合纵态势，使苏秦不仅丢尽了脸面，而且还难以在各诸侯国立足。后来又发生了这么一件事："易王母，文侯夫人也，与苏秦私通。燕王知之，而事之加厚。苏秦恐诛，乃说燕王曰：'臣居燕不能使燕重，而在齐则燕必重。'燕王曰：'唯先生之所为。'于是苏秦详为得罪于燕而亡走齐，齐宣王以为客卿。齐宣王卒，湣王即位，说湣王厚葬以明孝，高宫室大苑囿以明得意，欲破敝齐而为燕。"（《史记·苏秦列传》）苏秦与燕易王有着不同寻常的密切关系，他除了与燕易王的母亲有这层关系之外，早期他还得到燕易王之父燕文公的资助以游说诸侯合纵，于是苏秦带着扶持燕国、破坏齐国的目的到齐国为官。因此汉代邹阳说："是以苏秦不信于天下，而为燕尾生。"（《史记·鲁仲连邹阳列传》）我们认为这封信就写于苏秦在齐国为官时期，而学界大多认为这封信依然写于他被困赵国时期。

　　使盛庆献书于［燕王曰］：□□□□虽未功齐^①，事必美者^②，以齐之任臣^③。以不功宋^④，欲从韩、梁取秦以谨勹^⑤，勹以用薛公、徐为之谋谨齐^⑥，故齐、［赵］相倍也^⑦。今齐王使宋窃谓臣曰^⑧："奉阳君使周纳告寡人曰^⑨：'燕王请毋任苏秦以事。'信□□奉阳君^⑩？使周纳言之曰：'欲谋齐。'寡人弗信也。周纳言：'燕、勹循善矣^⑪，皆不任子以事^⑫。'奉阳［君］□□丹若得也^⑬，曰：'第毋任子^⑭，讲^⑮，请以齐为上交^⑯。天下有谋齐者请功之。'"

【注释】

①□□□□虽未功齐：缺四字。本句意思大概是：赵国现在虽然还没有去进攻齐国。也即还没有公开与齐国发生对抗。功，通"攻"。攻打。

②事必美者：但事态的发展一定会对燕国有利。美，对燕国是美事。赵国与齐国不和，就能减轻燕国的压力，故曰"事必美者"。

③以齐之任臣：因为齐国现在还信任我。任，相信，信任。

④以不功宋：因为现在齐国还不能进攻宋国。本句说明这封信写于齐国进攻宋国之前。

⑤欲从韩、梁取秦以谨勹：想联合韩国、魏国一起去拉拢秦国，以防范赵国。从，跟从，联合。梁，通"梁"。魏国。取，拉拢。谨，防范。勹，通"赵"。

⑥勹以用薛公、徐为之谋谨齐：赵国已经在采用薛公、徐为的计谋去防范齐国了。薛公，即孟尝君田文。薛公本为齐国宗族，封于薛（在今山东滕州南）。后与齐闵王（《史记》作齐湣王）不和，到魏国为相，与其他国家联合击败齐闵王。值得注意的是，整理小组《战国纵横家书》解释本句说："薛公即孟尝君田文，齐国宗族，封

于薛。此时因与齐闵王不和,在魏国作相,常与韩徐为一起计划伐齐。"而《史记·孟尝君列传》则明确记载孟尝君是在齐国灭宋后到的魏国:"后齐湣王灭宋,益骄,欲去孟尝君。孟尝君恐,乃如魏。魏昭王以为相,西合于秦、赵,与燕共伐破齐。"而这封信说:"以不功宋。"这就是说,苏秦写此信的时候,宋国还安然存在,孟尝君还没有到魏国。不过在此之前,孟尝君与齐王也多次产生矛盾,期间也到过赵国。本章应该发生在齐国灭宋、孟尝君入魏为相之前。

⑦故齐、[赵]相倍也:所以齐国与赵国之间产生矛盾。倍,通"背"。背逆,不和睦。

⑧宋窍:人名。齐国使臣。

⑨周纳:人名。赵国奉阳君的使者。

⑩信□□奉阳君:本句缺二字。大意是:奉阳君的话可信吗?

⑪燕、勺循善矣:燕国与赵国已经结为友好国家了。循,和顺,和好。

⑫皆不任子以事:都不再重用您了。子,对男子的尊称。这里指苏秦。

⑬奉阳[君]□□丹若得也:本句缺二字。本句大意应该是:奉阳君还会见了公玉丹与强得。丹,指齐国大夫公玉丹。若,和。得,指齐国大夫强得。

⑭筍毋任子:如果燕国与赵国都不重用您了。筍,假借为"苟"。如果。一说"筍"为"筍"之误字,"筍"通"苟"。裘锡圭《长沙马王堆汉墓简帛集成·战国纵横家书》:"原释文(指整理小组《战国纵横家书》的解释)在'筍'字下直接用尖括号注'苟'字,实际上'筍'字当是'筍'之误字,读为'苟'(以'筍'为'苟'多见于本篇,如47、146、148、215诸行)。"

⑮讲:讲和,友好。指燕、赵两国友好。

⑯请以齐为上交:请让我们把齐国作为最友好的同盟国。上交,关系最好的国家。周纳这样讲,是为了蒙蔽齐国。

【译文】

苏秦让盛庆为自己送信给燕王，信中说：现在赵国虽然还没有进攻齐国，但事态的发展一定会有利于燕国的，因为齐国现在很信任我。由于齐国现在还无法进攻宋国，于是就想联合韩国、魏国并拉拢秦国，以防范赵国，赵国也已经在听取薛公、徐为的计谋去防范齐国，所以说齐国与赵国已经处于相互敌对状态了。最近齐王让宋窍对我说："赵国的奉阳君派周纳对我说：'燕王要求不再把重要的事情交给苏秦去处理了。'奉阳君的话不知是否可信？奉阳君还让周纳对我说：'苏秦想谋划伤害齐国。'我不相信他的这些话。周纳还说：'燕国与赵国结为友好国家了，他们都不打算重用你苏秦了。'奉阳君在会见齐国大夫公玉丹与强得时，还表态说：'燕、赵两国如果都不再任用苏秦了，而且两国也和好了，他们会把齐国视为最友好的国家，天下如有任何国家想进攻齐国，燕、赵就会出兵讨伐它。'"

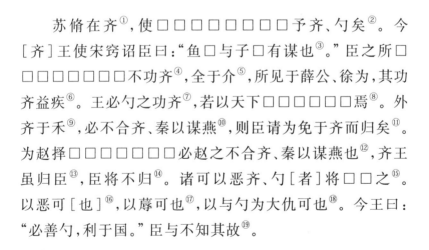

　　苏脩在齐①，使□□□□□□□□□予齐、勾矣②。今［齐］王使宋窍诏臣曰："鱼□与子□有谋也③。"臣之所□□□□□□□□不功齐④，全于介⑤，所见于薛公、徐为，其功齐益疾⑥。王必勾之功齐⑦，若以天下□□□□□□焉⑧。外齐于禾⑨，必不合齐、秦以谋燕⑩，则臣请为免于齐而归矣⑪。为赵择□□□□□□□必赵之不合齐、秦以谋燕也⑫，齐王虽归臣⑬，臣将不归⑭。诸可以恶齐、勾［者］将□□之⑮。以恶可［也］⑯，以薄可也⑰，以与勾为大仇可也⑱。今王曰："必善勾，利于国。"臣与不知其故⑲。

【注释】

①苏脩：人名。楚国的使者。在齐：来到齐国。在，来到。裘锡圭

《长沙马王堆汉墓简帛集成·战国纵横家书》:"'在'字也有可能应释'来'。"

②使□□□□□□□予齐、勺矣:本句缺字较多。大意可能是:楚国计划把某些好处送给齐国与赵国。予,送给。本句说明,楚国也在拉拢齐、赵两国。

③鱼□与子□有谋也:我将会与您有新的谋划。鱼,通"吾"。整理小组《战国纵横家书》:"鱼,代名词,和吾字音近通用。"

④臣之所□□□□□□□不功齐:本句缺字较多。大意可能是:我所感受到的是,虽然赵国还没有出兵进攻齐国。功,通"攻"。进攻。

⑤全于介:但他们的军队已经埋伏在与齐国接壤的边界一带。全,通"跧"。埋伏。介,通"界"。边界。整理小组《战国纵横家书》:"全,通跧,《广雅·释诂三》:'跧,伏也。'这里说赵国虽没有攻齐,伏于边界。"

⑥其功齐益疾:他们进攻齐国的计划在日益加快实施。益,更加。疾,快速。

⑦王必勺之功齐:大王您一定要等到赵国进攻齐国之时。

⑧若以天下□□□□□□焉:本句缺字较多。其大意可能是:如果能够联合天下诸侯一起进攻齐国则更好。

⑨外齐于禾:与各国联合时,要把齐国排斥在外。禾,通"和"。和好,联合。

⑩必不合齐、秦以谋燕:赵国就一定不会联合齐国与秦国一起来进攻燕国。

⑪则臣请为免于齐而归矣:那么我就可以离开齐国而回到燕国了。

⑫为赵择□□□□□□□必赵之不合齐、秦以谋燕也:本句缺文较多,其大概意思是:站在赵国的利益上去选择,一定要联合齐、秦去进攻燕国,如果不能做到保证赵国不去联合齐、秦进攻燕国。

⑬齐王虽归臣：齐王即使让我回燕国。虽，即使。

⑭臣将不归：我也不会回到燕国。意思是，自己还没有完成削弱齐国、回报燕国的任务，所以不会回燕国去。

⑮诸可以恶齐、勺〔者〕将□□之：所有可以挑起齐、赵矛盾的办法，我都将使用。诸，众多。这里指所有能够挑起齐、赵矛盾的方法。缺两字，大致不影响对整个句意的理解。

⑯以恶可〔也〕：让他们相互产生矛盾，是可以做到的。

⑰以蓐可也：让他们相互羞辱，是可以做到的。蓐，通"辱"。

⑱以与勺为大仇可也：让齐国与赵国结下大的仇恨，也是可以做到的。

⑲臣与不知其故：我就完全不知道其中的缘故了。与，意通"举"。完。苏秦的用意是同时削弱齐、赵两国，以利于燕国，所以他对燕王要与赵国亲善的意愿就不理解了。

【译文】

楚国的使者苏脩最近来到了齐国，他们计划要把某些好处送给齐国与赵国。所以日前齐王让宋窃对我说："我将会与您做出新的谋划。"我现在所感受到的是，虽然赵国还没有出兵进攻齐国，但他们的军队已经埋伏在与齐国接壤的边界一带；我还感觉到薛公与徐为进攻齐国的计划，正在日益加速实施。大王您一定要等到赵国进攻齐国的时候，如果那时能够联合天下诸侯一起进攻齐国则更好。与各国联盟，一定要把齐国排斥在外，一定不要让齐、秦联合起来以进攻燕国，如能做到这一点我就可以离开齐国而回到燕国了。站在赵国的利益角度去选择，他们一定会联合齐、秦两国进攻燕国，如果不能做到保证赵国不去联合齐、秦以进攻燕国，那么即使齐王让我回燕国，我也不会回去。所有可以挑起齐、赵矛盾的办法，我都会使用。让他们彼此之间产生矛盾，我可以做到；让他相互羞辱，我可以做到；让齐国与赵国产生极大的仇恨，我也可以做到。如今大王您却告诉我："一定要与赵国亲善，这样有利于燕国。"我就完全不理解其中的缘故了。

奉阳君之所欲，循[善]齐、秦以定其封①，此其上计也。次循善齐以安其国②。齐、勺循善，燕之大过③。[将]养勺而美之齐乎④？害于燕；恶之齐乎⑤？奉阳君怨臣，臣将何处焉⑥？臣以齐善勺⑦，必容焉⑧，以为不利国故也⑨。勺非可与功齐也，无所用。勺毋恶于齐为上⑩。齐、勺不恶，国不可得而安⑪，功不可得而成也。齐、赵之恶从已⑫，愿王之定虑而羽镤臣也⑬。勺止臣而它人取齐⑭，必害于燕。臣止于勺而侍其鱼肉⑮，臣□不利于身⑯。

【注释】

①循[善]齐、秦以定其封：亲善于齐、秦两国以保全自己的封号。从这句话可以猜测，这位奉阳君很可能是赵成的子孙。赵成是赵肃侯的弟弟，在赵国非常有权势，不会为保住自己的封号而担忧。"奉阳君"一名在《史记》《战国策》及本帛书中多次出现，涉及的事件、时间各不相同，所以清代学者沈钦韩《两汉书疏证》认为战国时期有三位奉阳君，一在赵肃侯时，二是公子成，三是李兑。循善，亲善。

②次循善齐以安其国：其次是亲善齐国以保证赵国的安定。

③燕之大过：这是燕国的大灾难。过，假借为"祸"。灾难。

④[将]养勺而美之齐乎：是想壮大赵国势力而使赵、齐交好吗？将养，扶持，帮助。将，扶持。美，指赵、齐两国关系和美。前文说苏秦不理解燕王要与赵国友好的国策，本句就是对这一国策的质疑。

⑤恶之齐乎：还是想让赵、齐两国交恶呢？

⑥臣将何处焉：我将如何处理这件事情呢？

⑦臣以齐善勺：我认为如果齐国与赵国关系友好。以，以为，认为。

⑧必容焉：那么他们都会接受我。

⑨以为不利国故也：但因为这样做不利于燕国的缘故（，所以我不赞成）。

⑩勺毋恶于齐为上：对于赵国来说，不与齐国交恶是上策。

⑪国不可得而安：燕国就不得安宁。

⑫齐、赵之恶从已：如果齐、赵交恶的态势顺利形成。从已，成功了。从，顺利，成功。已，通"矣"。

⑬愿王之定虑而羽锁臣也：就希望大王您一定要帮助我。愿，希望。定虑，确定自己的想法。这个想法就是帮助苏秦脱离危险。羽锁，帮助。整理小组《战国纵横家书》："羽锁，通翼赞（或作翼讚、翊赞），帮助的意思。"

⑭勺止臣而它人取齐：如果让赵国扣留我，而让其他人取得齐国的信任。取齐，指取得齐国的信任。前文说："外齐于禾，必不合齐、秦以谋燕，则臣请为免于齐而归矣。为赵择□□□□□□于必赵之不合齐、秦以谋燕也，齐王虽归臣，臣将不归。"明确说当时苏秦在齐国，而本句又说"勺止臣而它人取齐"，前后明显矛盾。因此我们认为"勺止臣而它人取齐"是一种设想。苏秦站在燕国的利益上，挑起齐、赵两国的矛盾，一旦暴露，两国都将加害于苏秦，所以苏秦既不愿长期留在齐国，也不愿留在赵国。

⑮臣止于勺而侍其鱼肉：如果我被扣留在赵国，就会成为任人宰割的鱼肉。侍，通"待"。

⑯臣□不利于身：我认为这都将会危及我的生命安全。正是处于这种境况，苏秦才要求燕王帮助自己，让自己在完成使命之后，能够顺利离开齐国与赵国。

【译文】

奉阳君所想做到的，就是亲善齐、秦两国以保全自己的封号，这对他来说是最好的结果了。其次是亲善齐国以保证赵国的安全。齐、赵两国彼此友好，这对于燕国来说就是一个大的灾难。是想培植赵国的势力而让赵、齐友好吗？这将会伤害到燕国；是想让赵、齐两国交恶吗？奉阳君将会怨恨我，我该如何处理这件事情呢？我认为如果齐、赵友好，他们都一定能够接纳我，但我认为这样做不利于燕国，所以我不会这样做。现在赵国还不可能与我们一起去进攻齐国，所以还没有用得着赵国的地方。对于赵国来说，现在不与齐国交恶是上策。但是，如果齐、赵不交恶，燕国就不可能得到安宁，大功也不可能建成。齐、赵交恶的形势一旦形成，希望大王一定要全力帮助我离开齐国与赵国。如果我被赵国扣留，而让他人取得齐国的信任，就一定会有害于燕国。那时我就会在赵国像鱼肉一样任人宰割，这都将会危及我的生命安全。

四、苏秦自齐献书于燕王章

【题解】

苏秦自齐献书于燕王章：苏秦从齐国写信给燕易王。苏秦在齐国任职，目的是为了削弱齐国，保全燕国。但因为燕国大夫的闲言碎语，导致燕王与苏秦之间产生误会，所以苏秦写了这封信给燕王，为自己鸣冤叫屈。

不少学者认为这封信是苏秦写给燕昭王的："此章系年于公元前286年。此时燕昭王听信谗言，要治罪于苏秦。苏秦在齐国写信给燕昭王向其辩白鸣冤。"(沈月《〈战国纵横家书〉译注》)但本章说："臣之计曰：齐必为燕大患。"意思是："臣下苏秦认为：齐国将来一定会为燕国造成大的灾难。"苏秦只是推测"齐必为燕大患"，而事实上"大患"还没有发生。这就说明不可能是写给燕昭王的，因为在燕昭王即位之前，齐国已经几乎灭掉过燕国："(齐)王因令章子将五都之兵，以因北地之众以伐燕。士卒不战，城门不闭，燕君哙死，齐大胜。燕子之亡二年，而燕人共立太子平，是为燕昭王。"(《史记·燕召公世家》)在燕昭王即位之后，齐国反而几乎被燕国与诸侯联军灭掉。所以我们认为这封信应是写给燕易王的："(燕)文侯卒，太子立，是为燕易王。易王初立，齐宣王因燕丧伐燕，取十城。易王谓苏秦曰：'往日先生至燕，而先王资先生见赵，遂约六国从。今齐先伐赵，次至燕，以先生之故为天下笑，先生能为燕得侵地乎？'苏秦大惭，曰：'请为王取之。'苏秦见齐王……于是乃归燕之十城……人有毁苏秦者曰:'左右卖国反覆之臣也,将作乱。'苏秦恐得罪,归,而燕王不复官也……易王母,文侯夫人也,与苏秦私通。燕王知之,而事之加厚。苏秦恐诛,乃说燕王曰:'臣居燕不能使燕重,而在齐则燕必重。'燕王曰:'唯先生之所为。'于是苏秦详为得罪于燕而亡走齐,齐宣王以为客卿。"(《史记·苏秦列传》)这些史料说明,在燕易王与苏秦的关系时好时坏的时候,苏秦先后两次到齐国,这封信应写于第二次到齐国做官时期。

本章的最后,我们附录了《战国策·燕策二》"苏代(秦)自齐献书于燕王章"这段文字,因为这段文字与本章内容相合,故附此以便对照。

　　自齐献书于燕王曰:燕、齐之恶也久矣①。臣处于燕、齐之交,固知必将不信②。臣之计曰:齐必为燕大患③。臣循用于齐④,大者可以使齐毋谋燕,次可以恶齐、勺之交⑤,以便王之大事⑥,是王之所与臣期也⑦。臣受教任齐交五年⑧,齐兵数出⑨,未尝谋燕。齐、勺之交,壹美壹恶⑩,壹合壹离。燕非与齐谋勺,则与赵谋齐。齐之信燕也,虚北地口[行]其甲⑪。王信田代、缲去[疾]之言功齐⑫,使齐大戒而不信燕⑬。臣秦拜辞事⑭,王怒而不敢强⑮。

【注释】

①恶:交恶,关系不好。

②不信:不被燕国信任。

③齐必为燕大患:齐国一定会为燕国带来大的灾难。通过本句,可以断定这封信写于燕易王时,而非写给燕昭王。详解见"题解"。

④臣循用于齐:如果我能够顺利被齐国任用。循,顺,顺利。

⑤次可以恶齐、勺之交:其次也可以使齐国、赵国的关系恶化。勺,

假借为"赵"。

⑥便：便利，有利于。

⑦是王之所与臣期也：这些都是大王您与我约定好的。是，代指以上所说的"大者可以使齐毋谋燕，次可以恶齐、勺之交，以便王之大事"。期，约定。理解为期待也可。

⑧臣受教任齐交五年：我在您的授意下，负责处理与齐国关系已经五年了。受教，指接受燕王的命令。

⑨数（shuò）：多次。

⑩壹美壹恶：时好时坏。

⑪虚北地□[行]其甲：齐国把与燕国交界的北方地区的军队调往他处而不再设防。虚，指不驻守军队。北地，指与燕国交界的地区。燕国在齐国北方。□，原缺一字。裘锡圭《长沙马王堆汉墓简帛集成·战国纵横家书》认为应是"而"字："今按：'地'下一字当是顺接连词，原缺释，今据残存笔划释为'而'。"甲，战衣。代指军队。"齐兵数出，未尝谋燕。齐、勺之交，壹美壹恶，壹合壹离。燕非与齐谋勺，则与赵谋齐。齐之信燕也，虚北地□[行]其甲"几句，是苏秦在向燕王表功。

⑫王信田代、缲（qiāo，另音sāo）去[疾]之言功齐：大王您听信田伐、缲去疾的话而计划进攻齐国。田代、缲去疾，两个人名，均为燕国大夫。田代，应为"田伐"之误。《战国策·燕策二》作"田伐"。译文据改。缲去疾，《战国策·燕策二》作"参去疾"。

⑬使齐大戒：使齐国提高了警惕。戒，提高警惕。理解为"戒备"也可。

⑭臣秦拜辞事：我本想辞去为燕国去削弱齐国的差事。秦，苏秦自称。拜，敬辞。事，指削弱齐国的任务。

⑮王怒而不敢强：又担心大王您生气，不敢勉强辞职。

【译文】

苏秦从齐国写信给燕易王，信中说：以前燕国、齐国关系恶化的时间已经很久了。我一直在处理燕国、齐国的外交关系，确实很清楚自己一定会受到怀疑。我的想法是：齐国将来一定会给燕国带来大的灾难。如果我能够顺利得到齐国的任用，最好的结果可以使齐国不去进攻燕国，其次可以使齐国与赵国的关系恶化，以有利于大王的治国大业，这是大王与我约定好的事情。我在您的授意下，处理与齐国的外交事务已经五年了，齐国的军队多次出征，但从未进攻过燕国。齐国与赵国的交往，时好时坏，时合时离。燕国如果不与齐国一起谋攻赵国，就会与赵国一起谋攻齐国。齐国现在非常信任燕国，北边与燕国交界地区不再设防，其军队都调往他处。大王后来相信田伐、缫去疾的话计划进攻齐国，使齐国提高了警惕而不再信任燕国。我本想辞去为燕国谋攻齐国的差事，又担心大王生气不敢勉强辞职。

　　勺疑燕而不功齐①，王使襄安君东②，以便事也③，臣岂敢强王戈④？ 齐、勺遇于阿⑤，王忧之。臣与于遇⑥，约功秦去帝⑦。虽费⑧，毋齐、赵之患，除群臣之聭⑨。齐杀张庳⑩，臣请属事辞为臣于齐⑪。王使庆谓臣⑫："不之齐危国。"臣以死之围⑬，治齐、燕之交。后，薛公、乾徐为与王约功齐⑭，奉阳君鬻臣⑮，归罪于燕，以定其封于齐⑯。公玉丹之勺致蒙⑰，奉阳君受之。王忧之，故强臣之齐。臣之齐，恶齐、勺之交，使毋予蒙而通宋使⑱。故王能材之⑲，臣以死任事。

【注释】

①勺疑燕而不功齐：赵国因为不信任燕国，所以也就放弃了进攻齐国的计划。功，假借为"攻"。

②王使襄安君东：大王又派襄安君到东边的齐国。襄安君，燕国贵族，一说可能是燕王的弟弟，生平不详。燕王派襄安君到齐国去，

说明燕王对苏秦做事有些不太放心。

③以便事也：是为了更有利地去处理这件事情。便，利于，有利于。

④臣岂敢强王戋：我怎敢勉强大王您改变这个决定呢？

⑤齐、勺遇于阿：齐国君主与赵国君主在阿地临时会晤。遇，临时性的会见。阿，地名。战国时期有东阿、西阿，东阿在今山东阳谷东北，西阿在今河北保定东。这里应该指东阿，因为东阿距离齐、赵两国都比较近。

⑥臣与于遇：我参与了两国君主的这次会晤。与，参与。

⑦约功秦去帝：约定齐国去掉帝号，与赵国一起进攻秦国。前288年，秦昭王自称西帝，尊齐闵王（又作齐湣王）为东帝，不久，齐闵王去掉帝号。需要说明的是，据《史记·田敬仲完世家》记载，齐国去帝号的事情，发生在苏秦的弟弟苏代时："（齐湣王）三十六年，王为东帝，秦昭王为西帝。苏代自燕来，入齐，见于章华东门。齐王曰：'嘻，善，子来！秦使魏冉致帝，子以为何如？'对曰：'王之问臣也卒，而患之所从来微，愿王受之而勿备称也。秦称之，天下安之，王乃称之，无后也。且让争帝名，无伤也。秦称之，天下恶之，王因勿称，以收天下，此大资也。且天下立两帝，王以天下为尊齐乎？尊秦乎？'王曰：'尊秦。'曰：'释帝，天下爱齐乎？爱秦乎？'王曰：'爱齐而憎秦。'曰：'两帝立约伐赵，孰与伐桀宋之利？'王曰：'伐桀宋利。'对曰：'夫约钧，然与秦为帝而天下独尊秦而轻齐，释帝则天下爱齐而憎秦，伐赵不如伐桀宋之利，故愿王明释帝以收天下，倍约宾秦，无争重，而王以其间举宋。夫有宋，卫之阳地危；有济西，赵之阿东国危；有淮北，楚之东国危；有陶、平陆，梁门不开。释帝而贷之以伐桀宋之事，国重而名尊，燕、楚所以形服，天下莫敢不听，此汤武之举也。敬秦以为名，而后使天下憎之，此所谓以卑为尊者也。愿王孰虑之。'于是齐去帝复为王，秦亦去帝位。"《战国纵横家书》与《史记》的记载不同，究竟

是苏秦还是苏代，有待进一步研究。

⑧虽费：燕国为此可能要花费一些人力物力。整理小组《战国纵横家书》解释说："燕国在那时表面上服从齐国，齐国伐秦，要出兵相助，武器粮食，费用很大，所以苏秦要作解释。虽然费了人力物力，但有双重好处。首先，齐、赵攻秦，不会威胁燕国，无齐、赵之患。其次，去了帝号，燕国不用称臣，除群臣之耻。"

⑨聭：假借为"耻"。

⑩张魋（tuí）：人名。燕国将军，燕王派他到齐国之后，被齐君杀害。《吕氏春秋·行论》作"张魁"："齐攻宋，燕王使张魁将燕兵以从焉，齐王杀之。燕王闻之，泣数行而下，召有司而告之曰：'余兴事而齐杀我使，请令举兵以攻齐也。'使受命矣。凡繇进见，争之曰：'贤主，故愿为臣。今王非贤主也，愿辞不为臣。'昭王曰：'是何也？'对曰：'松下乱，先君以不安，弃群臣也。王苦痛之而事齐者，力不足也。今魁死而王攻齐，是视魁贤于先君。'王曰：'诺。''请王止兵。'王曰：'然则若何？'凡繇对曰：'请王缟素辟舍于郊，遣使于齐，客而谢焉，曰："此尽寡人之罪也。大王贤主也，岂尽杀诸侯之使者哉！然而燕之使者独死，此弊邑之择人不谨也。愿得变更请罪。"'使者行至齐，齐王方大饮，左右官实，御者甚众，因令使者进报。使者报，言燕王之甚恐惧而请罪也。毕，又复之，以矜左右官实。因乃发小使以反令燕王复舍。此济上之所以败，齐国以虚也。七十城，微田单固几不反。湣王以大齐骄而残，田单以即墨城而立功。《诗》曰：'将欲毁之，必重累之；将欲踣之，必高举之。'其此之谓乎？"

⑪臣请属事辞为臣于齐：我请求辞去在齐国的职务，把自己交给有关官员处理。苏秦此举，表示要为此事负责。整理小组《战国纵横家书》："属事，疑即属吏。"

⑫庆：人名。指燕国大夫盛庆。

⑬臣以死之围：我冒着生命危险到了围地。本书《苏秦自赵献书于齐王章》："将与梁王复遇于围地。"围，地名。在今河南延津西。

⑭薛公：即孟尝君田文。薛公本为齐国宗族，封于薛（在今山东滕州南）。后与齐闵王（亦作齐湣王）不和，到魏国为相，与其他国家联合击败齐湣王。乾徐为：人名。即韩徐为。赵国将军。乾，假借为"韩"。功：假借为"攻"。

⑮鬻（yù）：出卖。

⑯以定其封于齐：想以此得到齐国给他的封地。奉阳君是赵国的执政贵族，齐国为了拉拢奉阳君，愿意把蒙地送给他。

⑰公玉丹之勹致蒙：公玉丹到赵国来，要把蒙地送给奉阳君。公玉丹，人名。齐国大夫。蒙，地名。在今河南商丘东北。

⑱使毋予蒙而通宋使：使齐国不要把蒙地送给奉阳君，并让齐国与宋国互通使者。

⑲材之：裁决这件事情。也即判断自己是否忠于燕国。材，假借为"裁"。裁决，裁断。

【译文】

　　赵国因为不信任燕国而取消了进攻齐国的计划，大王派襄安君到东边的齐国，以便能够更好地处理这件事情，我岂敢勉强大王您改变这一决定呢？齐国君主与赵国君主在阿地临时会晤，大王对此很担忧。我参与了这次会晤，两国君主约定，齐国去掉帝号，一起进攻秦国。这样虽然也使燕国付出不少人力物力，却也消除了齐国与赵国对燕国的威胁，解除了群臣向齐国称臣的耻辱。齐国杀害燕国将军张魁之后，我就请求辞去在齐国的职务，把自己交给有关官员处理。大王您派盛庆来对我说："如果你不到齐国去，将会危害燕国。"于是我就冒着生命危险到了围地，处理齐国与燕国的外交问题。后来，薛公、韩徐为又与大王约定计划进攻齐国，奉阳君出卖了我，把进攻齐国的事情全部怪罪到了燕国身上，想以此拿到齐国送给他的封地。齐国大夫公玉丹来到赵国，要把蒙地送给他，奉阳君也表示愿意接受蒙地。大王为此很忧愁，所以强行让我来到齐国。我到齐国之后，破坏了齐国与赵国的外交关系，使齐国不再把蒙地送给奉阳君，而且还让齐国与宋国互通使节。因此大王您可以据此对我做出准确的判断，我确实是在冒着生命危险去处理您交给我的任务。

　　之后，秦受兵矣①，齐、勺皆尝谋②。齐、勺未尝谋燕，而俱诤王于天下③。臣虽无大功，自以为免于罪矣。今齐有过辞④，王不谕齐王多不忠也⑤，而以为臣罪，臣甚惧。庳之死也⑥，王辱之。襄安君之不归哭也⑦，王苦之⑧。齐改葬其后而召臣⑨，臣欲毋往，使齐弃臣。王曰："齐王之多不忠也，杀妻逐子，不以其罪⑩，何可怨也⑪？"故强臣之齐。二者大物也⑫，而王以赦臣，臣受赐矣。臣之行也⑬，固知必将有口⑭，故献御书而行⑮。曰："臣贵于齐⑯，燕大夫将不信臣；臣贱⑰，将轻臣。臣用⑱，将多望于臣⑲。齐有不善⑳，将归罪于臣。天下不功齐，将曰善为齐谋㉑；天下功齐，将与齐兼弃臣㉒。臣之所处者重卵也㉓。"

【注释】

①秦受兵矣：秦国受到诸侯的攻伐。兵，军队。

②齐、勺皆尝谋：齐国与赵国也曾经相互算计过。尝，曾经。谋，算计。

③而俱诤王于天下：都想在天下争王争霸。诤，通"争"。

④过辞：过分的言辞。也即对燕国的无礼言辞。

⑤王不谕齐王多不忠也：大王您不知道齐闵王是多么的邪恶不正。谕，明白，知道。不忠，不正直，邪恶。

⑥庳之死也：张庳被齐国杀害。

⑦襄安君之不归哭也:襄安君没有能够回到燕国奔丧。整理小组
　《战国纵横家书》:"归哭,回国奔丧。襄安君不归哭事未详。以文
　义推测,襄安君可能被齐国扣留,未能归国奔丧,应与齐国杀张庸
　事同时或稍后。"

⑧王苦之:大王为这件事情深感痛苦。

⑨齐改葬其后:齐国改变原来的葬礼,厚葬先王之后。《史记·苏秦
　列传》:"齐宣王卒,湣王即位,说湣王厚葬以明孝,高宫室大苑囿
　以明得意,欲破敝齐而为燕。"整理小组《战国纵横家书》:"改葬
　其后,未详。一说,后疑是后字之误,指齐王的后。"那么本句意
　思是,齐王改葬王后。后,在先秦也指君主。

⑩不以其罪:并非因为他的妻子儿女犯下了什么罪过。

⑪何可怨也:对于这种没有人性的人有什么可以怨恨的呢? 意思是
　说,对于齐闵王这种没有人性的人,不值得去计较。

⑫二者大物也:这两件事情都是大事情。二者,指张庸被齐国杀害
　与襄安君不能回国奔丧。

⑬臣之行也:我到齐国来。

⑭固知必将有口:本来就知道会有闲言碎语来污蔑我。口,这里指
　闲言碎语。

⑮故献御书而行:所以我给您献上一封书信之后才动身来齐国。
　御,进献。多指进献给君主。

⑯臣贵于齐:如果我在齐国的地位高贵。指受到重用。

⑰臣贱:如果我在齐国的地位低贱。也即不受重用。

⑱臣用:我受到重用。

⑲将多望于臣:将对我给予太多的期望。另外,"望"还有抱怨、责
　备的意思。

⑳不善:指对燕国的不善之举。

㉑善为齐谋:将批评我善于为齐国出谋划策。

㉒将与齐兼弃臣：将会把我连同齐国一起抛弃。

㉓臣之所处者重卵也：我所处的境遇就像把蛋叠放起来一样危险。重卵，把蛋叠放起来。形容十分危险的样子。者，《战国策》无此字，可删。

【译文】

此后，秦国受到了诸侯国的讨伐，齐国与赵国也曾经相互算计。齐国与赵国不再去考虑进攻燕国的事情，都争着去天下称王称霸了。我虽然没有立下什么大的功劳，但也自以为没有犯下什么罪过。如今齐国对燕国有一些不敬的言辞，大王不知道齐王是多么的邪恶不正，而误以为是因为我的过错造成的，我对此深感恐惧。张庶被齐国杀害，大王受到了羞辱。襄安君没有能够回国奔丧，大王为此也很痛苦。齐国改变葬礼厚葬先王之后，再次召我去齐国，我本不想再去齐国，目的是让齐国自动放弃我。大王却说："齐王是那样的邪恶不正，他杀死自己的妻子，赶走自己的儿女，都不是因为他的妻子儿女犯下什么罪过，对于这种没有人性的人有什么值得怨恨的呢！"因此您强行让我再到齐国去。张庶被杀与襄安君不能回国奔丧，这两件事情都是大事情，而大王您赦免了我的罪责，我已经受到了您的恩赐。我这次到齐国来之前，本来就知道一定会惹上许多闲言碎语，所以我先写了一封书信给您，然后才出发来齐国。我在信中说："如果我在齐国的地位高贵了，那么燕国大夫将不再信任我；如果我在齐国的地位低贱了，燕国大夫将会轻视我。如果我在齐国得到重用，那么燕国大夫将会对我抱有过多的期望。齐国一旦对燕国有不善的举动，那么燕国大夫将会归罪于我。天下其他诸侯国如果不进攻齐国，燕国大夫将会埋怨我善于为齐国出谋划策；天下诸侯国如果进攻齐国，燕国大夫将会把我连同齐国一起抛弃。我现在的处境，就好像把蛋叠放起来那样十分危险啊。"

王谓臣曰："鱼必不听众口与造言①，鱼信若迆齨也②。

大，可以得用于齐；次，可以得信③；下，苟毋死④，若无不为
也⑤。以奴自信⑥，可；与言去燕之齐⑦，可；甚者，与谋燕⑧，
可。期于成事而已⑨。"臣恃之诏⑩，是故无不以口齐王而
得用焉⑪。今王以众口与造言罪臣，臣甚惧。王之于臣也，
贱而贵之⑫，蓐而显之⑬，臣未有以报王⑭。以求卿与封⑮，不
中意⑯，王为臣有之两⑰，臣举天下使臣之封不挈⑱。臣止于
勺，王谓乾徐为："止某不道⑲，迺免寡人之冠也⑳。"以振臣
之死㉑。臣之德王㉒，突于骨随㉓。臣甘死、蓐㉔，可以报王，
愿为之。今王使庆令臣曰㉕："鱼欲用所善㉖。"王苟有所善
而欲用之，臣请为王事之。王若欲划舍臣而栫任所善㉗，臣
请归择事㉘，句得时见㉙，盈愿矣㉚。

【注释】

①鱼必不听众口与造言：我一定不会听信众人的闲言碎语和各种谣
　言。鱼，假借为"吾"。造言，谣言。《周礼·大司徒》："七曰造言
　之刑。"郑玄注："造言，讹言惑众。"

②鱼信若廼齘（hé）也：我非常信任你，就像上下牙齿相合那样情
　投意合。若，你。廼，假借为"犹"。如同，好像。齘，上下牙齿合
　在一起，比喻配合默契，情投意合。整理小组《战国纵横家书》：
　"齘，《说文》解为'齧也'，齧即啮字。凡咬断食物时，上下齿必相
　对，用以比两人情投意合，没有参差不齐。"

③可以得信：可以得到齐国的信任。

④苟毋死：如果能够做到不死。苟，如果。

⑤若无不为也：你可以无所不为。若，你。"苟毋死，若无不为也"两
　句是提醒苏秦，活下来是底线，只要是为了活命，苏秦可以做任何
　事情。

⑥以奴自信：带着家属一起去齐国，以此取得齐国的信任。奴，通"孥"。子女。这里泛指家属。

⑦与言去燕之齐：公开声称你要抛弃燕国、投奔齐国。与，假借为"舆"。众人，公众。这里指在众人面前公开讲。去，离开。

⑧与谋燕：假装着与齐国一起算计燕国。这样做的目的是为了取得齐国的信任。

⑨期于成事而已：最终达到削弱齐国、保全燕国的目的而已。

⑩臣恃之诏：我倚仗着您的命令。恃，倚仗。之，此。诏，诏书，命令。

⑪是故无不以口齐王而得用焉：因此我想尽一切办法用语言去讨好齐王，从而得到齐王的重用。

⑫贱而贵之：把我从低贱的地位提拔到高贵的地位。之，指苏秦自己。

⑬蓐而显之：使我从令人感到羞耻的身份提升到如今名声显赫的身份。蓐，假借为"辱"。

⑭臣未有以报王：我还没有什么办法来报答大王的恩德。未有以，没有什么办法。

⑮以求卿与封：我过去追求卿位与封地。卿，古代官爵名，在公之下，大夫之上。

⑯不中意：不合人意。也即实现不了自己的愿望。

⑰王为臣有之两：而大王赐给我这两样东西。之，此。两，指卿位与封地。

⑱臣举天下使臣之封不輚（cán）：我与整个天下所有的有封地的使臣相比，一点也不觉得惭愧。举，整个。一说，"举"通"与"。整理小组《战国纵横家书》："举字通与，即他与这班使者在一起，不觉惭愧。"輚，通"惭"。惭愧。

⑲止某不道：你们扣押苏秦是毫无道理的。止，阻止，扣押。某，指

苏秦。

⑳逼免寡人之冠也：这种羞辱就好像当众脱掉我的帽子一样。逼，
　　假借为"犹"。好像。在古代，当众脱掉别人的帽子是一种侮辱。

㉑以振臣之死：这是救我一命啊。振，拯救，救援。

㉒德王：感恩于大王。

㉓突：通"深"。隧：通"髓"。骨髓。

㉔臣甘死、蒙：我甘心情愿去付出生命、忍辱负重。

㉕庆：人名。指盛庆。燕国大夫。

㉖鱼欲用所善：我想任用我认为更为恰当的人。所善，我所认为的
　　更合适的人。此人应该是指燕王派到齐国去的襄安君。

㉗王若欲刬（zhuān）舍臣而柿任所善：大王如果想舍弃我而专一任
　　用您认为更合适的人选。刬、柿，通"专"。专一。

㉘臣请归择事：请让我辞去所有职务回到燕国。归，回到燕国。择，
　　假借为"释"。放下，辞去。

㉙句得时见：如果能够时常见到大王。句，假借为"苟"。如果。
　　时，时时，时常。

㉚盈愿矣：心满意足了。盈，满，满足。愿，愿望。

【译文】

　　大王曾经对我说："我绝对不会听信众人的闲言碎语与各种谣言，
我非常信任你，与你的关系就好像上下牙齿相合那样情投意合。你到齐
国后最好的情况，是可以得到齐国的重用；其次，可以得到齐国的信任；
最糟的情况是，只要能够避免死亡，你可以无所不为。你这次去齐国，想
带着家属以便取得齐国的信任，是可以的；公开声明你抛弃燕国、投奔齐
国，是可以的；更进一步，你假装着与齐国一起算计燕国，也是可以的。
最终能够达到削弱齐国、保全燕国的目的就行。"我倚仗着您的这一命
令，所以想尽一切办法用言语去讨好齐王，从而得到了齐王的重用。如
今大王因为众人的闲言碎语和一些谣言而怪罪于我，我感到非常恐惧。

大王对于我，可以说是把我从低贱的地位提拔到了高贵的地位，使我从令人感到羞耻的身份提升到如今名声显赫的身份，而我却没有什么可以报答大王。我过去追求卿位与封地，一直未能如愿，是大王赐给我这两样东西，使我与整个天下所有的有封地的使臣相比，一点也不觉得惭愧。当我被扣留在赵国的时候，大王派人对赵国大夫韩徐为说："你们扣留苏秦是毫无道理的，这就好像当众脱掉我的帽子一样来羞辱我。"这是救我一命啊。我对大王的感恩戴德之情，深入骨髓。我心甘情愿去付出生命、忍辱负重，如果这样可以报答大王的恩德，我也愿意去这样做。如今大王派盛庆来命令我说："我想任用我认为更为合适的人。"大王如果有更为合适的人选，想任用他，我愿意为了大王而到他的手下做事。大王如果想舍弃我而专一任用您认为更合适的人，就请让我辞去职务，回到燕国，如果时常能够见到大王，我也就心满意足了。

附录：

【说明】《战国策·燕策二》"苏代（秦）自齐献书于燕王"这段文字的内容与《战国纵横家书》中的本章一致，文字有所差异，故附录于后，以供对照参考。

苏代（秦）自齐献书于燕王曰①：臣之行也②，固知将有口事③，故献御书而行④，曰："臣贵于齐，燕大夫将不信臣；臣贱，将轻臣；臣用，将多望于臣⑤；齐有不善⑥，将归罪于臣；天下不攻齐，将曰善为齐谋；天下攻齐，将与齐兼郾臣⑦。臣之所处重卵也。"王谓臣曰："吾必不听众口与谗言，吾信汝也，犹划刘者也⑧。上可以得用于齐，次可以得信⑨，于下苟无死⑩，女无不为也⑪，以女自信可也⑫。与之言曰⑬：'去燕之齐。'可也，期于成事而已。"

【注释】

①苏代：人名。苏秦的弟弟，一说是其兄长。《战国纵横家书》则作"苏秦"。何建章《战国策注释》依据《战国纵横家书》直接把名字改为"苏秦"。我们保持《战国策》原貌，因为我们无法断定究竟是《战国策》错了，还是《战国纵横家书》错了，详细理由可见本书"前言"。自齐献书于燕王：从齐国写信给燕王。《史记·苏秦列传》记载："燕相子之与苏代婚，而欲得燕权，乃使苏代侍质子于齐。"苏代在齐国的时间也较长，而且也多次写信给燕王。

②臣之行也：指苏代离开燕国到齐国的时候。

③有口事：有各种闲言碎语的事情发生。口，闲言碎语。

④御：献上。多指献给君主。

⑤望：期望。理解为抱怨也可。

⑥不善：指对燕国的不善行为。

⑦鄮（mào）：卖，出卖。这里引申为抛弃。何建章《战国策注释》："鲍改'鄮'作'贸'。注：'贸，犹卖。'"《战国纵横家书》则作"弃"。

⑧犹划刈（chǎn yì）者：就像铲除野草那样果断坚决。划刈，斩断，引申为果断坚决。何建章《战国策注释》："'划刈'者，斩断果决之意。"

⑨得信：得到齐国信任。

⑩于下苟无死：处于最糟的处境时，只要可以免除死亡。于，处于。一说"于"字误补，当删。

⑪女：通"汝"。你。

⑫以女自信可也：因此你可以完全有自信心。以，因，因此。

⑬与之言曰：你可以对齐王说。

【译文】

苏代从齐国写信给燕王，信中说：我这次来齐国，本来就知道会发生闲言碎语这类事情，所以临走之前给您写了一封信，我在信中说："如果我在齐国获得了高贵的地位,燕国大夫将不再信任我;如果我在齐国的地位低贱,燕国大夫将会轻视我;如果我在齐国得到了重用,燕国大夫将会对我抱有很大的期望;齐国一旦做出对燕国不利的行为,燕国大夫将会归罪于我;如果天下诸侯不去进攻齐国,燕国大夫将会说我善于为齐国出谋划策;天下诸侯一旦进攻齐国,燕国大夫将会把我与齐国一起抛弃。我所处的位置就好像把蛋叠放起来那样非常危险。"大王您对我说:"我肯定不会听信众人的闲言碎语与谗言,我相信你,就像铲除野草那样果断坚决。你到了齐国,最好的情况是得到齐国的重用,其次可以得到齐国的信任,处于最糟的处境时,如果能够免于死亡,你做什么都可以,因此你可以自信一些。你还可以对齐王说:'我要抛弃燕国,来为齐国效力。'这样讲也是可以的,只要最终能够把事情办成就行。"

臣受令以任齐①,及五年②。齐数出兵,未尝谋燕。齐、赵之交,一合一离。燕王不与齐谋赵,则与赵谋齐。齐之信燕也,至于虚北坒行其兵③。今王信田伐与参去疾之言④,且攻齐⑤,使齐大骇而不言燕⑥。今王又使庆令臣曰⑦:"吾欲用所善⑧。"王苟欲用之⑨,则臣请为王事之⑩。王欲醳臣⑪,刌任所善⑫,则臣请归醳事⑬。臣苟得见,则盈愿。

【注释】

①臣受令以任齐:我接受您的命令到齐国去任职。实际是去为燕国做间谍。

②及五年:已经五年了。及,到了。

③虚北坒(dì)行其兵:以至于在与燕国交界的北方地区不再设防,把军队调往其他地方。北坒,北地,北方地区。燕国在齐国北边。坒,同"地"。行,调动。

④田伐：人名。燕国大夫。参去疾：燕国大夫。

⑤且：将要。

⑥大骇（hài）：受到很大的惊骇。骇，同"骇"。惊吓。言：假借为"信"。《战国纵横家书》即作"信"。

⑦庆：人名。即盛庆。燕国大夫。

⑧所善：所认为的更合适的人。

⑨苟：如果。

⑩事之：侍奉燕王所认为的那位更为合适的人。也即愿意在其手下做事。

⑪醳（shì）臣：放弃我，不再任用我。醳，通"释"。放弃，舍弃。

⑫剸（zhuān）：通"专"。

⑬则臣请归醳事：那么就请让我辞去职务，回到燕国。归，回到燕国。醳，辞去。

【译文】

　　我接受您的命令到齐国去任职，已经五年了。齐国多次出兵征伐，但从未进攻过燕国。齐国与赵国的外交关系，是时合时离。燕国如果不与齐国一起去谋攻赵国，就会与赵国一起去谋攻齐国。齐国曾经十分信任燕国，以至于在与燕国交界的北部地区不再设防，把军队都调往他处。如今大王却相信田伐与参去疾的话，计划进攻齐国，这使齐国大为警惕，不再信任燕国了。最近大王又派盛庆给我传递命令说："我想任用我认为的更合适的人。"大王如果想任用更为合适的人，那么我愿意为了大王而去事奉他。大王如果想免去我的职务，专一任用您认为的那位更合适的人，那么请让我辞去职务，回到燕国。我回去后如果能够见到大王，也就心满意足了。

五、苏秦谓燕王章

【题解】

苏秦谓燕王：苏秦对燕王说。本章的写作背景是，有人在燕王面前批评苏秦朝三暮四，翻云覆雨，为人不够诚信。苏秦就为燕王分析了孝顺、诚信、廉洁之人与积极进取之人的区别。苏秦认为，孝顺、诚信、廉洁之人是为了保全自我而因循守旧之人，并非积极进取之人。接着，苏秦还用历史事实说明积极进取对于一个国家的重要性。

我们在本章的最后，附录了三段文字，分别是《战国策·燕策一》"人有恶苏秦于燕王者章"、《战国策·燕策一》"苏代谓燕昭王章"与《史记·苏秦列传》中的一段文字。因为这三段文字除了与本章内容基本一致外，更重要的是这些文字对本章发生的历史背景交代得更为清楚，其中的比喻性故事不仅生动，而且把道理讲得更为明白，有利于读者对本章的理解更深入。

谓燕王曰："今日愿藉于王前①。段臣孝如增参②，信如尾星③，廉如相夷④，节有恶臣者⑤，可毋擎乎⑥？"王曰："可矣。""臣有三资者以事王⑦，足乎？"王曰："足矣。""王足之，臣不事王矣⑧。孝如增参，乃不离亲⑨，不足而益国⑩。

信如尾星，乃不延⑪，不足而益国。廉如相夷，乃不窃，不足以益国。臣以信不与仁俱彻⑫，义不与王皆立⑬。"

【注释】

① 今日愿藉于王前：今天想趁着在大王面前的机会好好与您聊一聊。藉，借机，趁着。《史记·苏秦列传》记载本章为苏秦与燕易王的对话，《战国策·燕策一》有两章与本章相似，一作苏秦与燕易王的对话，一作苏代与燕昭王的对话。

② 段臣孝如增参：假如我对父母的孝敬如同曾参一样。段，通"假"。假如。增参，即曾参。孔子的弟子，以孝著称。

③ 信如尾星：我的诚信如同尾生一样。尾星，即尾生。先秦时期的一位极讲信用的人。《孔子集语》卷十七："尾生与女子期于梁下，女子不来，水至不去，抱梁柱而死。"尾生与一位女子相约在一座桥下见面，当这位女子还没有到的时候，而洪水却来了，尾生为了守信不肯离去，竟然抱住桥柱而被淹死。

④ 廉如相夷：廉洁得与伯夷一样。相夷，即伯夷。以廉洁著称。《史记·伯夷列传》记载，伯夷和叔齐是商朝孤竹国君的两个儿子，父亲去世之后，他们两人因为推让君位而逃到了周。周武王灭商以后，两人认为武王以下犯上，属于不义之君，于是坚决不食周粟，饿死在首阳山上。

⑤ 节有恶（wù）臣者：即使有讨厌我而说我坏话的人。节，假借为"即"。即使。恶，厌恶。

⑥ 可毋𧹓（cán）乎：我可以毫不惭愧了吗？𧹓，通"惭"。惭愧。

⑦ 三资者：三种品格。也即上文说的曾参的孝顺、尾生的诚信、伯夷的廉洁。事王：事奉大王。

⑧ 臣不事王矣：然而我却无法事奉大王了。下文解释其原因。

⑨ 乃不离亲：就不会离开父母。乃，就。亲，父母。

⑩不足而益国：不能前来为燕国效力。而，相当于"以"。益，益处，有益处。

⑪延：假借为"诞"。欺骗。这里指为了燕国而欺骗别的国家。

⑫臣以信不与仁俱彻：我认为诚信这种品德无法与人一起获取事业成功。也即讲究诚信的人，无法做到事业显达。以，以为，认为。仁，假借为"人"。整理小组《战国纵横家书》："《燕策》苏代章作身，下文又说'人无信则不彻'，均可证。"彻，达，通达。指事业成功。

⑬义不与王皆立：讲究正义这种品德无法与君主一起建立王霸之业。立，建立功业，称王称霸。

【译文】

苏秦对燕王说："今天我想趁着能够与大王在一起的机会好好与您聊一聊。假如我像曾参那样孝敬父母，像尾生那样讲究信用，像伯夷那样廉洁，即使有讨厌我的人说我的坏话，我可以毫无羞愧之心吗？"燕王说："当然可以。""如果我具有这三种品德以事奉大王，足够了吗？"燕王说："当然足够了。""大王认为这样就足够了，可我也无法前来事奉大王了。如果我像曾参那样孝敬父母，我就不会离开自己的父母，这样也就没有办法为燕国效力了。如果我像尾生那样讲究信用，我就不会对其他国家进行欺骗撒谎，这样也就没有办法为燕国效力了。如果我像伯夷那样廉洁，我就不会千方百计地去盗窃其他国家，这样也就没有办法为燕国效力了。所以我认为讲究诚信这种品德无法与人一起获取事业成功，讲究正义这种品德无法与君主一起建立王霸之业。"

王曰："然则仁义不可为与①？"对曰："胡为不可②？人无信则不彻，国无义则不王。仁义所以自为也③，非所以为人也④。自复之术⑤，非进取之道也⑥。三王代立⑦，五相蛇政⑧，皆以不复其掌⑨。若以复其掌为可王，治官之主⑩，自复之术也,非进取之路也。臣,进取之臣也,不事无为之主。臣愿辞而之周负笼操臿⑪,毋辱大王之廷⑫。"王曰:"自复不足乎⑬?"对曰:"自复而足⑭,楚将不出睢、章⑮,秦将不出商阉⑯,齐不出吕巉⑰,燕将不出屋、注⑱,晋将不萮泰行⑲,此皆以不复其常为进者⑳。"

【注释】

①然则仁义不可为与:那么诚信与正义这些品德就不值得去追求了吗? 仁义,当作"信义"。整理小组《战国纵横家书》:"仁义疑当作信义。前面说'信不与仁俱彻,义不与王皆立',后面又说'人无信则不彻,国无义则不王',都讲信义可证。"为,做,追求。与,通"欤"。疑问语气词。

②胡为不可:怎么不值得追求呢? 胡为,为何。

③仁义所以自为也:诚信与正义是为了维护自身的安全。仁,应为"信"。

④非所以为人也:并不是做给别人看的。

⑤自复之术:是保护自我、因循守旧的办法。复,通"覆"。覆蔽,庇护。一说"自复"是保守复旧的意思。"自复"应该兼有保护自我、因循守旧两种含义。

⑥非进取之道也:不是积极进取的方法。

⑦三王代立:夏朝的大禹、商朝的商汤、周朝的周文王与周武王相继建立各自的王朝。代,代替,交替。

⑧五相蛇政:春秋五霸都对政治制度进行了相应的改革。相,假借为"伯"。伯,通"霸"。五相,即春秋五霸。说法不一,一说指齐桓公、晋文公、楚庄王、吴王阖闾、越王勾践;一说指齐桓公、晋文公、宋襄公、楚庄王、秦缪公。蛇,假借为"弛"。改易,改变。整

理小组《战国纵横家书》:"蛇,读为弛。古代从它声的字与从也
声的字多相混。《尔雅·释诂》'弛,易也',是改易的意思。蛇政
《燕策》苏秦章作迻盛,苏代章作改政。一说,蛇是改字之误。"

⑨皆以不复其掌:他们都不去为了自我保全而循常守旧。掌,假借
　为"常"。一说"掌"为"常"字之误。

⑩治官之主:办理公事的君主。官,公事。

⑪臣愿辞而之周负笼操臿(chā):我情愿辞去官职,回到周地,背着
　筐子,手持铁锹去种地。之,到,回到。周,指东周,在今河南洛阳
　一带。苏秦为周地人。负,背着。笼,竹筐子。操,手持。臿,同
　"锸"。铁锹一类的挖土工具。

⑫毋辱大王之廷:不再站在大王的朝堂之上。辱,谦辞。表示自己
　站在燕国的朝廷上,使朝堂受到了屈辱。

⑬自复不足乎:为保全自我而循常守旧,难道还不够吗?

⑭而:如果。

⑮楚将不出睢(jū)、章:楚国的领土将不会超出睢水与漳水的范围。
　《左传·哀公六年》:"江、汉、睢、章,楚之望也。"江,长江。汉,汉
　水。睢,睢水。又称沮水。章,通"漳"。漳水。睢、漳,在今湖北
　境内,楚国最早建国于此地。

⑯商阆:即商於。地名。在今陕西商州东。裘锡圭《长沙马王堆汉
　墓简帛集成·战国纵横家书》认为"商阆"即"商奄",是秦民族
　发祥地。其地大约应在今陕西西部一带。

⑰吕廵:应指营丘。在今山东淄博临淄区,是齐国始封君姜太公的
　始封地。廵,字形据《长沙马王堆汉墓简帛集成·战国纵横家
　书》,通"隧"。整理小组《战国纵横家书》:"吕隧,未详。《燕策》
　苏秦章和苏代章均作营丘。营与吕字形相近。营丘是太公吕望
　的始封之地,在今山东省临淄县。《汉书·地理志》泰山郡蛇丘县
　注:'隧乡,故隧国。《春秋》曰,齐人歼于隧也。'地在今山东省肥

城县。"原释文字形误作"撽",此不取。

⑱屋、注:似指夏屋山与句注山。在今山西朔州、代县一带。整理小组《战国纵横家书》:"屋注,似指夏屋山与句注山。《史记·赵世家》:'北登夏屋。'正义引《括地志》:'夏屋山一名贾屋山……夏屋与句注山相接。'地在今山西省朔县、代县一带。"

⑲晋将不蓄泰行:魏国领土将不会越过太行山。晋,主要指魏国。整理小组《战国纵横家书》:"战国时所说晋国,大都指魏国。"蓄,通"逾"。越过。泰行,即太行山。泰,通"太"。

⑳此皆以不复其常为进者:这些国家都没有为了保证自身安全而因循守旧,而都是积极进取的国家。

【译文】

燕王问:"那么诚信与正义这些品德就不值得去追求了吗?"苏秦回答说:"怎么不值得追求呢?一个人不讲诚信就无法做到事业成功,一个国家没有正义就无法维护自己的君主地位。诚信与正义是为了维护自身的安全,并不是做给别人看的。讲究诚信与正义是以因循守旧的方法去保护自我的原则,而非积极进取的方法。夏、商、周三代帝王相继建国,春秋五霸不断改变政治策略以成就自己的霸业,他们都没有因循守旧。如果认为保全自身而因循守旧,那是普普通通的能够处理公务的君主,他运用的是以因循守旧的方法去保全自我的原则,而不是一条积极进取的道路。我,是一个喜欢积极进取的人,不愿意事奉碌碌无为的君主。如果大王不积极进取,我情愿辞去自己的职务,回到我的家乡周地,背着竹筐子,手持铁锹去种地,不再站在大王的朝堂之上了。"燕王说:"为了保全自我而因循守旧,难道还不够吗?"苏秦回答说:"如果为了保全自我而因循守旧就足够了,那么楚国的领土将不会超出睢水与漳水流域,秦国的领土将不会越出商於之地,齐国的领土也不会越出营丘这个地盘,燕国的领土也将不会越过夏屋山与句注山,魏国的领土更不会越过太行山,这些国家都没有为了保全自身而因循守旧,而都是积极进取的国家。"

附录一：

【说明】《战国策·燕策一》"人有恶苏秦于燕王者章"的内容与《战国纵横家书》中的本章一致，文字有所差异，故附录于后，以供对照参考。

　　人有恶苏秦于燕王者①，曰："武安君②，天下不信人也③。王以万乘下之④，尊之于廷⑤，示天下与小人群也⑥。"

【注释】

①恶（wù）：厌恶，说坏话。燕王：指燕易王。

②武安君：指苏秦。苏秦被封为武安君："苏秦既约六国从亲，归赵，赵肃侯封为武安君。"（《史记·苏秦列传》）

③不信人：没有诚信的人。

④王以万乘（shèng）下之：大王以大国君主的身份却对他如此谦恭。万乘，万辆战车。春秋战国时期，只有大国才能拥有万辆战车，因称大国为"万乘"。这里指大国君主。下之，处于苏秦之下，也即对他十分尊崇。乘，古时一车四马为一乘。

⑤廷：朝廷，朝堂。

⑥示天下与小人群也：这是向天下人显示了您自己与小人为伍啊。群，在一起，为伍。

【译文】

有人在燕王面前说苏秦的坏话："苏秦，是天下最不讲诚信的一个人。大王您以万乘之尊对他却十分谦恭，在朝廷之上如此尊崇他，这是在向天下人表明您在与小人为伍啊。"

　　武安君从齐来,而燕王不馆也①。谓燕王曰:"臣东周之鄙人也②,见足下③,身无咫尺之功④,而足下迎臣于郊⑤,显臣于廷。今臣为足下使⑥,利得十城⑦,功存危燕⑧,足下不听臣者⑨,人必有言臣不信,伤臣于王者⑩。臣之不信,是足下之福也。使臣信如尾生,廉如伯夷,孝如曾参,三者天下之高行,而以事足下,不可乎⑪?"燕王曰:"可。"曰:"有此⑫,臣亦不事足下矣。"

【注释】

①不馆:不给他安排官职了。馆,通"官"。用如动词,安排官职。《史记·苏秦列传》:"归,而燕王不复官也。苏秦见燕王曰:'臣,东周之鄙人也。无有分寸之功,而王亲拜之于庙而礼之于廷。今臣为王却齐之兵而(攻)得十城,宜以益亲。今来而王不官臣者,人必有以不信伤臣于王者。'"

②鄙人:乡野之人。理解为"平庸之人"也可。此为谦辞。

③足下:对对方的尊称。下称呼上,或同辈相称,都可以用"足下"。

④身无咫(zhǐ)尺之功:我没有建立任何功劳。咫尺,形容很少。咫,八寸为一咫。

⑤郊:都城的郊外。

⑥使:出使。指出使到齐国。

⑦利得十城:为燕国收回了十座城池。事见《史记·苏秦列传》。

⑧功存危燕:挽救了危亡之中的燕国。

⑨足下不听臣者:您现在不再信任我的原因。听,听从,信任。

⑩伤:中伤,毁谤。

⑪不可乎:可以吗?何建章《战国策注释》:"建章按:王引之《经传释词》卷十'不,词也。"不忌",忌也;"不迪",迪也。'此'不可

乎?'即'可乎?'"

⑫有此:具有这些品德。此,代指"信如尾生,廉如伯夷,孝如曾
参"。

【译文】

苏秦从齐国回到燕国,燕王竟然不再安排他任何官职。苏秦对燕
王说:"我本是东周的一个乡野之人,当初来见大王时,还没有立下一点
功劳,而大王就远到都城郊外去迎接我,让我在朝廷上具有显贵的地位。
现在我为您出使齐国,使燕国获得了收复十座城邑的利益,挽救了危亡
之中的燕国,可是您却不再信任我,一定是有人说我不守诚信,在大王面
前中伤我。其实我不守诚信,那刚好是您的福气。假使我像尾生那样诚
信,像伯夷那样廉洁,像曾参那样孝顺父母,具有天下公认的三种高尚操
行,来为大王效力,是不是可以了?"燕王说:"当然可以。"苏秦说:"如果
我真的具有这三种天下公认的高尚操行,我也就不会来为大王效力了。"

苏秦曰:"且夫孝如曾参,义不离亲一夕宿于外①,足下
安得使之之齐②?廉如伯夷,不取素餐③,污武王之义而不臣
焉④,辞孤竹之君⑤,饿而死于首阳之山⑥。廉如此者,何肯
步行数千里,而事弱燕之危主乎?信如尾生,期而不来⑦,抱
梁柱而死⑧。信至如此,何肯扬燕、秦之威于齐⑨,而取大功
乎哉?且夫信行者,所以自为也,非所以为人也。皆自覆之
术,非进取之道也。

【注释】

①义:想法,原则。亲:父母。

②安得使之之齐:怎么能够让他跑到齐国呢?安得,怎么能够。之,
　第一个"之"指孝如曾参的人,这里指苏秦。第二个"之"是

"去""前往"的意思。

③不取素餐：不会白吃别人的饭。素餐，白吃饭。

④污武王之义而不臣焉：认为周武王的品行龌龊不堪，而不肯做他的臣下。污，认为……龌龊。义，思想，品行。

⑤辞孤竹之君：辞去孤竹国的君位。孤竹，诸侯国名。在今河北东北部和辽宁西部地区。伯夷与叔齐是商代孤竹国君的两个儿子，他们先为相互推让君主之位逃到周，后因反对周武王灭商，坚决不食周粟而饿死于首阳山。古人把他们视为廉洁的典范。

⑥首阳之山：山名。即首阳山。在今山西永济南。其他说法还很多，一说在今河南境内，一说在今陕西境内，一说在今甘肃境内。

⑦期而不来：约会的女子还没到来。期，约会时间。《孔子集语》卷十七："尾生与女子期于梁下，女子不来，水至不去，抱梁柱而死。"

⑧梁柱：桥墩，桥柱。

⑨何肯扬燕、秦之威于齐：怎么肯到齐国去虚张声势地宣扬燕、秦的势力呢？当时的燕易王为秦惠王的女婿，所以苏秦以秦、燕的势力去威胁齐国。关于苏秦"扬燕、秦之威于齐"而要回燕国十城的事迹，《史记·苏秦列传》记载较为详细："秦惠王以其女为燕太子妇。是岁，文侯卒，太子立，是为燕易王。易王初立，齐宣王因燕丧伐燕，取十城。易王谓苏秦曰：'往日先生至燕，而先王资先生见赵，遂约六国从。今齐先伐赵，次至燕，以先生之故为天下笑，先生能为燕得侵地乎？'苏秦大惭，曰：'请为王取之。'苏秦见齐王，再拜，俯而庆，仰而吊。齐王曰：'是何庆吊相随之速也？'苏秦曰：'臣闻饥人所以饥而不食乌喙者，为其愈充腹而与饿死同患也。今燕虽弱小，即秦王之少婿也。大王利其十城而长与强秦为仇。今使弱燕为雁行而强秦敝其后，以招天下之精兵，是食乌喙之类也。'齐王愀然变色曰：'然则奈何？'苏秦曰：'臣闻古之善

制事者,转祸为福,因败为功。大王诚能听臣计,即归燕之十城。
燕无故而得十城,必喜;秦王知以己之故而归燕之十城,亦必喜。
此所谓弃仇雠而得石交者也。夫燕、秦俱事齐,则大王号令天下,
莫敢不听。是王以虚辞附秦,以十城取天下。此霸王之业也。'
王曰:'善。'于是乃归燕之十城。"

【译文】

苏秦接着说:"像曾参一样孝敬父母的人,他的原则就是离开父母
在外面住宿一夜也不肯,您又怎么能够派他到齐国去为燕国效力呢?像
伯夷那样廉洁的人,不肯白吃别人的饭,甚至认为周武王的品行龌龊不
堪,坚决不做他的臣下,他还曾辞去孤竹国的君位,甘心饿死在首阳山
上。廉洁到了这种程度,他又怎肯步行几千里,而为弱小燕国、处于危险
之中的君主效力呢?像尾生那样讲诚信,尾生和女子约会在桥下见面而
女子还没来时,他宁肯抱着桥柱被淹死也不肯离去。讲诚信到了这种地
步,他怎肯跑到齐国去虚张声势地宣扬燕、秦的势力,并取得巨大的成功
呢?再说言行诚信的人,都是用来自我完善,不是用来做给他人看的。
这种做法是因循守旧、保全自我的办法,而不是积极进取的方法。

"且夫三王代兴,五霸迭盛①,皆不自覆也。君以自覆
为可乎②?则齐不益于营丘③,足下不逾楚境④,不窥于边城
之外⑤。且臣有老母于周,离老母而事足下,去自覆之术⑥,
而谋进取之道,臣之趋固不与足下合者⑦。足下者⑧,自覆之
君也;仆者⑨,进取之臣也,所谓以忠信得罪于君者也。"

【注释】

①迭盛:交替兴盛。迭,交替。

②君:指燕王。一说,"君"应为"若"字之误。横田惟孝《战国策正

解》:"'君'当作'若',字之误也。前后皆曰'足下',此不可独曰
'君'。"实际上,本段下文也使用了"君"字:"所谓以忠信得罪于
君者也。"

③益:增加。这里指增加土地。营丘:地名。在今山东淄博临淄区,
是齐国始封君姜太公的始封地。

④足下不逾楚境:您的领土也就超不出原来的老地盘。楚,衍字,应
删除。因为燕国与楚国相距遥远,从未涉及楚国领土。何建章
《战国策注释》:"鲍曰:'衍"楚"字。'"

⑤不窥于边城之外:不会觊觎边疆长城之外的土地。窥,窥视,觊觎。

⑥去:消除,不使用。

⑦臣之趋固不与足下合者:我的志趣本来就不与您的志趣一致。
趣,志趣,志向。

⑧者:原作"皆",误。王念孙《读书杂志》:"'皆'字义不可通,'皆'
当为'者'。'足下者'与'仆者'相对为文。"

⑨仆者:自我谦称。我这个人。

【译文】

"再说,夏、商、周三代帝王相继兴起,春秋五霸交替兴盛,他们都不
会为了保全自我而因循守旧。您认为为了保全自我而因循守旧是可以
的吗?那么齐国就不会在营丘的基础上去增加自己的领土,您的领土也
不会越过原有的地盘,不会去觊觎边疆城墙之外的土地了。况且我还有
老母亲住在周地,离开老母亲前来事奉您,就是抛弃了为保全自我而因
循守旧的做法,谋求积极进取的策略,看来我的志趣本来就与您的志趣
不同。大王您,是一位为保全自我而因循守旧的君主;而我这个人,是谋
求进取的臣子,这就是我因为忠诚于您而得罪于您的原因啊。"

燕王曰:"夫忠信,又何罪之有也?"对曰:"足下不知
也,臣邻家有远为吏者①,其妻私人②。其夫且归③,其私之

者忧之④。其妻曰：'公勿忧也⑤，吾已为药酒以待之矣⑥。'
后二日，夫至。妻使妾奉卮酒进之⑦。妾知其药酒也，进之
则杀主父⑧，言之则逐主母⑨。乃阳僵弃酒⑩。主父大怒而
笞之⑪。故妾一僵而弃酒，上以活主父，下以存主母也。忠
至如此，然不免于笞，此以忠信得罪者也。臣之事，适不幸
而有类妾之弃酒也⑫。且臣之事足下，亢义益国⑬，今乃得
罪，臣恐天下后事足下者，莫敢自必也⑭。且臣之说齐⑮，曾
不欺之也⑯。使之说齐者⑰，莫如臣之言也⑱，虽尧、舜之智，
不敢取也⑲。"

【注释】

①远为吏者：到远方去做官的人。苏秦用以下这个故事，举例说明
　什么叫善意的谎言，目的是为自己辩护。

②私人：与别人私通。

③且：将要。

④其私者：与妻子私通的人。也即情夫。

⑤公：对情夫的尊称。

⑥药酒：掺了毒药的酒。

⑦妻使妾奉卮（zhī）酒进之：妻子就让小妾端着一杯毒酒献给做丈
　夫的。妾，小妾。理解为女仆亦可。奉，捧。卮，酒器，酒杯。

⑧主父：主人。即做丈夫的，男主人。

⑨逐：赶走，休掉。主母：指妻子，女主人。

⑩乃阳僵弃酒：于是她假装跌倒，泼掉了毒酒。乃，于是。阳，通
　"佯"。假装。僵，倒卧在地上。弃酒，把酒泼洒在地上。

⑪笞（chī）之：用鞭子或竹板打她。

⑫适：恰恰，刚好。类：相似。

⑬亢义益国：我坚持崇高的信义，为燕国利益服务。亢，高。这里作动词用，高举。

⑭自必：自信。也即不敢相信自己忠心耿耿就能得到君主的信任。

⑮说（shuì）齐：游说齐国。

⑯曾（zēng）不欺之也：我确实也没有欺骗齐国。意思是说，我在游说齐国时，也是实事求是地指出利弊，劝说齐国把十座城池还给燕国，并未欺骗齐国。曾，副词。用来加强语气。

⑰使之说齐者：派其他使者去游说齐国。之，衍字。

⑱莫如臣之言也：没有人能够比我讲的话更为恰当。

⑲虽尧、舜之智，不敢取也：即使这些使者具有尧、舜一样的智慧，齐国也不会听取他们的意见。

【译文】

燕王问道："坚守诚实信用这种品德，又有什么罪过呢？"苏秦回答说："您不知道啊，我的邻居中有一位在远方做官的人，妻子在家里与别人私通。丈夫眼看就快要回来了，与妻子私通的那个情夫为此很担忧。妻子对情夫说：'你不用担心，我已经准备了毒酒等着他呢。'过了两天，丈夫到家了。妻子就让小妾捧着毒酒送给她丈夫喝。小妾知道那是一杯毒酒，如果送过去就要毒死男主人，如果说出实情，女主人难免要被赶出家门。于是她就假装跌倒在地，泼掉了毒酒。男主人很生气，就用竹板打她。那小妾这一跌倒，对上救了男主人一命，对下保住了女主人不被赶走。忠诚到了这种程度，然而却免不了挨打，这就是一位因为忠诚反而被治罪的人啊。现在我做的事情，刚好不幸和那位小妾泼掉毒酒反而受罚的遭遇类似。再说我事奉大王您，坚持崇高的信义，为国家利益服务，如今竟然被怪罪，我担心以后天下来事奉您的人，没有谁还会坚信自己只要忠于您就不会获罪了。况且我在劝说齐王的时候，确实也没有欺骗他。即使派其他使者去游说齐国，也没有谁能够比我讲得更为恰当，即使他们具有像尧、舜一样智慧，齐王也不会听信他们的话。"

附录二：

【说明】《战国策·燕策一》"苏代谓燕昭王章"这段文字的内容与《战国纵横家书》中的本章也一致，文字有所差异，细节也不太相同，故附录于后，以供对照参考。本章与上文"人有恶苏秦于燕王者章"内容相似，在同一本《战国策》书中出现两篇相似的文字，其原因可能有二：一是，同一件事被记录者误为两件事；二是，在苏秦与苏代兄弟俩身上都发生过类似事情，因此都被记录了下来。

　　苏代谓燕昭王曰①："今有人于此②，孝如曾参、孝己③，信如尾生高④，廉如鲍焦、史䲡⑤，兼此三行以事王，奚如⑥？"王曰："如是足矣。"对曰："足下以为足，则臣不事足下矣。臣且处无为之事⑦，归耕乎周之上地⑧，耕而食之，织而衣之。"王曰："何故也？"对曰："孝如曾参、孝己，则不过养其亲耳。信如尾生高，则不过不欺人耳。廉如鲍焦、史䲡，则不过不窃人之财耳。今臣为进取者也。臣以为廉不与身俱达⑨，义不与生俱立⑩。仁义者，自完之道也⑪，非进取之术也。"

【注释】

①燕昭王：燕国君主，燕王哙之子。前311—前279年在位。他在位期间，招贤纳士，休养生息，后联合其他诸侯，大破齐军，齐闵王（又作齐湣王）败死，燕国进入鼎盛时期。

②今有人于此：本句为假设句。如果有这样一个人。今，如果。

③曾参、孝己：两个人名，皆以孝著称。曾参，孔子弟子。生性孝顺。孝己，商高宗的儿子。孝己非常孝敬父母，却受后母虐待忧虑而死。

④信如尾生高：像尾生高一样讲信用。尾生高，即前一章提到的尾生。

⑤廉如鲍焦、史鳛（qiū）：像鲍焦、史鳛那样廉洁。据成玄英《庄子
　疏》记载，鲍焦是春秋时期的隐士，相传他品行高洁，不满时政，
　以打柴拾野果为生。子贡对他说："批评当政者就不该脚踏他们
　的土地。"于是鲍焦便抱着树不肯下地而死。史鳛，字子鱼，春秋
　时卫灵公的大臣，以仁孝、廉洁闻名。

⑥奚如：何如，如何。

⑦处无为之事：干一些无所作为的事情。也即不求大的成功。

⑧归耕乎周之上坒（dì）：我就回到东周洛阳去种地。上坒，地名。
　指洛阳。苏秦为洛阳人。一说，上坒指肥沃的土地。

⑨廉不与身俱达：廉洁这种品质无法与自己一起做到事业成功。

⑩义不与生俱立：坚持正义无法与自己一起建功立业。生，生命，指
　自身。

⑪自完之道也：是自我道德完善的方法。

【译文】

　　苏代对燕昭王说："现在如果有这样一个人，他像曾参、孝己那样孝顺父母，像尾生高那样坚守信用，像鲍焦、史鳛那样廉洁，兼有这三种品德来侍奉大王，怎么样？"燕昭王说："如此就足够了。"苏代回答说："您认为这样就足够了，那么我也就不会前来侍奉您了。我就会去干一些无所作为的事情，就会回到东周洛阳，耕种吃饭，织布穿衣。"燕昭王说："这是什么缘故呢？"苏代回答说："像曾参、孝己那样孝顺父母，也不过就是尽心奉养双亲罢了。像尾生高那样坚守信用，也不过就是不欺骗别人罢了。像鲍焦、史鳛那样廉洁，也不过就是不盗窃别人的钱财罢了。如今我是一个积极进取的人。我认为廉洁不会与自己一起显贵通达，信义不会与自己一起建功立业。信义这些品德，不过是自我道德完善的原则，不是积极进取的手段。"

　　王曰："自忧不足乎①？"对曰："以自忧为足，则秦不出

殽塞②，齐不出营丘，楚不出疏章③，三王代位，五伯改政④，皆以不自忧故也。若自忧而足，则臣亦之周负笼耳⑤，何为烦大王之廷耶⑥？昔者楚取章武⑦，诸侯北面而朝⑧；秦取西山⑨，诸侯西面而朝。曩者使燕母去周室之上⑩，则诸侯不为别马而朝矣⑪。臣闻之，善为事者，先量其国之大小，而揆其兵之强弱⑫，故功可成，而名可立也。不能为事者，不先量其国之大小，不揆其兵之强弱，故功不可成，而名不可立也。今王有东向伐齐之心，而愚臣知之。"

【注释】

① 自忧：自我完善。《战国策注释》："鲍注：'忧，亦"完"也；不完则忧，故曰"完"又曰"忧"。'"

② 殽（xiáo）塞：关塞名。在今河南三门峡陕州区东崤山中。一说在今河南渑池西。

③ 疏章：据《战国纵横家书》五《苏秦谓燕王章》，应为"睢章"。《左传·哀公六年》："江、汉、睢、章，楚之望也。"睢，睢水。又称沮水。章，通"漳"。漳水。睢、漳，在今湖北境内，楚国最早建国于此地。

④ 伯（bà）：通"霸"。

⑤ 则臣亦之周负笼耳：那么我也就回到东周背着竹筐去种地罢了。之，到，回到。负，背着。

⑥ 何为烦大王之廷耶：为什么还会在大王的朝堂上给您添麻烦呢？

⑦ 章武：地名。于鬯《战国策注》："在沧州东北。"

⑧ 北面而朝：面向北朝拜。

⑨ 西山：山名。在今河南境内。

⑩ 曩（nǎng）者使燕母去周室之上：从前如果不让燕国军队从周室

撤离。曩，从前。母，通"毋"。不要。周室，可能为山名。何建
章《战国策注释》："于鬯《战国策注》：'周室，当是山名。'未知是
否。"去，离开，放弃。

⑪则诸侯不为别马而朝矣：那么诸侯们就不会调转车辆去朝拜别人
了。别，调转。马，马车。以上两句是责备燕国没有积极进取之心。

⑫揆（kuí）：衡量。

【译文】

　　燕昭王说："能够做到自我完善还不够吗？"苏代回答说："如果仅仅
做到自我完善就够了，那么秦国的领土就不可能超出崤塞，齐国的领土
就不可能越过营丘，楚国的领土就不可能超过睢、漳，夏、商、周三代帝
王相继在位，春秋五霸交替改变政治策略，都是因为他们能够做到不仅
仅局限于自我完善的缘故。如果仅仅认为自我完善就够了，那么我也就
会回到周地背着竹筐去种地了，为什么还会在大王的朝堂上给您添麻烦
呢？从前，楚国攻占了章武，诸侯们都面朝北而去朝见楚王；秦国占领了
西山一带，诸侯们便面向西朝见秦王。过去如果燕国没有放弃周室一带
的土地，那么诸侯们也不会调转马车去朝见其他人了。我听说，善于处
理国事的人，先衡量一下自己国家的大小，再考虑一下自己兵力的强弱，
因此可以建功立业，获取美名。不善于处理政事的人，不去先衡量自己
国家的大小，也不去考虑自己兵力的强弱，所以不能建功立业，也无法获
取美名。现在大王有向东攻打齐国的想法，我知道您的这个想法。"

　　王曰："子何以知之？"对曰："矜戟砥剑①，登丘东向而
叹②，是以愚臣知之。今夫乌获举千钧之重③，行年八十④，
而求扶持⑤。故齐虽强国也，西劳于宋⑥，南罢于楚⑦，则齐
军可败，而河间可取⑧。"

【注释】

①矜（jīn）戟砥（dǐ）剑：您经常手持长矛，磨砺宝剑。矜，奋力振动。这里泛指握持。戟，是一种可勾、可啄、可刺的多用兵器。砥，磨砺。本句也可以理解为积极备战的意思。

②登丘东向而叹：登上山丘，面向东而感叹。齐国在燕国的东南方。

③乌获：人名。古代的大力士。钧：古代重量单位之一。三十斤为一钧。

④行年八十：到了八十岁的时候。行，将近。

⑤而求扶持：还需别人的扶持才能行走。以上两句比喻齐国虽然曾经强大，但现在已是衰弱不堪了。

⑥西劳于宋：与西边的宋国作战，搞得十分劳苦。

⑦南罢（pí）于楚：与南边的楚国作战，也弄得疲惫不堪。罢，同"疲"。疲惫。

⑧河间：地名。大约在今河南安阳、鹤壁，河北东部，山东德州西部，天津南部一带。

【译文】

燕昭王说："您怎么知道我的这个想法？"苏代回答说："您常常手持长戟、磨砺宝剑，登上山丘就面朝着东方叹息，因此我就知道了。即使如今有乌获这样的大力士，能举起千钧重量，但是到了八十岁的时候，也需要别人搀扶才能行走。所以说齐国虽然是强国，由于与西边的宋国作战，搞得劳苦不堪；与南面的楚国作战，也弄得十分疲惫，那么目前的齐国军队可以被击败，河间一带的土地也可以占领。"

燕王曰："善。吾请拜子为上卿①，奉子车百乘②，子以此为寡人东游于齐③，何如？"对曰："足下以爱之故与④？则何不与爱子与诸舅、叔父、负床之孙⑤？不得⑥，而乃以与无能之臣，何也？王之论臣，何如人哉⑦？今臣之所以事足下者，忠信也。恐以忠信之故，见罪于左右⑧。"

【注释】

①拜：封，任命。上卿：官爵名。先秦时期，卿在公之下，大夫之上，卿又分上、中、下三级。

②奉：奉送。乘（shèng）：辆。古时一车四马为一乘。

③东游于齐：到齐国去游说。实际是到齐国去当间谍。

④足下以爱之故与：您这是因为爱我的缘故才赏赐给我的吗？与，通"欤"。疑问语气词。一说，与，是赐予的意思。那么这句话的意思就是：如果您是由于偏爱我的缘故才赏赐给我这些东西。

⑤诸舅：诸位舅父。负床之孙：扶着床走路的孙子。指幼孙。负，靠着。

⑥不得：然而这些亲属都无法得到这些赏赐。

⑦王之论臣，何如人哉：大王评价一下我，我究竟是怎样的一个人呢？论，评价。

⑧见罪于左右：被人主身边的人臣怪罪。见，被。一本作"得"。左右，指君主身边的大臣。

【译文】

燕昭王说："您说得太好了。请让我任命您为上卿，送给您一百辆马车，您就依照这种目的为寡人到东面的齐国去游说、离间，怎么样？"苏代回答说："您是由于偏爱我的缘故才赏赐给我这些东西的吗？那么您为什么不赏赐您的爱子及各位舅父、叔父、扶着床才能走路的幼孙呢？却把这些赏赐给我这个无能的臣下，这是为什么呢？大王评价一下我，认为我究竟是怎样的一个人呢？现在我用来侍奉您的，就是竭尽自己的忠信。而我非常担心因为自己竭尽忠信的缘故，反而会被大王的身边大臣怪罪。"

王曰："安有为人臣尽其力^①，竭其能，而得罪者乎？"对曰："臣请为王譬^②。昔周之上墬尝有之^③，其丈夫官三年不归^④，其妻爱人^⑤。其所爱者曰：'子之丈夫来^⑥，则且奈何乎^⑦？'其妻曰：'勿忧也，吾已为药酒而待其来矣。'已而^⑧，其丈夫果来，于是因令其妾酌药酒而进之^⑨。其妾知之，半道而立。虑曰^⑩：'吾以此饮吾主父，则杀吾主父；以此事告吾主父，则逐吾主母。与杀吾主父、逐吾主母者^⑪，宁佯踬而覆之^⑫。'于是因佯僵而仆之。其妻曰：'为子之远行来之^⑬，故为美酒，今妾奉而仆之^⑭。'其丈夫不知，缚其妾而笞之^⑮。故妾所以笞者，忠信也。今臣为足下使于齐，恐忠信不谕于左右也^⑯。臣闻之曰：'万乘之主，不制于人臣^⑰；十乘之家^⑱，不制于众人；匹夫、徒步之士^⑲，不制于妻妾。'而又况于当世之贤主乎？臣请行矣，愿足下之无制于群臣也。"

【注释】

①安有：怎么会有。

②譬：比喻。

③上墬（dì）尝有之：洛阳就曾经有过这样的事情。上墬，地名。指洛阳。苏秦为洛阳人。一说，上墬指肥沃的土地。尝，曾经。

④官：做官。

⑤爱人：爱上了别人。

⑥子：对这位妻子的称呼。

⑦且：将。奈何：怎么办。

⑧已而：不久，后来。

⑨酌（zhuó）：倒酒。进之：献给做丈夫的。

⑩虑曰：心里想。

⑪与：与其。

⑫宁佯踬（zhì）而覆之：宁可假装跌倒在地上，泼洒掉毒酒。佯，假装。踬，被东西绊倒在地。

⑬子：您。指丈夫。之：语助词，无义。用于句首、句中或句末，起调整音节的作用。

⑭奉：捧着，端着。仆之：泼洒在地上。仆，倒在地上。

⑮笞（chī）之：用鞭子或竹板打她。

⑯谕：知道，明白。

⑰不制于人臣：不会受制于臣下。也即不会受大臣们的影响。

⑱十乘之家：能够拥有十辆兵车的大夫。家，大夫的封地叫"家"。一说，十，疑为"千"字之误。

⑲匹夫：普通百姓。徒步之士：指出门没有马车坐的士人。士，没有官爵的低级贵族，也可指读书人。

【译文】

　　燕昭王说："哪里会有做人臣的用尽自己的力量，竭尽自己的才能，反而获罪的事情呢？"苏代回答说："请让我为大王打个比方。从前东周的洛阳就曾经发生过类似的事情。一位做丈夫的在外地当官，整整三年没有回家。他的妻子爱上了别人。被妻子爱上的那个人说：'你丈夫要回来了，我们该怎么办呢？'那个妻子说：'你不用担心，我已经准备了毒酒等着他回来呢。'不久，做丈夫的果然回来了，于是妻子就让小妾斟上毒酒给丈夫送去。小妾知道这件事，于是走到半路站住了，心里想：'如果我把这杯毒酒送给男主人喝，就会害死男主人；如果把这件事告诉男主人，就会赶走女主人。与其杀死男主人、赶走女主人，我宁可假装跌倒在地弄翻酒杯。'于是小妾就假装跌倒在地，泼洒了毒酒。做妻子的对丈夫说：'为了您远行归来，所以准备了美酒，现在小妾端酒跌倒洒掉了。'她的丈夫不知其中实情，就把小妾绑起来鞭打。小妾之所以被鞭打，就是因为她为主人竭尽了忠诚。如今我为您出使到齐国去，非常担心我竭尽忠诚，却不被大王身边的大臣们所明白。我听说：'拥有万辆战车的君王，不受臣子的影响；拥有十辆战车的大夫，不受众人的影响；普通百姓与无车可乘的士人，不受妻妾的影响。'更何况您是当代贤明的君王呢？现在就请让我出发吧，希望您不要受群臣的影响。"

附录三：

【说明】《史记·苏秦列传》有部分文字与本章内容一致，也附录于后，以供对照参考。

人有毁苏秦者曰①："左右卖国反覆之臣也②，将作乱。"苏秦恐得罪，归，而燕王不复官也。苏秦见燕王曰："臣，东周之鄙人也，无有分寸之功，而王亲拜之于庙而礼之于廷③。今臣为王却齐之兵而攻得十城④，宜以益亲⑤。今来而王不官臣者，人必有以不信伤臣于王者。臣之不信，王之福也。臣闻忠信者，所以自为也；进取者，所以为人也。且臣之说齐王，曾非欺之也⑥。臣弃老母于东周，固去自为而行进取也。今有孝如曾参，廉如伯夷，信如尾生，得此三人者以事大王，何若？"王曰："足矣。"

【注释】

①毁：毁谤，说坏话。

②左右：时左时右，朝三暮四。反覆：反复无常。

③拜之于庙：在太庙里封我官职。庙，太庙。帝王祭祖的地方，朝廷大事有时也在这里举行。

④却：使退却，劝退。

⑤宜以益亲：应该是更加亲近我。宜，应该。益，更加。

⑥曾（zēng）非欺之也：我确实也没有欺骗齐国。意思是说，我在游说齐国时，也是实事求是地指出利弊，劝说齐国把十座城池还给燕国，并未欺骗齐国。曾，副词。用来加强语气。

【译文】

有人在燕王面前诋毁苏秦说："苏秦是个朝三暮四、出卖国家、反复无常的臣子，将来会叛乱的。"苏秦害怕获罪，赶忙回到燕国，而燕王却不再给他官做。苏秦求见燕王，说："我本来是东周的一个乡野之人，没有一点功劳，而大王却在太庙里授予我官职，在朝廷上以礼相待。如今我为大王劝退了齐国的军队，又收回了十座城池，您应该对我越发地亲近才是。如今我回到燕国而大王不再授予我官职，这肯定是因为有人以不诚实的罪名在您面前中伤我。其实我的所谓不诚实，正是大王的福气啊。我听说诚信的人，都是在为自己着想；积极进取的人，才是真正在为别人着想。再说我在游说齐王的时候，也确实没有欺骗他啊。我把老母放在东周，确实不是在为自己着想，而是想做一些积极进取的事情。现在假如有人像曾参一样孝顺，像伯夷一样廉洁，像尾生一样诚信，让这三种人去奉事大王，您认为怎么样？"燕王回答说："足够了。"

苏秦曰："孝如曾参，义不离其亲一宿于外①，王又安能使之步行千里而事弱燕之危王哉？廉如伯夷，义不为孤竹君之嗣②，不肯为武王臣，不受封侯而饿死首阳山下。有廉如此，王又安能使之步行千里而行进取于齐哉？信如尾生，与女子期于梁下，女子不来，水至不去，抱柱而死。有信如此，王又安能使之步行千里却齐之强兵哉？臣所谓以忠信得罪于上者也③。"

【注释】

①义:想法,原则。

②义不为孤竹君之嗣:他的原则就是不肯当孤竹国君的继承人。伯
夷为孤竹国君的长子,父亲去世后,他坚持按照父亲的遗愿,要求
其弟弟叔齐接任君位,后来兄弟俩互相推让,一起离开孤竹国,到
了周国。

③上:君主。

【译文】

苏秦说:"像曾参一样孝顺的人,他的原则就是离开父母在外面住宿
一夜也不肯,您又怎么能够让他步行千里,来侍奉弱小燕国处在危难之
中的国君呢?像伯夷一样廉洁的人,他的原则就是不肯做孤竹国君的继
承人,也不肯做周武王的臣子,更不肯接受赐爵封侯,而最终饿死在首阳
山下。像他这样廉洁的人,大王又怎么能够让他步行千里,带着积极进
取的心态到齐国去取回十座城池呢?像尾生那样诚信的人,和女子相约
在桥下见面,女子还没有来的时候,洪水来了他也不肯离去,最终抱着桥
柱淹死在桥下。像他这样诚信的人,大王又怎么能够让他步行千里,去
劝退齐国的强大军队呢?我正是人们所说的因为忠诚信实而获罪于君
主的呀。"

燕王曰:"若不忠信耳①,岂有以忠信而得罪者乎?"苏
秦曰:"不然。臣闻客有远为吏而其妻私于人者,其夫将来,
其私者忧之,妻曰:'勿忧,吾已作药酒待之矣。'居三日②,
其夫果至,妻使妾举药酒进之。妾欲言酒之有药,则恐其逐
主母也;欲勿言乎,则恐其杀主父也。于是乎详僵而弃酒③。
主父大怒,笞之五十。故妾一僵而覆酒,上存主父,下存主
母,然而不免于笞,恶在乎忠信之无罪也夫④?臣之过⑤,不

幸而类是乎⑥!"燕王曰:"先生复就故官⑦。"益厚遇之。

【注释】

①若:你。

②居三日:过了三天。

③详僵:假装摔倒在地。详,通"佯"。假装。僵,倒卧在地。

④恶(wū)在乎:存在于哪里,怎么能说。恶,怎么。

⑤过:过错。

⑥类是:类似于这件事情。是,代指小妾的遭遇。

⑦复就故官:还去就任你原来的官职吧。

【译文】

　　燕王说:"是你自己不忠诚罢了,难道还有因为忠诚信实而获罪的吗?"苏秦说:"不是您说的这样。我听说有一个在很远的地方做官的人,他的妻子在家里和别人私通,做官的丈夫快要回来时,和妻子私通的人非常忧虑,妻子安慰说:'你不用担心,我已经做好了毒酒等着他呢。'过了三天,她丈夫果然回到了家,他的妻子让小妾端着有毒的酒给他喝。小妾想告诉他酒中有毒,又担心他把女主人赶走了;如果不告诉他吧,又担心毒酒害死了男主人,于是小妾就假装跌倒,把酒泼在地上。丈夫大发雷霆,将她打了五十竹板。所以小妾这么一跌倒而泼掉了那杯毒酒,在上保全了男主人,在下保全了女主人,然而她自己却免不了挨了一顿打,怎么能说忠诚信实的人就不会获罪呢? 不幸的是,我的过错与小妾的遭遇非常类似啊!"燕王说:"先生恢复原来的官职吧。"从此燕王对待他愈发优厚。

六、苏秦自梁献书于燕王章(一)

【题解】

苏秦自梁献书于燕王章：苏秦从魏国写信给燕王。梁，通"梁"，即魏国。此时的苏秦，表面上是齐国大夫，实际是燕国派往齐国的间谍。根据信的内容，此时的苏秦被齐国派往魏国。在魏国时，苏秦把自己得到的有关齐国知道燕国的伐齐动向、齐国进攻宋国的计划等情报密送给燕王，并劝告燕王一定要暂时忍辱负重，不可冲动，一定要等待更为恰当的时机再去进攻齐国。信中一再叮嘱燕王一定要保密，否则对燕国、对苏秦自己都是非常不利的。

自梁献书于燕王曰①：齐使宋窍、侯灊谓臣曰②："寡人与子谋功宋③，寡人恃燕、勺也④。今燕王与群臣谋破齐于宋而功齐⑤，甚急，兵率有子循⑥，而不知寡人得地于宋，亦以八月归兵；不得地，亦以八月归兵。"今有告薛公之使者田林⑦，薛公以告臣⑧，而不欲其从己闻也⑨。愿王之阴知之而毋有告也⑩。王告人，天下之欲伤燕者与群臣之欲害臣者将成之⑪。臣请疾之齐观之而以报⑫。王毋忧，齐虽欲功燕，未能，未敢，燕南方之交完⑬。臣将令陈臣、许劚以韩、梁问之齐⑭。足下虽怒于齐⑮，请养之以便事⑯。不然，臣之苦齐王也⑰，不乐生矣⑱。

【注释】

① 梁：通"梁"。梁国，即魏国。魏国于前361年迁都大梁（在今河南开封），故魏国又称梁国。

② 宋穷、侯㳬：两个人名。齐国的使者。

③ 功：通"攻"。

④ 寡人恃燕、勺也：我依靠的是燕国与赵国的支持。恃，依靠。勺，假借为"赵"。赵国。

⑤ 今燕王与群臣谋破齐于宋而功齐：如今燕王却与群臣商量，在齐、宋作战时乘机打败齐军，然后进攻齐国。

⑥ 兵率有子循：有子循帅兵攻宋。率，主将，主帅。子循，人名。应是齐国的将军。关于"兵率有子循，而不知寡人得地于宋，亦以八月归兵；不得地，亦以八月归兵"这几句，整理小组《战国纵横家书》、《长沙马王堆汉墓简帛集成·战国纵横家书》均无解释，沈月《〈战国纵横家书〉译注》把这几句翻译为："齐兵已经到达宋国边界，而你又在外巡察，不知道我此时做出的决定：即不管齐国是否得到宋国的土地，我都将在八月份撤军。"

⑦ 今有告薛公之使者田林：如今齐王又告诉薛公的使者田林。有，通"又"。薛公，即孟尝君田文。薛公为齐国宗族，封于薛（在今山东滕州南），故称薛公。田林，人名。薛公的使者。

⑧ 薛公以告臣：薛公又把此事告诉我。"以"后省去"之"，代指齐王这一用兵计划。

⑨ 而不欲其从己闻也：但薛公不愿意让别人知道这个消息是从他那里泄露出去的。从己，从自己这里。闻，被外人所知道。

⑩ 愿王之阴知之而毋有告也：希望大王自己一个人暗中知道此事就

可以了，而不要告诉别人。愿，希望。阴，暗中，暗地里。也即注
意保密。毋，不要。

⑪将成之：将会达到他们的目的。

⑫臣请疾之齐观之而以报：我将尽快到齐国去观察情况，并把情况
汇报给您。疾，快，赶快。之，到。以报，把观察到的情况汇报
给您。

⑬燕南方之交完：燕国与南方诸侯国的外交关系很好。燕国在齐国
北边，南方的诸侯与燕国关系好，如果齐国进攻燕国，燕国就能够
与南方诸侯国对齐国形成夹击之势，所以说齐国不能、也不敢进
攻燕国。一说"南方之交完，指燕国与赵国的关系好"（整理小组
《战国纵横家书》），那么"南方"就专指赵国。

⑭陈臣、许鄚：两个人名。是苏秦手下的使者。韩、梁问之齐：分别
从韩国、魏国到齐国去打探情报。问，探问，打探。

⑮足下虽怒于齐：您虽然对齐国非常气愤。足下，对燕王的尊称。

⑯请养之以便事：请您继续表面上尊崇齐国以有利于我们未来的
事情。养，护养，尊崇。便，有利于。本句是劝告燕王要暂时忍
辱负重，以便未来寻找有利时机进攻齐国。《〈战国纵横家书〉译
注》则解释为："养，隐蔽，积蓄。养之以便事：积蓄力量以等待时
机。"

⑰臣之苦齐王也：我将会吃尽齐王的苦头。

⑱不乐生矣：无法生存下去了。

【译文】

　　苏秦从魏国写信给燕王，信中说：齐王派宋窍、侯瀀对我说："我与您
一起谋划去进攻宋国，我这样做依靠的就是燕国与赵国的支持。如今燕
王与群臣却在谋划，想在齐、宋作战的时候乘机打败齐军，然后进攻齐
国，情况十分危急，而率兵打仗的子循却对此毫不知情。我计划如果能
够占领宋国的土地，我要在八月撤军；占领不了土地，我也要在八月撤

军。"如今齐王又把此事告诉了薛公的使者田林，薛公又把此事转告给我，但薛公不愿意让别人知道这个消息是从他那里泄露出去的。所以希望大王自己一个人暗中知道就行，不可告诉别人。如果大王把此事告诉了别人，天下那些想伤害燕国的人，以及那些想伤害我的大臣就能够达到他们的目的了。我请求让我赶快到齐国去观察情况，然后把情况密报给您。大王不必担忧，齐国即使想进攻燕国，他们也没有这个能力，更没有这个胆量，因为燕国与南方各诸侯国的外交关系很好。我还将命令陈臣、许翦分别从韩国、魏国到齐国去打探有关消息。您现在即使对齐国非常愤怒，也请您暂时表面上尊崇齐国，以有利于我们未来的事情。否则的话，我会吃尽齐王的苦头，恐怕难以生存下去了。

七、苏秦自梁献书于燕王章(二)

【题解】

苏秦自梁献书于燕王:苏秦从魏国写信给燕王。这是苏秦在魏国写给燕王的第二封信。整理小组《战国纵横家书》认为:"这封信大概是在'五国攻秦,无功而还'以后写的。"《战国策·魏策三》记载:"五国伐秦,无功而还。"这一年为前288年(一说前287年,一说前286年)。《〈战国纵横家书〉译注》则认为:"此章系年于公元前287年8月之前。"但这都属于推测,无法确证。

本章的主要内容是苏秦向燕王汇报自己是如何破坏齐国与其他诸侯国的关系的,以及各诸侯国对齐国的态度。在分析当前形势的基础上,苏秦建议燕王一定不要泄露自己进攻齐国的意图,更不要首先发动对齐国的攻击,要耐心等待有利的时机。

自梁献书于燕王曰:薛公未得所欲于晋国^①,欲齐之先变以谋晋国也^②。臣故令遂恐齐王曰^③:"天下不能功秦,□道齐以取秦^④。"[齐王]甚惧而欲先天下,虑从楚取秦^⑤,虑反乾曩^⑥,有虑从勺取秦^⑦。今梁、勺、韩、□□□□□□□薛公、徐为有辞^⑧,言劝晋国变矣。齐先鬻勺以取秦^⑨,后卖秦以取勺而功宋⑩,今有鬶天下以取秦,如是而薛公、徐为不能以天下为其所欲⑪,则天下故不能谋齐矣。愿王之使勺弘急守徐为⑫,令田贤急[守]薛公⑬,非是毋有使于薛公、徐之所⑭,它人将非之以败臣⑮。毋与奉阳君言事⑯,非于齐⑰,一言毋舍也⑱。事必□□南方强⑲,燕毋首⑳。有慎毋非令群臣众义功齐㉑。齐王以燕为必侍其褮而功齐㉒,未可解也㉓。言者以臣□贱而邀于王矣㉔。

【注释】

①薛公未得所欲于晋国:薛公田文没有在魏国达到自己的目的。晋国,指魏国。魏国是晋国分裂出来的,故称之为晋国。薛公田文本来是齐国贵族,因与齐闵王(亦作齐湣王)不和,到魏国为相,后来联合燕国、赵国等诸侯大败齐国,齐闵王逃亡而死。据此及下文,本句说的"所欲",指的就是鼓动魏国进攻齐国。

②欲齐之先变以谋晋国也:所以他希望齐国能够提前有所变化去进攻魏国。薛公的目的还是想挑起齐、魏之间的矛盾。

③臣故令遂恐齐王曰:所以我就派遂去恐吓齐王。遂,人名。苏秦的使者。根据下文,苏秦派人去恐吓齐王,目的是想打乱齐王的外交计划,促使他早日背叛其他诸侯国。

④天下不能功秦,□道齐以取秦:天下诸侯如果不能合力进攻秦国,其他诸侯国可能就会与齐国分道扬镳,而去取得秦国的支持。缺一字,可能是"分"字。《长沙马王堆汉墓简帛集成·战国纵横家书》认为:"'道'上一字从残笔看似是'必'字。"

⑤虑从楚取秦:计划通过楚国与秦国联络。

⑥虑反乾矄:还想召回韩矄。乾,假借为"韩"。乾矄,人名。整理小组《战国纵横家书》:"韩矄,人名。《战国策》作韩珉,一作韩

恨。《史记》作韩聂。曾为齐相,与秦国有联系,召回韩聂是联秦的一种方式。"

⑦有虑从勺取秦:又想通过赵国去联络秦国。有,通"又"。勺,通"赵"。

⑧今梁、勺、韩、□□□□□□□薛公、徐为有辞:本句缺七字,依据上下文,大意应为:如今魏国、赵国、韩国已经察觉齐国的反复无常,所以薛公与韩徐为有充分理由去主张伐齐了。有辞,有充分理由。指有充分理由劝说各国改变对齐国的态度。

⑨齐先鬻(yù)勺以取秦:齐国先出卖赵国以取得秦国的支持。鬻,卖,出卖。

⑩后卖秦以取勺而功宋:后来又出卖秦国以取得赵国的支持,目的是想进攻宋国。

⑪如是而薛公、徐为不能以天下为其所欲:如果齐国与秦国联盟,那么薛公与韩徐为就无法依靠天下其他诸侯盟军去达到自己反齐的目的。是,代指齐国与秦国联盟。

⑫愿王之使勺弘急守徐为:希望大王赶快派赵弘去守护着韩徐为。勺弘,即赵弘。人名。是燕国派驻魏国的使者。守护的目的,是为了加强联络,保证步调一致。

⑬令田贤急[守]薛公:赶快派田贤去守护着薛公。田贤,人名。燕国派驻魏国的使者。

⑭非是毋有使于薛公、徐之所:除了这两位使者,不要派别的人去薛公与韩徐为的住所。是,代指赵弘与田贤。

⑮它人将非之以败臣:其他的人将会非议我而败坏我的事情。

⑯毋与奉阳君言事:不要与奉阳君谈论此事。奉阳君是赵国的执政大臣,与齐国关系较为密切。

⑰非于齐:非议齐国的话。

⑱一言毋舍也:一句话也不要讲出去。舍,放出去。这里指讲出去。

⑲事必□□南方强：缺二字。据下文，大意可能是：此事一定要等到齐国与南方的诸侯国争强斗胜时。事，指燕国进攻齐国的事。

⑳燕毋首：燕国不要首先发难进攻齐国。

㉑有慎毋非令群臣众义功齐：还要特别谨慎小心的事情，无非就是命令群臣关于一起议论进攻齐国的事情。也即命令大臣们不要集体议论进攻齐国的事情。毋非，无非。义，通"议"。议论。

㉒齐王以燕为必侍其獘而功齐：齐王认为燕国一定会等到齐国疲惫时进攻齐国。侍，通"待"。獘，同"弊"。破败，疲惫不堪。

㉓未可解(xiè)也：我们一刻也不可掉以轻心啊。解，通"懈"。松懈。

㉔言者以臣□贱而遽于王矣：现在那些非议我的人，都认为我因为出身低贱而被大王疏远了。

【译文】

　　苏秦从魏国写信给燕王，信中说：薛公在魏国没有达到劝说魏国攻齐的目的，就希望齐国首先改变原来的态度而去进攻魏国以破坏两国关系。我因此派遣去恐吓齐王说："如果天下诸侯不能齐心协力地进攻秦国，那么诸侯们就会与齐国分道扬镳，而去取得秦国的支持。"齐王听了很害怕，就想抢在其他诸侯之前与秦国联盟。齐王考虑通过楚国与秦国联络，还考虑召回乾累，又考虑通过赵国与秦国联络。如今魏国、赵国、韩国都已经察觉到了齐国的反复无常，因此薛公与韩徐为就有了更为充分的理由，去劝告魏国改变态度进攻齐国。齐国先出卖赵国以联络秦国，后来又出卖秦国以联络赵国，目的是想进攻宋国，如今又出卖了整个天下的诸侯以取得秦国的支持，如果齐国做到了齐、秦联盟这一点，那么薛公与韩徐为就不能依靠其他诸侯的力量去达到自己的目的，而其他诸侯也因此而无法进攻齐国了。希望大王赶快派赵弘去守护着韩徐为，派田贤去守护着薛公，除了这两个人，不要派其他人到薛公与韩徐为那里去，其他人将会非议我而败坏我的事情。您也不要与奉阳君谈论此事，批评齐国的话，一句也不要讲出去。进攻齐国之事一定要等到齐国与南方的诸侯国争强斗胜的时候，燕国不可首先攻齐。还要谨慎小心的事情，无非就是命令群臣不要一起议论进攻齐国的事情。齐王认为燕国一定会等到齐国疲惫时进攻齐国，我们对此不可有丝毫的松懈啊。现在那些非议我的人都认为我因为出身低贱而被大王疏远了。

八、苏秦谓齐王章(一)

【题解】

苏秦谓齐王:苏秦对齐闵王说。整理小组《战国纵横家书》:"这是在齐国去了帝号联合赵国、组织五国攻秦、而伐宋之后,三晋已有可能要反齐时,苏秦向齐王说的话。"这一说法似乎不确:第一,本章作者(苏秦或苏代)在奉承齐闵王时说:"立帝,帝立。"如果"在齐国去了帝号"之后,还去赞美齐闵王"帝立",这岂不是在讽刺齐闵王吗?《史记·魏世家》记载:"秦昭王为西帝,齐湣王为东帝,月余,皆复称王归帝。"本章所讲的事情应该发生在齐闵王称帝之后的一个多月的时间内。第二,按照《史记·苏秦列传》记载,齐闵王称帝时,苏秦已经去世,当时与齐闵王交往的是苏秦的弟弟苏代。这就有两种可能,一种可能是《史记》记载有误,一种是本章记载有误。相对来说,我们比较信任《史记》。

本段话的主要内容,一是赞美齐闵王的智慧与功绩,二是挑拨齐国与赵国的关系,三是进一步密切齐国与燕国的关系以麻痹齐王,使他放松对燕国的警惕。

谓齐王曰:"薛公相脊也①,伐楚九岁②,功秦三年③。欲以残宋④,取进北⑤,宋不残,进北不得。以齐封奉阳君⑥,使梁、乾皆效地⑦,欲以取勺⑧,勺是不得⑨。身率梁王与成阳君北面而朝奉阳君于邯郸⑩,而勺氏不得。王弃薛公⑪,身断事⑫。立帝,帝立⑬;伐秦,秦伐;谋取勺,得⑭;功宋,宋残。是则王之明也⑮。虽然,愿王之察之也⑯,是无它故,臣之以燕事王循也⑰。

【注释】

①相脊:在齐国当相的时候。薛公即战国著名的四公子之一的孟尝君田文,孟尝君为齐国贵族,曾在齐国任相,后与齐闵王(亦作齐湣王)不和,才到魏国任职。脊,假借为"齐"。

②伐楚九岁:讨伐楚国九年。整理小组《战国纵横家书》:"九岁疑是五岁之误。《燕策》苏秦死章说:'今夫齐王长主也而自用也。南攻楚五年,稸积散;西困秦三年,民憔瘁,士罢弊;北与燕战,覆三军,获二将;而又以其余兵南面而举五千乘之劲宋而包十二诸侯。'所说攻楚只有五年。据《史记·楚世家》,楚国本与齐为从亲,由于楚怀王与秦昭王定约,怀王二十六年即齐宣王十七年(前303),'齐、韩、魏为楚负其从亲而合于秦,三国共伐楚',是伐楚的开始。两年以后,'秦乃与齐、韩、魏共攻楚,杀楚将唐眛'。再过两年,孟尝君(即薛公)入秦为相,在秦一年后逃回,就转为攻秦了。总计从前三〇三年开始伐楚到前二九九年薛公相秦,首尾只有五年。"

③功秦三年:进攻秦国三年。整理小组《战国纵横家书》:"公元前二九九年薛公入秦为相,第二年,赵国派楼缓相秦,孟尝君免相,逃回齐国作相,就联合魏、韩击秦。到前二九六年,齐、魏、韩三国击秦,入函谷关。秦国给魏国西河外及封陵,给韩国河外及武遂,与两国讲和。前后共三年。"

④欲以残宋:想彻底击垮宋国。残,打残,彻底击败。

⑤取进北：攻占淮北一带。进，应为"淮"字之误。淮北，地名。淮
　　河以北地区。大约在今河南东部、安徽北部、江苏北部一带。

⑥以齐封奉阳君：薛公还想让齐国封一块土地给奉阳君。

⑦使梁、乾皆效地：让魏国与韩国也送一些土地给奉阳君。效，献
　　上。整理小组《战国纵横家书》："奉阳君李兑为赵相，专权，薛公
　　为了讨好李兑，除了由齐国给他封邑外，还让梁、韩两国都献地，
　　并亲自率领梁王和韩国的相成阳君到邯郸去。《魏策三》：'谓魏
　　王曰：王尝身济漳，朝邯郸，抱葛薛阴成以为赵养邑。'（《赵策四》
　　作'抱阴成负蒿葛薛以为赵蔽'）即此献地之事。"关于奉阳君是
　　否李兑，可见本书第一章《苏秦自赵献书燕王章》首段注释⑦。
　　另外还有一种可能，就是原奉阳君（赵肃侯弟弟赵成）去世后，李
　　兑被封为奉阳君。

⑧欲以取勺：想用这种办法取得赵国的支持。

⑨勺是不得：没有得到赵国的支持。是，假借为"氏"。赵氏，即赵国。

⑩身率梁王与成阳君北面而朝奉阳君于邯郸：亲自带领魏王与成阳
　　君向北去邯郸朝见奉阳君。邯郸，地名。在今河北邯郸。成阳
　　君，根据上下文，应是韩国贵族。因为薛公计划"以齐封奉阳君，
　　使梁、乾皆效地，欲以取勺"，薛公想让齐国、魏国、韩国都送一些
　　土地给赵国奉阳君，以取得奉阳君的支持，薛公代表齐国，魏王代
　　表魏国，成阳君则代表韩国。

⑪王弃薛公：大王您放弃了薛公。也就是免去薛公的相位。

⑫身断事：亲自处理政务。断，决断，处理。

⑬立帝，帝立：想建立帝号，帝号确实建立起来了。《史记·秦本
　　纪》："（秦昭王）十九年，王为西帝，齐为东帝，皆复去之。"前288
　　年，秦、齐相约称帝，不久都自动去掉帝号。

⑭得：达到目的。

⑮是则王之明也：这些都说明大王是极为明智的君主。

⑯察之：想一想您成功的原因。

⑰臣之以燕事王循也：我劝告燕国服从了齐国啊。也即齐国得到了燕国的支持。循，顺从，服从。

【译文】

苏秦对齐王说："薛公田文在齐国当相的时候，讨伐楚国整整九年，进攻秦国整整三年。还想彻底击败宋国，占领淮北地区，然而宋国没有被彻底打败，淮北地区也没有能够占领。薛公想把齐国的一块土地封给赵国奉阳君，还想让魏国与韩国也都献给奉阳君一些土地，想以此取得赵国的支持，然而赵国没有答应。薛公还亲自带领魏王与韩国的成阳君向北去邯郸朝见奉阳君，然而赵国仍然没有同意支持齐国。于是大王您罢免了薛公的相位，亲自处理政务。您想建立帝号，帝号就建立了；您想讨伐秦国，秦国就被讨伐了；您想谋取赵国的支持，也达到了自己的目的；您想进攻宋国，宋国就被彻底打败了。这些功绩都说明了大王您是贤明的君主啊。虽说如此，希望大王仔细想一想，这些功绩的建立没有其他原因，就是因为我促使燕国大力支持了齐国啊。

"翼谓臣曰①：'伤齐者，必勺也。秦虽强，终不敢出塞流河②，绝中国而功齐③。楚、越远④，宋、鲁弱，燕人承⑤，乾、粱有秦患⑥，伤齐者必勺。勺氏终不可得已⑦，为之若何？'臣谓翼曰：'请劫之⑧。子以齐大重秦⑨，秦将以燕事齐⑩。齐、燕为一，乾、粱必从⑪。勺悍则伐之⑫，愿则挚而功宋⑬。'翼以为善。臣以车百五十乘入齐⑭，翼逆于高间⑮，身御臣以入⑯。事曲当臣之言⑰，是则王之教也⑱。

【注释】

①翼：人名。即韩翼。韩翼曾经在齐国任相，而且与秦国关系也很

密切。

②终不敢出塞流河:始终不敢走出函谷关顺着黄河东下。塞,崤塞,即函谷关。流河,整理小组《战国纵横书》作"溯河"。裘锡圭《长沙马王堆汉墓简帛集成·战国纵横家书》:"原注:塞,崤塞,即函谷关。溯,沿。绝,横越。国字古代与域通用,中国指中部地域。今按:'流'字原误释'涑',读为'溯',此从裘锡圭(1992:85)改释。裘锡圭(1992:85—86):'流河'犹言'流于河'……流于河就是顺河而下的意思。"河,指黄河。《长沙马王堆汉墓简帛集成·战国纵横家书》中说的"原注",皆指马王堆汉墓帛书整理小组编的《战国纵横家书》中的注释。

③绝中国而功齐:横穿整个中原地区而去进攻齐国。绝,穿过。中国,中原地区。功,假借为"攻"。秦国处于西边,齐国处于东边,秦国要攻打齐国,要穿过中原各诸侯国。

④楚、越远:楚国与越国距离齐国遥远。

⑤燕人承:燕国顺从齐国。承,顺,顺从。

⑥乾、梁有秦患:韩国、魏国有秦国这个后顾之忧。韩、魏如果进攻齐国,他们会担心秦国从后面袭击自己。

⑦勺氏终不可得已:最终也不可能与赵国和好。不可得,不可能。指不可能友好。已,通"矣"。

⑧请劫之:请让我们强制它屈服。劫,劫持,强制。

⑨子以齐大重秦:您要让齐国非常重视我苏秦。大重,非常重视。一说"以齐大重秦"是"以强大的齐国重视我苏秦"的意思。秦,指苏秦。

⑩秦将以燕事齐:我将劝告燕国事奉齐国。

⑪乾、梁必从:韩国、魏国就一定会服从齐国。

⑫勺悍则伐之:赵国强悍无礼,就去讨伐它。

⑬愿则挚(zhì)而功宋:(赵国)老实听话了,就挟制着它一起去进

攻宋国。愿，老实。挈，抓取。这里指挟制。

⑭以：带着。

⑮暴逆于高间：韩暴出高间城门来迎接我。逆，迎接。高间，应是齐国都城临淄的城门。

⑯身御臣以入：他亲自为我驾车进入临淄。御，驾车。

⑰事曲当臣之言：后来的事情全部符合我原来预测的。曲，遍，全部。一说是"细微曲折"的意思。当，符合。

⑱是则王之教也：这些都是大王您教诲有方的结果啊。

【译文】

"韩暴对我说：'将来伤害齐国的国家，一定是赵国啊。秦国虽然很强大，但它最终也不敢走出函谷关，顺着黄河东下，横穿中原各诸侯国而去进攻齐国。楚国、越国与齐国距离遥远，宋国、鲁国弱小，燕国服从齐国，韩国、魏国有秦国这个后顾之忧，那么伤害齐国的就一定是赵国。我们最终也不可能与赵国和好，对赵国该怎么办呢？'我对韩暴说：'请让我们一起强制它屈服。您劝告齐国要非常重视我，我将劝告燕国事奉齐国。齐国与燕国合二为一，那么韩国与魏国就一定会服从齐国。赵国如果强悍而不听话，我们就去讨伐它；如果赵国老实了，我们就挟制着它去讨伐宋国。'韩暴认为我的这个策略很好。当我带着一百五十辆车子来到齐国的时候，韩暴出高间城门来迎接我，还亲自为我驾车进入都城临淄。后来的事情完全与我当初预测的一样，这些都是因为大王您教诲有方的结果啊。

"然臣亦见其必可也①，犹暴不知变事以功宋也②，不然，暴之所与臣前约者善矣③。今三晋之敢据薛公与不敢据④，臣未之识⑤。虽使据之，臣保燕而事王，三晋必不敢变⑥。齐、燕为一，三晋有变，事乃时为也⑦。是故当今之时，臣之为王守燕[8]，百它日之节[9]。虽然，成臣之事者，在王之循甘燕也[10]。王虽疑燕，亦甘之；不疑，亦甘之。王明视天下以有燕[11]，而臣不能使王得志于三晋[12]，臣亦不足事也[13]。”

【注释】

①然臣亦见其必可也：不过，我虽然预见到这些情况是必定会实现的。

②犹賁不知变事以功宋也：由于韩賁不愿意改变原来的做事态度去进攻宋国。犹，假借为“由”。由于。变事，改变做事态度。整理小组《战国纵横家书》：“韩賁亲秦，秦国反对齐国攻宋，所以他不会迎合齐闵王的想法变事以攻宋。”本句意思是说，由于韩賁不愿意进攻宋国，所以事情没有能够按照原计划发展。

③賁之所与臣前约者善矣：韩賁与我约定的计划就会得到极好的结果。

④今三晋之敢据薛公与不敢据：如今，韩、赵、魏三国敢不敢支持薛公进攻齐国的想法。三晋，赵氏、韩氏、魏氏原为晋国六卿，此后三家逐步瓜分晋国，史称“三家分晋”，因此后人将这三国合称为“三晋”。据，支持。本书一二《苏秦自赵献书于齐王章（二）》：“虽知不利，必据之。”一说，据，依靠。

⑤未之识：即“未识之”。还无法知道。

⑥三晋必不敢变：三晋肯定不敢进攻齐国。变，事变。这里指进攻齐国。

⑦事乃时为也：这种事情的发生就是时势造成的。意思是说，只要燕国与齐国联盟，三晋就不敢反齐；如果将来三晋敢于反齐，那是因为那时的形势有所变化造成的。

⑧臣之为王守燕：我为大王您守护着燕国。也即看住燕国，保证燕

国与齐国同心协力。这皆是苏秦对齐闵王的欺骗之辞。

⑨百它日之节：其重要的程度百倍于其他时候。百，百倍。节，时刻，时候。

⑩循甘燕：对燕国友好。循，顺从，友好。甘，甜美。也即对燕国友好。一说，"甘"指给燕国一些利益。

⑪王明视天下以有燕：大王您要让全天下的人都清楚地看到您有燕国的支持。视，通"示"。让别人知道。

⑫而臣不能使王得志于三晋：如果我不能使大王您在三晋那里获取满意的结果。而，连词。如果。得志，得意。即满足自己意愿，这个愿望就是三晋不再反齐。

⑬不足事也：不值得在您这里任职了。事，任事，任职。

【译文】

"不过，我虽然预见到这些情况是必定会出现的，但因为韩夑不愿意改变原来的做事态度而去进攻宋国，否则的话，韩夑与我约定的计划肯定会有一个很好的结果。如今三晋是否敢于接受薛公进攻齐国的想法，我还无法知道。即使三晋接受了薛公的想法，只要我保证燕国能够事奉大王，那么三晋肯定不敢反齐；如果齐国、燕国合而为一，而三晋还敢于反齐，那一定是那时的形势发生了变化而造成的。因此如今这个时候，我为大王守护住燕国让燕国与齐国友好，其重要的程度百倍于其他时候。虽然如此，能够使我完成这一使命的关键，还在于大王也一定要保持与燕国的友好关系。大王即使怀疑燕国，也要与它保持友好关系；不怀疑燕国，也要与它保持友好关系。大王要让全天下的人们都知道您有燕国的支持，如果我还不能使大王在三晋那里获得满意的结果，那么我也就不值得在您这里任职了。"

九、苏秦谓齐王章（二）

【题解】

苏秦谓齐王：苏秦从燕国派人对齐闵王说，或写信给齐闵王。整理小组《战国纵横家书》："这是使人谓齐闵王，与上章中追溯的与韩翟订密约一事同时。"本章的写作背景是：各诸侯国密谋进攻齐国，齐闵王对此深感忧虑。于是苏秦就打着为齐闵王排忧解难的幌子，告诉齐王，自己要到齐国去为齐王出谋划策。在去齐国之前，苏秦引用管仲与齐桓公的例子，要求齐王尊敬自己，重用自己。苏秦认为，如果齐王这样做，就会给其他诸侯国一个错觉，认为燕国与齐国关系甚好，从而不敢轻举妄动。苏秦以替齐王着想为借口，希图达到抬高自己身价的目的。

谓齐王曰：始也，燕累臣以求挚①，臣为是未欲来②，亦未□为王为也③。今南方之事齐者多故矣④，是王有忧也⑤，臣何可以不亟来⑥？南方之事齐者，欲得燕与天下之师，而入之秦与宋以谋齐⑦，臣诤之于燕王⑧，燕王必弗听矣。臣有来⑨，则大夫之谋齐者大解矣⑩。臣为是⑪，虽无燕⑫，必将来⑬。缙子之请贵⑭，循也⑮，非以自为也。□［桓］公听之⑯。臣贤王于桓［公］⑰，臣不敢忘请□□□□王诚重御臣⑱，则天下必曰：燕不应天下以师⑲，有使苏［秦］□□□

大贵□□□□□□□□□□□□□□□□□□齐□彖
之□□□□之车也⑳。王□□□□□□请以百五十乘㉑，王
以诸侯御臣㉒；若不欲□□□请以五〔十〕乘来㉓。请贵重
之㉔，□□□□□□□□□高贤足下㉕，故敢以闻也㉖。

【注释】

①燕累臣以求挚（zhì）：燕国软禁了我，想让齐国送来人质。这一说
　法依然是为了迷惑齐国，因为燕国不可能软禁苏秦。累，拘禁。
　这里应该是软禁或者限制。挚，假借为"质"。人质。先秦时期，
　两个国家常常通过互换人质的方法来维持彼此之间的信任。

②臣为是未欲来：我为此也就没有想到要来齐国。是，此。代指被
　软禁在燕国。

③亦未□为王为也：也没有机会为大王做什么事情。本句缺一字，
　疑为"有"字。裘锡圭《长沙马王堆汉墓简帛集成·战国纵横
　家书》："'未'下一字尚存不少残笔，从字形和文义看，似是'有'
　字。"为，第一个"为"字是介词，是"替"的意思，第二个"为"字
　是动词，是"做""做事"的意思。

④今南方之事齐者多故矣：如今，原来那些南方事奉齐国的诸侯
　发生了许多变故。整理小组《战国纵横家书》："南方，主要指赵
　国。"赵国在燕国的南方。

⑤是王有忧也：这就为大王您带来了许多忧愁之事。是，代指"今
　南方之事齐者多故矣"。

⑥亟（jí）：赶快，快点。

⑦而入之秦与宋以谋齐：准备联合秦国与宋国一起攻打齐国。入之
　秦与宋，直译为"让他们得到秦国与宋国的接纳"，也即与秦、宋
　两国联合起来。入，接纳。

⑧臣诤之于燕王：我去劝谏燕王不要听从南方之国的建议。

⑨臣有来：我这次又来到齐国。

⑩则大夫之谋齐者大解（xiè）矣：那些支持进攻齐国的燕国大夫们会感到轻松一些。因为反对他们的苏秦离开了燕国，他们会感到轻松一些。大夫，指燕国大夫。解，通"懈"。松懈。

⑪臣为是：我为了帮助大王排忧解难。是，代词。代指解除各国对齐国的威胁。

⑫虽无燕：即使失去燕国对我的支持。一说，即使燕国不让我来。

⑬必将来：我也肯定将来到齐国。

⑭绾子之请贵：管子请求得到尊贵的地位。绾子，即管子。《长沙马王堆汉墓简帛集成·战国纵横家书》"原注：绾当是绾字的异体，此处借作管。管子似指管仲。《说苑·尊贤》：'齐桓公使管仲治国，管仲对曰："贱不能临贵。"桓公以为上卿。'苏秦借用管仲故事是要齐闵王重用他。今按：此句标点从裘锡圭（1992:87）改正。裘锡圭（1992:87）指出：'请贵'犹言'求贵'。"

⑮循也：是顺理成章的事情。循，顺。

⑯□〔桓〕公听之：齐桓公接受了管仲的要求。本句缺一字，应是"齐"字。

⑰臣贤王于桓〔公〕：我认为大王您比齐桓公更为贤明。贤，意动用法。认为……贤明。于，介词。表示比较。苏秦如此赞美齐闵王，目的是要闵王也要像桓公重用管仲一样重用自己。

⑱臣不敢忘请□□□□王诚重御（yà）臣：本句缺四字。大概意思应是：我不敢随便请求您像齐桓公重用管仲那样重用我，如果大王您真的能够以隆重礼节迎接我。忘，假借为"妄"。胡乱地，随意地。御，通"迓"。迎接。

⑲燕不应天下以师：燕国不会派出军队以响应天下其他诸侯国攻齐的行为。以师，用自己的军队。

⑳有使苏[秦]□□□大贵□□□□□□□□□□□□□□□□□
□□齐□臠之□□□□之车也：缺字较多。大意应是：燕国又派
苏秦出使齐国，而且苏秦在齐国地位十分显贵，甚至超过了韩臠。
我作为使者的地位贵贱，就看我出使齐国时带的车辆多少。

㉑王□□□□□□请以百五十乘（shèng）：本句缺字较多。大意应
是：大王如果能够以隆重的礼节迎接我，我就带着一百五十辆车出
使齐国。

㉒王以诸侯御臣：大王以诸侯王的身份迎接我。

㉓若不欲□□□请以五[十]乘来：本句缺三字。大意应是：如果大
王不能亲自迎接我，我就带着五十辆车到齐国去。使者所带车辆
多少，则显示使者地位的高低，使者地位越高，则显示燕国与齐国
的关系越密切。

㉔请贵重之：请大王给我以尊贵的地位，并且重用我。之，代指苏秦
自己。

㉕□□□□□□□□□高贤足下：缺字较多。大意应是：如果大
王能够做到这一点，天下的人们也会认为您是一位高明、贤良的
君主。足下，对齐闵王的尊称。整理小组《战国纵横家书》："足
下，指齐闵王。《燕策》苏秦章称燕王为足下，可见在战国时，足下
还是对尊贵者用的，汉以后，足下二字就只对一般人使用了。"

㉖故敢以闻也：所以我冒昧地把自己的想法告诉大王。敢，谦辞。
不敢，冒昧。

【译文】

苏秦派人对齐王说：过去，燕王把我软禁在燕国境内，还想让齐国
派人来做人质，我因此也就没有想过要到齐国去，也未能为大王做什么
事情。如今，原本事奉齐国的南方诸侯国发生了许多变故，这些变故为
大王您添了不少忧愁，我怎么能够不赶快到齐国去呢？原本事奉齐国的
南方诸侯，如今想获得燕国与天下其他诸侯国军队的支持，联合秦国与

宋国一起商议进攻齐国,如果我去劝谏燕王不要反对齐国,燕王肯定不会听从我的劝谏。我这次又要到齐国去了,那么燕国谋划进攻齐国的大夫们心情就会变得松懈起来。我为了替大王您出谋划策,即使失去燕国的支持,我也一定会去齐国。管仲请求齐桓公给他以尊贵的地位,那是顺理成章的事情,他并非是为自己的名利考虑啊。齐桓公接受了他的请求。我认为大王您比齐桓公还要贤明,我不敢随便请求您像齐桓公重用管仲那样重用我,如果大王您真的能够以隆重的礼节迎接我,那么天下诸侯们一定会认为:"燕国是不会允许自己的军队去响应天下诸侯进攻齐国的主张了,燕国现在又派苏秦出使齐国,而且苏秦在齐国的地位十分显贵,甚至超过韩暴。"我作为使者的地位贵贱,就看我出使时带的车辆多少。大王如果能够以隆重的礼节迎接我,我就带着一百五十辆车出使齐国,那么大王就要以诸侯王的身份来迎接我;如果大王不能亲自迎接我,那么我就带着五十辆车到齐国来。请求大王给我以尊贵的地位,并且重用我。如果大王能够做到这一点,天下的人们也会认为您是一位高明、贤良的君主。所以我冒昧地把自己的想法告诉大王。

一〇、苏秦谓齐王章(三)

【题解】

　　本章是苏秦在燕国写给齐王的又一封书信,或者是派人转告给齐王的话。这封信的主旨,就是要弥合燕王与齐王之间的关系,消除齐王对燕王的怀疑,其立场明显是站在燕王的一边。另外还有一点值得注意,就是通过以上这些信件,我们明显感觉到苏秦特别希望齐国进攻宋国。在当时,齐闵王与宋王偃(又称宋康王)皆以残暴著称。齐闵王志大才疏,刚愎自用,最后身败名裂,死于楚人之手;宋王偃杀害贤良,四方为敌,被称为"桀宋",最后国破人亡。苏秦一再鼓动齐国进攻宋国,似有"以毒攻毒"的意味。由此可见,苏秦还是一位具有某种程度的正义感的人。

　　谓齐王:燕王难于王之不信己也则有之①,若虑大恶〇则无之②。燕大恶,臣必以死诤之③;不能,必令王先知之④。必毋听天下之恶燕交者⑤。以臣所□□□鲁甚焉⑥。□臣大□□息士民⑦,毋庸发怒于宋、鲁也⑧。为王不能⑨,则完天下之交⑩,复与粱王遇⑪,□功宋之事⑫,士民句可复用⑬,臣必王之无外患也。若燕,臣必以死必之⑭。臣以燕重事齐⑮,

天下必无敢东视□□⑯，兄臣能以天下功秦⑰，疾与秦相萃也而不解⑱，王欲复功宋而复之⑲，不而舍之⑳，王为制矣㉑。

【注释】

①燕王难（nàn）于王之不信己也则有之：如果说燕王对大王不信任他这件事情有点生气，这事是有的。难，不满，生气。

②若虑大恶（wù）〇则无之：如果认为燕王非常痛恨大王您，这是绝对没有的事情。虑，考虑，认为。恶，讨厌，痛恨。〇，这里有一个被涂抹掉的废字。苏秦这样讲，目的是为了弥合燕王与齐王的关系。

③臣必以死诤（zhèng）之：我一定会拼死劝谏他。诤，劝谏。

④必令王先知之：一定要让大王先知道燕王的这一态度。

⑤必毋听天下之恶（wù）燕交者：千万不要听信天下那些不愿意齐、燕交往密切者的挑拨之言。燕交，指齐国与燕国交往密切。

⑥以臣所□□□鲁甚焉：本句缺三字。大意应是：据我所知，宋国与鲁国的做法是有点过分。指宋国与鲁国对待齐国的态度或行为太过分了。

⑦□臣大□□息士民：本句缺三字。大意应是：我还是劝告大王您要让您的士卒与百姓休养生息。《长沙马王堆汉墓简帛集成·战国纵横家书》："'民'字原释文径释，此字实原写作'氏'形，秦汉文字'氏''民'二字多混用。"

⑧毋庸：不用，不要。

⑨为王不能：如果大王做不到这一点。为，如果。整理小组《战国纵横家书》："为，当如果讲。"

⑩则完天下之交：就要完善与天下诸侯的邦交。也即与各诸侯国保持良好关系。

⑪复与梁王遇：还要与魏王见面。梁，通"梁"。魏国。遇，相遇，

见面。

⑫□功宋之事：本句缺一字。大意应是：商讨进攻宋国的事情。后来，齐闵王与魏国等灭了宋国："君偃（宋康王）十一年，自立为王。东败齐，取五城；南败楚，取地三百里；西败魏军，乃与齐、魏为敌国。盛血以韦囊，县而射之，命曰'射天'。淫于酒、妇人。群臣谏者辄射之。于是诸侯皆曰'桀宋'，'宋其复为纣所为，不可不诛'。告齐伐宋。王偃立四十七年，齐湣王与魏、楚伐宋，杀王偃，遂灭宋而三分其地。"（《史记·宋微子世家》）文中的"齐湣王"即齐闵王。

⑬士民句可复用：您的士兵与百姓如果能够再次动员起来为您所用。句，假借为"苟"。如果。

⑭臣必以死必之：我一定会用自己的生命保证燕国不会反齐。之，代指燕国不会反齐这件事情。

⑮臣以燕重事齐：我凭借着燕国的财力、物力去事奉齐国。以，凭借。重，指辎重。《左传·宣公十二年》："楚重至于邲。"这里泛指财力、物力。

⑯东视□□：缺二字。大意应是：向东窥视，进攻齐国。

⑰兄臣能以天下功秦：更何况我还能鼓动天下诸侯去进攻秦国。兄，假借为"况"。况且。

⑱疾与秦相萃（cuì）也而不解：很快就会让他们相互厮杀而难解难分。疾，快。萃，聚在一起。这里指聚在一起相互厮杀。

⑲王欲复功宋而复之：大王您如果想再次去进攻宋国，那就再次去进攻吧。

⑳不而舍之：不想进攻宋国就赦免它。

㉑王为制矣：大王可以掌握主动权了。制，控制。理解为"决断"也可。

【译文】

苏秦派人对齐闵王说：如果说燕王对您不信任他这件事感到有点生气的话，这事还是有的；如果认为燕王非常痛恨大王您，这是绝对没有的事情。如果燕王真的非常痛恨您，我一定会拼命劝谏；如果劝谏他不听，我也一定要让您先知道燕王这一态度。您千万不要听信天下那些不愿意齐、燕交往密切者的挑拨之言。据我所知，宋国与鲁国的做法是有点过分。我还是劝告大王您要让您的士卒与百姓休养生息，不用对宋国、鲁国的做法太生气。如果大王做不到这一点，那么就要完善与天下其他诸侯国的邦交，再次与魏王见一面，商议进攻宋国的事情。如果您的士卒与百姓能够鼓动起来再次为您所用，那么我可以保证大王没有任何外患了。至于燕国，我以自己的生命保证燕国肯定会服从大王。我凭借燕国的财力、物力事奉齐国，天下诸侯肯定没有人敢于向东窥视、进攻齐国，更何况我还能鼓动天下诸侯去进攻秦国，让他们很快就与秦国聚在一起相互厮杀而难解难分，如果大王想再次进攻宋国，那就去再次进攻宋国吧；如果不想进攻，那就赦免了它，大王能够完全掌握住主动权了。

一一、苏秦自赵献书于齐王章(一)

【题解】

苏秦自赵献书于齐王:苏秦从赵国写信给齐王。根据信的内容,苏秦离开燕国,其目的地是魏国,当他路过赵国时,听到一些消息,所以写了这封信。信的内容主要是劝告齐王尽可能不要与秦、楚联盟,并列举诸多事实,以说明燕国对齐国的友善,希图能够打消齐王对燕王的怀疑。

自勺献书于齐王曰①:臣暨从燕之粱矣②。臣之勺③,所闻于乾、粱之功秦④,无变志矣⑤。以雨⑥,未得遨也⑦。臣之所得于奉阳君者⑧,乾、粱合,勺氏将悉上党以功秦⑨。奉阳君谓臣:"楚无秦事⑩,不敢与齐遇⑪。齐、楚果遇,是王收秦已⑫。"其不欲甚⑬。欲王之赦粱王而复见之⑭。勺氏之虑,以为齐、秦复合,必为两雋以功勺⑮,若出一口⑯。若楚遇不必⑰,虽必,不为功⑱,愿王之以毋遇喜奉阳君也⑲。

【注释】

①自勺献书于齐王:苏秦从赵国写信给齐王。勺,假借为"赵"。

②臣暨从燕之粱矣:我已经从燕国动身去魏国了。暨,通"既"。已

经。之，到。

③臣之勺：我现在到了赵国。指苏秦从燕国到魏国去，路过赵国。写信的时候，苏秦身处赵国。

④乾：假借为"韩"。功：通"攻"。

⑤无变志矣：没有改变他们原来的攻秦计划。

⑥以雨：因为正值雨季。以，因为。

⑦未得遨（sù）也：无法快速进军。遨，同"速"。快速。

⑧臣之所得于奉阳君者：我从奉阳君那里得到的情报。奉阳君，赵国的贵族。

⑨勺氏将悉上党以功秦：赵国也将发动全部上党地区的军队去进攻秦国。悉，全部。这里指发动上党地区的所有军队。上党，地名。大约包括今山西临汾东部、长治西部、晋城西部一带。

⑩楚无秦事：如果楚国没有事先与秦国沟通。事，指与秦国沟通之事。

⑪不敢与齐遇：楚国是不敢与齐王会晤的。整理小组《战国纵横家书》："奉阳君认为楚国如果不是帮齐国拉拢秦国，是不敢和齐会晤的。如果齐、楚相遇，那一定是齐王跟秦国有了勾结。"

⑫是王收秦已：这说明大王您已经与秦国联系好了。是，代指"齐、楚果遇"。收，接受，接纳。这里引申为联合。已，通"矣"。

⑬其不欲甚：奉阳君非常不愿意看到齐国与秦国联盟。其，指奉阳君。

⑭欲王之赦梁王而复见之：他希望大王您能够宽恕魏王，并与他再次见面。

⑮必为两窗以功勺：秦、齐两国一定会同时称帝，并且会来进攻赵国。窗，假借为"帝"。整理小组《战国纵横家书》认为"'窗'通'敌'"，这句话的意思是："他们一定会成为赵国的两个敌国，并且会进攻赵国。"裘锡圭《长沙马王堆汉墓简帛集成·战国纵横家书》："原注：两敌，指齐、秦。《赵策二》苏秦从燕之赵章说：'请言外患，齐、秦为两敌而民不得安。'今按：裘锡圭（1992：87）：

'两畜'当读为'两帝'。'为两帝'指齐、秦并称为'帝'。《齐策四·苏秦谓齐王章》（此章在姚本中与其前《苏秦自燕之齐章》合为一章，今据鲍本分为两章）：'苏秦谓齐王曰：齐、秦立为两帝，王以天下为尊秦乎？且尊齐乎？……两帝立，约伐赵，孰与伐宋之利也？'此文的'两帝立，约伐赵'跟上引帛书文的'必为两畜以功勺'，说的显然是一件事。可见帛书的'畜'不应读为'敌'而应读为'帝'。"

⑯若出一口：形容齐心协力。

⑰若楚遇不必：如果与楚王会晤的事情还没有确定下来。

⑱不为功：也不会有任何好的结果。

⑲愿王之以毋遇喜奉阳君也：希望大王不要与楚王会晤，以取悦于奉阳君。愿，希望。喜，取悦。整理小组《战国纵横家书》："这是说：如果和楚国会晤一事未确定，即使定了，也没有好处，希望齐王不和楚国相遇，用以取悦于奉阳君。"

【译文】

苏秦从赵国写信给齐王，信中说：我已经从燕国启程到魏国去了。我现在走到了赵国，听说韩国、魏国正准备进攻秦国，他们并没有改变原来进攻秦国的计划。只是因为正值雨季，未能快速进军而已。我从赵国奉阳君那里得到了一些情报，韩国与魏国已经结为联盟，赵国也将动员全部上党地区的军队去进攻秦国。奉阳君对我说："楚国如果没有与秦国联络，是不敢贸然与齐王会晤的。如果齐国、楚国果真要会晤，那就说明大王您一定与秦国联系好了。"奉阳君非常不愿意看到齐国与秦国联盟。他还希望大王能够宽恕魏王，再次与魏王会面。赵国现在非常担心，认为齐国与秦国一旦恢复联盟，一定会同时称帝，进攻赵国，而且两国还会同心协力地进攻赵国。如果齐国与楚国会晤的事情还没有确定下来就算了，即使确定下来了，也不会为齐国带来任何好处，希望大王您不要与楚王会晤，以此来取悦于奉阳君。

　　臣以足下之所与臣约者告燕王："臣以好处于齐①，齐王终臣之身不谋燕燕②；臣得用于燕，终臣之身不谋齐。"燕王甚兑③，其于齐循善④。事卬曲尽从王⑤，王坚三晋亦从王⑥，王取秦、楚亦从王。然而燕王亦有苦，天下恶燕而王信之⑦。以燕之事齐也为尽矣。先为王绝秦⑧，挚子⑨，宦二万甲自食以功宋⑩，二万甲自食以功秦，乾、梁岂能得此于燕戈⑪！尽以为齐，王犹听恶燕者，宋再寡人之叻功宋也请于梁闭关于宋而不许寡人已举宋讲矣乃来浄得三今燕勺之兵皆至矣俞疾攻畜四寡人有闻梁⑫，燕王甚苦之。愿王之为臣，甚安燕王之心也⑬。燕、齐循善，为王何患无天下⑭！

【注释】

①臣以好处于齐：如果我在齐国的处境很好。也即能够得到齐国的重用，与下文"臣得用于燕"义同。裘锡圭《长沙马王堆汉墓简帛集成·战国纵横家书》："'好处于齐'文义待考。"沈月《〈战国纵横家书〉译注》："好处：处理好。"译为："我已经处理好齐、燕两国关系。"

②齐王终臣之身不谋燕燕：只要我活着，齐王就不会进攻燕国。本句衍一"燕"字，应删。

③兑（yuè）：通"悦"。喜悦，高兴。

④其于齐循善：燕王对齐国非常友善。循，顺从。

⑤事卬（áng）曲尽从王：无论办任何事情都听从齐王的意见。卬，通"昂"。抬起。曲，低下。

⑥王坚三晋亦从王：大王想与韩、赵、魏三国团结一致，燕王支持大王。坚，团结一致。三晋，指韩、赵、魏三国。

⑦天下恶燕而王信之：天下有人诽谤燕王，而大王却相信了他们。

⑧绝秦：断绝与秦国的交往。

⑨挚子：把自己的儿子送到齐国做人质。挚，通"质"。人质。

⑩宦二万甲自食以功宋：武装了两万将士自带粮草去帮助齐国进攻宋国。宦，假借为"擐"。穿戴，武装。一说，"宦"是"宦"的误字，培养。甲，战衣。这里指穿战衣的将士。自食，自带粮草。

⑪戕：同"戋"。

⑫自"宋再寡人"至"寡人有闻梁"：此四十九字为错简，应在第十二章。

⑬甚安燕王之心也：要让燕王能够很好地安下心来。

⑭为王何患无天下：大王您何愁得不到整个天下！

【译文】

我把大王您与我之间的约定告诉了燕王："如果我能够在齐国得到重用，只要我还活着，齐王就不会去进攻燕国；如果我能够在燕国得到重用，只要我活着，燕国就不会去进攻齐国。"燕王听了这个约定后非常高兴，因此他对齐国也就非常友善。无论任何事情，燕王都会完全支持大王，大王您要与韩、赵、魏三国团结一致，燕王支持您；大王您要想与秦、楚两国和好，燕王也会同样支持您。然而燕王也有自己的苦衷，这个苦衷就是天下有人诽谤燕王，而大王却听信了他们的诽谤。燕国事奉齐国可以说是尽心尽力了。以前燕王为了大王，断绝了与秦国的交往，把自己的儿子送到齐国做人质，派出两万将士自带粮草去帮助齐国进攻宋国，还派出两万将士自带粮草去帮助齐国进攻秦国，韩国、魏国怎么能够得到燕国如此大力的支持呢！燕国尽心尽力地为齐国服务，而大王却听信了那些诽谤燕王的话，燕王对此感到非常苦恼。希望大王替我让燕王能够很好地安下心来。燕国与齐国关系友善，大王何愁得不到整个天下呢！

一二、苏秦自赵献书于齐王章（二）

【题解】

　　本章是苏秦在赵国写给齐闵王的第二封信，时间应在上一封信之后。针对赵国奉阳君对齐王欲与秦国讲和之事的担忧，齐闵王表明了自己进攻秦国的决心。苏秦把齐王的这一态度转告给奉阳君，并把奉阳君知道齐王态度之后的情况，写信告知齐王。苏秦在信中，一再劝告齐闵王务必要搞好与韩、赵、魏、燕四国的关系，否则，这些诸侯国将会转而投靠秦国，这对齐国是极为不利的。

　　自勺献书于齐王曰：臣以令告奉阳君曰①："寡人之所以有讲虑者有②：寡人之所为功秦者③，为梁为多④，梁氏留齐兵于观⑤，数月不逆⑥，寡人失望，一⑦。择齐兵于荥阳、成皋⑧，数月不从⑨，而功［宋，再⑩。寡人之吶功宋也⑪，请于梁闭关于宋而不许⑫。寡人已举宋讲矣，乃来诤得⑬，三。今燕、勺之兵皆至矣，俞疾功菑⑭，四。寡人有闻梁］［入两使阴成于秦⑯。且君尝曰⑰：'吾县免于梁是⑱，不能辞已⑲。'虽乾亦然⑳。寡人恐梁氏之弃与国而独取秦也㉑，是以有沟虑㉒。今日不］女口之㉓，疾之，请从。功秦，寡人之上计㉔，讲㉕,最寡人之大下也㉖。梁氏不恃寡人㉗,树寡人曰㉘:'齐道楚取秦㉙,苏脩在齐矣㉚。'使天下汹汹然㉛,曰:寡人将反𧶠也㉜。寡人无之㉝。乃𧶠固于齐㉞,使人于齐大夫之所而俞语则有之㉟。寡人不见使□㊱,□大对也㊲。寡人有反𧶠之虑,必先与君谋之。寡人入两使阴成于秦且君尝曰吾县免于梁是不能辞已虽乾亦然寡人恐梁氏之弃与国而独取秦也是以有沟虑今曰不㊳与韦非约曰㊴:'若与楚遇,将与乾、梁四遇㊵,以约功秦㊶。若楚不遇,将与梁王复遇于围地㊷,收秦等㊸,旞明功秦㊹。大上破之㊺,其[次]宾之㊻,其下完交而□讲㊼,与国毋相离也㊽。'此寡人之约也。韦非以梁王之令,欲以平陵蛇薛㊾,以陶封君㊿。平陵虽成而已(51),其鄙尽入梁氏矣(52)。寡人许之已(53)。"

【注释】

①臣以令告奉阳君曰:我把大王您的命令转告给了奉阳君。以下引文是齐闵王让苏秦转告给奉阳君的话。

②寡人之所以有讲虑者有:我之所以考虑与秦国讲和的原因有。讲虑,考虑与秦国讲和。怀疑第二个"有"字后面缺一"四"字。指下面讲的四条原因。

③寡人之所为功秦者:我原来计划进攻秦国的原因。意思是,我原本想进攻秦国,因为魏国不配合,所以改变了想法。

④为梁为多:为魏国利益考虑得多一些。

⑤梁氏留齐兵于观:然而魏国却让齐国的军队滞留在观地。观,地名。当时属魏国。在今山东范县西北。一说在今河南清丰南。

⑥数月不逆:几个月都不来迎接。逆,迎接。

⑦一:这是我考虑要与秦国讲和的第一个原因。

⑧择齐兵于荥阳、成皋:把齐国军队弃置在荥阳、成皋一带。择,假借为"释"。放弃,弃置。荥阳,即荥阳。地名。在今河南荥阳。成皋,地名。在今河南荥阳西北。

⑨数月不从:几个月也不来会合。

⑩再:二。这是我考虑要与秦国讲和的第二个原因。

⑪寡人之呐功宋也:我第二次进攻宋国的时候。呐,假借为"仍"。再,第二次。

⑫请于梁闭关于宋而不许:要求魏国关闭与宋国接壤的关塞要道,而魏国却不同意。

⑬寡人已举宋讲矣,乃来诤(zhèng)得:当我已经与宋国讲和的时候,魏国却又来争夺土地。举,假借为"与"。讲,讲和。诤,通"争"。

⑭俞疾功菑(zī):魏军更加紧急地进攻菑地。菑,地名。在今河南兰考境内。当时应属宋地。这就是上文说的"寡人已举宋讲矣,乃来诤得"。

⑮寡人有闻梁:我又听说魏国。有,通"又"。按,从"宋,再"至"有闻梁",原错简在第十一章,现移正于此处。

⑯入两使阴成于秦:派两名使者偷偷地跑到秦国去讲和。阴,暗中。成,讲和。

⑰且君尝曰:再说您也曾经说过。君,指奉阳君。

⑱吾县免于梁是:我曾经悬赏勉励魏国进攻秦国。县,同"悬"。悬赏。免,通"勉"。勉励。梁是,即"梁氏"。魏国。是,通"氏"。一说,"县免"疑读为"勔勉"。

⑲不能辞已:现在也说不上话了。意思是魏国也不再听奉阳君的话了。辞,讲话。已,通"矣"。

⑳虽乾亦然:即便是韩国,也是如此。指韩的意见,魏国也同样不听了。然,这样。

㉑寡人恐梁氏之弃与国而独取秦也：我很担心魏国会抛弃我们这些盟国而独自与秦国联盟。恐，担心。与国，盟国。与，帮助，亲附。取，讲和，联合。

㉒是以有沟虑：所以我才有与秦国讲和的考虑。沟（繁体为溝），假借为"讲（繁体为講）"。讲和。

㉓从"入两使"至"今日不"：原错简在下文"寡人""与韦非约曰"句之间，今移正于此。今日不女□之，如今您说不如进攻秦国。本句缺一字，疑为"攻"字。女，假借为"如"。

㉔寡人之上计：这是我认为的最好的计划。

㉕讲：讲和。

㉖最寡人之大（tài）下也：这是我最不愿意做的事情。最，可能是衍文。整理小组《战国纵横家书》："最字疑因与寡字形近而衍。"一说，"最"字无误，可以按照原意理解："最字不误。《战国策·韩策一》：'臣以为令韩中立以劲齐，最秦之大急也。'"（《长沙马王堆汉墓简帛集成·战国纵横家书》）大，同"太"。太下，最差的。

㉗梁氏不恃寡人：魏国不再依顺于我。恃，依赖，依顺。

㉘树：树立。这里指给自己制造坏名声。整理小组《战国纵横家书》："树，立。制造名誉叫做'树誉'，这里是相反的意思，是制造坏名声。"

㉙齐道楚取秦：齐国想通过楚国与秦国取得联系。道，通过。

㉚苏脩在齐矣：苏脩已经在齐国了。苏脩，人名。楚国的使者。

㉛汹汹然：议论纷纷的样子。

㉜寡人将反赍也：说我就要把韩赍召回来了。韩赍，人名。他曾在齐国任职，与秦国关系密切，召回韩赍，说明齐王要与秦国讲和。

㉝寡人无之：我根本就没有以上想法。

㉞乃赍固于齐：韩赍确实想回到齐国。固，确实。

㉟使人于齐大夫之所而俞语则有之：他派人到齐国大夫那里，偷偷

商议如何才能回到齐国,这件事情是有的。所,那里,所在。俞,假借为"偷"。暗中,悄悄地。

㊱寡人不见使□:我并没有接见韩賹的使者。本句缺一字,疑为"者"字。

㊲□大对也:韩賹对此非常生气。本句缺一字,疑为"賹"字。指韩賹。大,很,非常。对,假借为"怼"。怨恨,生气。

㊳从"入两使"至"今日不":此为错简,应删除此处的文字。

㊴韦非:人名。根据下文,韦非应是魏国的使者。一说是楚国的使者。

㊵将与乾、梁四遇:也将与韩、魏、燕、赵四国会盟。整理小组《战国纵横家书》:"将与韩、梁四遇,是与韩、梁、燕、赵四国相遇。"

㊶以约功秦:以便签订盟约进攻秦国。

㊷围地:地名。在今河南延津西。

㊸收秦等:接受苏秦等人的建议。收,接收,接受。关于本句的解释分歧很多:第一,认为本句句意不详:"'收秦等'不详。"(整理小组《战国纵横家书》)第二,收,假借为"纠"。纠正秦国的行为:"一说,收读为纠,纠正。即二十一苏秦献书赵王章'齐乃西师以禁强秦,使秦废令素服而听'之意。"(整理小组《战国纵横家书》)第三,"收"是"纠合"的意思,"秦"指苏秦。即团结苏秦:"一说,收,纠合。秦是苏秦自指其名。"(整理小组《战国纵横家书》)第四,是逮捕秦国间谍之意:"收,逮捕,拘押。秦等:与秦同类,指为秦国做事的人。"(沈月《〈战国纵横家书〉译注》)

㊹𢷎(suì)明功秦:接着就大张旗鼓、光明正大地去进攻秦国。𢷎,假借为"遂"。"𢷎"字,整理小组《战国纵横家书》作"撬",也通"遂"。《长沙马王堆汉墓简帛集成·战国纵横家书》:"'𢷎'字原释文误释为从手从遂之字,此从裘锡圭(1992:84)改释。"

㊺大(tài)上破之:最好的结果是大败秦军。大上,最好的结果。大,同"太"。

㊻其[次]宾之：其次是把秦国排斥在诸侯国之外。宾，通“摈”。抛弃，排斥。

㊼其下完交而□讲：最糟的结果是与秦国保持外交关系，与它表面上签订讲和条约。完交，保持外交关系。□讲，缺一字。疑为“详”字。整理小组《战国纵横家书》：“《魏策二》五国伐秦章谓魏王曰：‘故为王计，太上伐秦，其次宾秦，其次坚约而详讲，与国无相离也。’据此，讲字上所缺可能是详字。”详，假借为“佯”，假装。

㊽与国毋相离也：我们原来的几个同盟国不再离心离德。与国，同盟国。与，结交，亲附。一说，离，假借为“雠”，因形近而误。雠，相互仇恨。

㊾欲以平陵蛇薛：想把平陵封给薛公田文。平陵，疑为平陆。整理小组《战国纵横家书》：“平陵，地名，应即是宋地的平陆，在今山东省汶上县西北。蛇字通貤，《广雅·释诂一》：‘貤，益也。’薛公本封在薛，在今山东省滕县地，再封以平陆，是益封（加上一个封邑），所以说貤。宋地平陆与薛相近，陵字与陆字，古书多乱。齐国另有平陵，在汉代属济南郡，今在山东省济南市，与薛公所封无关。”

㊿以陶封君：把陶地封给您。陶，地名。在今山东菏泽定陶区。君，指奉阳君。关于“陶”字，整理小组《战国纵横家书》原释为“陰”，认为是“陶”的误字。《长沙马王堆汉墓简帛集成·战国纵横家书》认为本来即“陶”字。

(51)平陵虽成而已：平陵只剩下一座城邑而已。虽，假借为“唯”。仅仅。成，假借为“城”。

(52)其鄙尽入粱氏矣：它的郊区全部被魏国占领了。鄙，郊区。齐闵王这样讲，目的是向奉阳君说明，封给他的陶地比封给薛公的平陵地盘更大。

㉝寡人许之已：我也同意了这些方案。已，通"矣"。

【译文】

苏秦从赵国写信给齐闵王，信中说：我把您的命令已经转告给奉阳君了，您的命令是："我之所以考虑与秦国讲和的原因有四点：我原本主张进攻秦国的目的，是为魏国的利益考虑得多一些，然而魏国却把齐国军队滞留在观地，已经几个月了也不来迎接，我对此感到非常失望，这是第一个原因。魏国把齐国军队弃置在荥阳、成皋一带，几个月了也不来会合，反而去进攻宋国，这是第二个原因。当我第二次进攻宋国的时候，请求魏国关闭与宋国接壤的关塞要道，而魏国却不同意；当我已经与宋国讲和的时候，魏国又来争夺宋国的土地，这是第三个原因。如今燕国、赵国的军队都已经前来进攻秦国了，而魏国却更加紧急地进攻宋国的蓟地，这是第四个原因。我还听说魏国已经派出两个使者到秦国去了，想暗中与秦国讲和。再说您也曾说过：'我曾经悬赏鼓励魏国进攻秦国，可现在也说不上话了。'即使韩国，与您的处境也一样。我非常担心魏国会抛弃我们这些同盟国，而独自与秦国讲和，所以我才有了与秦国讲和的考虑。如今您说不如进攻秦国，而且还要加快进攻速度，我表示赞同。进攻秦国，是我最为赞成的计划；与秦国讲和，是我最不愿意看到的事情。如今魏国下丕依顺了我，达败坏我的名声，说：'齐国想通过楚国与秦国联系，楚国的使者苏脩已经到了齐国了。'这就导致天下议论纷纷，说：我将召回韩景。我没有这些想法。韩景确实想回到齐国，他还派人到齐国大夫那里，偷偷商议如何才能够回到齐国，这件事情是有的。我并没有接见他派来的使者，韩景对此还非常生气。如果我有了召回韩景的想法，肯定要事先与您商量此事。我还与魏国的使者韦非约定：'如果齐国要与楚国会盟，也将会与韩、魏、燕、赵四国会盟，以便签订盟约去进攻秦国。如果楚国不愿意会盟，我将与魏王再次到围地见面，接受苏秦等人的建议，随后光明正大地去进攻秦国。最好的结果是大败秦国，其次是把秦国排斥在诸侯之外，最糟的结果是继续与秦国保持外交关系，不得已假装与秦国讲和，而我们这些原有的同盟国也不再因此而离心离德。'这就是我的想法啊。韦非根据魏王的命令，想把平陵封给薛公，把陶地封给您。平陵只剩下了一座城邑而已，平陵的郊区已经全部被魏国占有了。我也同意了这一分封方案。"

臣以［告］奉阳君①，奉阳君甚兑②。曰："王有使周湿、长驹重令挩③，挩也敬受令。"奉阳君合臣曰④："箓有私义⑤，与国不先反而天下有功之者⑥，虽知不利，必据之⑦。与国有先反者，虽知不利，必怨之。"今齐、勺、燕循相善也，王不弃与国而先取秦，不弃箓而反赢也，王何患于不得所欲？梁氏先反⑧，齐、勺功梁，齐必取大梁以东⑨，勺必取河内⑩，秦案不约而应⑪，王何患于梁？梁、乾无变，三晋与燕为王功秦，以便王之功宋也，王何不利焉？今王弃三晋而收秦、反赢也⑫，是王破三晋而复臣天下也⑬。［天］下将入地与重挚于秦⑭，而独为秦臣以怨王⑮。臣以为不利于足不下⑯，愿王之完三晋之交，与燕也⑰。讲亦以是⑱，疾以是⑲。

【注释】

①臣以［告］奉阳君：我把大王您的这些想法告诉了奉阳君。以，把。后省略"之"。

②兑（yuè）：通"悦"。喜悦。

③王有使周湿、长驹重令挩：大王还派了使者周湿、长驹也向我传达了这些意思。有，通"又"。周湿、长驹，两个人名。齐闵王的使者。挩，通"兑"。整理小组《战国纵横家书》认为"兑"是奉阳君李兑自称。关于奉阳君与李兑的关系，是个极大的疑问。《史记·苏秦列传》明确记载："赵肃侯令其弟成为相，号奉阳君。"赵

惠文王时,公子成又改封为安平君。李兑与赵肃侯、公子成为同时人,赵国不可能同时封两个人为"奉阳君"。《史记·赵世家》多次提到公子成与李兑是两人:"李兑数见公子成,以备田不礼之事。""公子成与李兑自国至,乃起四邑之兵入距难,杀公子章及田不礼,灭其党贼而定王室。公子成为相,号安平君,李兑为司寇。"出现这些矛盾记载的原因,大概有两个,一是《史记》《战国纵横家书》的记载或有一误,二是公子成原来封为奉阳君,改封安平君之后,李兑袭称奉阳君。当然这只是推测,真相如何,还待进一步研究。

④合:假借为"答"。回答。

⑤篲有私义:我有一个个人的想法。篲,人名。整理小组《战国纵横家书》:"篲即慧字,人名。慧字与兑字音近,可能是李兑自称其名。一说,可能是另一个人。"《长沙马王堆汉墓简帛集成·战国纵横家书》:"原注:篲即慧字,人名。慧字与兑字音近,可能是李兑自称其名。一说,可能是另一个人。今按:'篲'字准确而言应释'槥',两说当以前说为是,直接括读'兑'。"

⑥与国不先反而天下有攻之者:凡是没有背叛盟约的同盟国,如果天下其他诸侯国去进攻它。攻,通"攻"。

⑦必据之:一定要去支持它。据,支持,援助。

⑧梁氏先反:魏国先背叛了盟约。

⑨大梁:地名。即"大梁"。魏国的都城。在今河南开封。

⑩河内:地名。在当时的黄河以北。魏国的河内地区相当于今天的河南卫辉西至济源一带。

⑪秦案不约而应:秦国于是也会不用邀约而去响应齐国、赵国的行动。秦国这样做的目的是想乘机分一杯羹。案,则,于是。整理小组《战国纵横家书》:"案字与则字义略同,齐赵攻梁,秦也不用约而响应。"

⑫今王弃三晋而收秦、反觷也：如果现在大王您想抛弃韩、赵、魏三国，与秦国联合在一起，还要召回韩觷。收，接受，联系。一说，"收"假借为"纠"。结合，联合。反，同"返"。召回。

⑬是王破三晋而复臣天下也：这样做，大王就是要破坏与韩、赵、魏三国的关系，想让天下都向您再次俯首称臣啊。臣天下，使天下称臣。

⑭[天]下将入地与重挚于秦：天下诸侯将会割地给秦国，并送去重要人物做人质。挚，通"质"。人质。本句意思是说，如果齐王抛弃韩、赵、魏，那么韩、赵、魏就会脱离齐国，倒向秦国一边。

⑮而独为秦臣以怨王：这些诸侯国将会一边倒地向秦国称臣，而怨恨大王您。

⑯臣以为不利于足不下：我认为这样不利于大王。本句"足"字后面衍一"不"字，应删。

⑰与燕：亲近燕国。与，帮助，亲近。

⑱讲亦以是：与秦国讲和，也要以此为准则。是，代指与韩、赵、魏、燕搞好关系。

⑲疾以是：加紧进攻秦国，也要以此为准则。疾，快，加紧。

【译文】

我把您的意思转告给了奉阳君，奉阳君听后非常高兴。他说："大王您也派了周湿、长驹把这些意思告诉了我，我十分愿意遵照大王的意思行事。"奉阳君还回答我说："我有一个个人的想法，对于所有未曾背叛盟约的同盟国，如果天下有诸侯国进攻它，即使明知对自己不利，也一定要去援助它；对于那些背叛盟约的同盟国，即使明知对自己不利，也一定要去怨恨、反对它。"如今齐国、赵国、燕国关系友善，如果大王您不抛弃同盟国，不去联合秦国，不抛弃奉阳君李兑，不去召回韩觷，大王何愁达不到自己的目的？魏国如果想背叛盟约，齐国、赵国就去进攻魏国，那么齐国一定能够占领大梁以东的土地，赵国也一定能够占领魏国河内的土地，秦国则会不用邀约而响应齐国与赵国的行动，大王对魏国有什么值得担心的呢？如果魏国、韩国没有背叛盟约，那么韩、赵、魏三国与燕国就会为大王去进攻秦国，以便大王乘机去进攻宋国，这对大王有什么不利的呢？如果现在大王抛弃韩、赵、魏三国而去联系秦国、召回韩鬐，这样做就是破坏了与韩、赵、魏三国的关系，想再次让天下诸侯向您称臣，那么天下诸侯就会割让土地给秦国，派重要人物去秦国做人质，他们将会一边倒地向秦国称臣，反过来会痛恨大王。我认为这种情况对大王是非常不利的，所以希望大王能够保持与韩、赵、魏三国的良好关系，亲善燕国。与秦国讲和，也要以此为准则；加紧进攻秦国，也要以此为准则。

一三、乾罾献书于齐章

【题解】

乾罾献书于齐：韩罾从秦国写信给齐闵王。乾，通"韩"。韩罾，人名。曾在齐国任相，是一位亲近秦国的政治人物。韩罾这封信的主要内容，就是劝告齐闵王与秦国结盟，然后联手攻占其他诸侯国的土地，迫使这些国家屈从。阅读整封书信，感觉韩罾似乎是在为齐闵王"画大饼"，以此为诱饵破坏齐国与其他各国的合纵联盟。

乾罾献书于齐曰：秦悔不听王以先事而后名①。今秦王请侍王以三四年②。齐不收秦③，秦焉受晋国④？齐、秦复合，使罾反⑤，且复故事⑥，秦印曲尽听王⑦。齐取宋，请令楚、梁毋敢有尺地于宋，尽以为齐⑧，秦取梁之上党⑨。乾、梁从，以功勺，秦取勺之上地⑩，齐取河东⑪。勺从，秦取乾之上地⑫，齐取燕之阳地⑬。三晋大破，而［攻楚］，秦取鄢⑭，田云梦⑮，齐取东国、下蔡⑯。使从亲之国⑰，如带而已⑱。齐、秦虽立百帝⑲，天下孰能禁之！

【注释】

①秦悔不听王以先事而后名：秦王现在非常后悔没有听从大王您先建立帝王事业然后再去称帝这一意见。事，指能够称帝的事业。名，指帝王的名号。《史记·魏世家》："秦昭王为西帝，齐湣王为东帝，月余，皆复称王归帝。"可见，秦、齐这次称帝是不成功的，所以秦国为此而后悔。

②侍：假借为"待"。等待。

③齐不收秦：齐国不与秦国联合起来。收，接受，联合。

④秦焉受晋国：秦国又怎么能够接受魏国的结盟要求呢？焉，怎么。晋国，主要指魏国。如称"三晋"，则指韩、赵、魏三国。韩朋这样讲，主要是为了拉拢齐国，表示秦国与齐国的关系要好于魏国。

⑤使朋反：让我返回齐国。反，同"返"。返回。

⑥且复故事：而且恢复到原来的状态。也即像过去那样齐、秦友好，当然也包括齐国要重用韩朋。

⑦秦卬（áng）曲尽听王：秦国在任何事情上都听从大王的安排。卬，通"昂"。抬起。曲，低下。

⑧尽以为齐：宋国的土地全部归齐国所有。

⑨秦取梁之上党：秦国也可乘机攻取魏国的上党地区。上党，地名。大约包括今山西临汾东部、长治西部、晋城西部一带。

⑩秦取勺之上地：秦国占领赵国的上地。上地，指赵国的上党地区。上党是一个较大的地域名，一部分归魏国所有，一部分归赵国、韩国所有。整理小组《战国纵横家书》："上地，指赵之上党。《赵策二》苏秦说赵王：'韩弱则效宜阳，宜阳效则上郡绝。'张琦《战国策释地》说：上郡当作上党。宜阳在今河南省宜阳县，与上党隔河相近，那末，《赵策》所说赵的上郡，应就是此处的上地。"

⑪齐取河东：齐国占领河东地区。河东，地名。指黄河中游中段以东、太行山以西地区，约当今山西中、南部一带。

⑫ 上地：地名。指属于韩国的上党地区。整理小组《战国纵横家书》："韩之上地指韩之上党。《楚策一》张仪为秦破从连横章说：'秦下甲兵，据宜阳，韩之上地不通。'《荀子·议兵》：'韩之上地方数百里，完全富足而趋赵，赵不能凝也，故秦夺之。'此事见《赵策一》，韩国的上党太守冯亭把上党送给赵国，赵豹反对受上党，说：'秦以牛田水通粮，其死士皆列之于上地。'均可证。地在今山西省南部。"

⑬ 阳地：地名。指黄河以北齐、燕接壤处的燕国领土。整理小组《战国纵横家书》："阳地指黄河以北齐燕交界处的燕地。水以北称阳，所以称阳地。第十七章说'且使燕尽阳地，以河为境'，说明阳地在黄河之北。战国时黄河在天津地区入海。燕之阳地当指今河北省高阳、河间一带。"

⑭ 鄢（yān）：地名。在今湖北宜城。当时属楚国。

⑮ 田云梦：在云梦泽打猎。田，同"畋"。打猎。云梦，大泽名。在今湖北中部与南部，跨长江南北。

⑯ 东国：地名。指楚国的东部地区，在今江苏宿迁、睢宁与安徽灵璧一带。下蔡：地名。在今安徽寿县、凤台一带。

⑰ 从（zòng）亲之国：签订合纵盟约的国家。从，通"纵"。战国时期，东方各国南北纵向联合起来以对抗秦国，叫"合纵"，其代表人物为苏秦；以秦国为主向东横向联合东边若干诸侯国以对抗其他国家，叫"连横"，其代表人物为张仪。

⑱ 如带而已：就像腰带那样软弱听话而已。

⑲ 虽立百帝：即使想建立一百个帝号。虽，即使。

【译文】

韩景写信给齐闵王，信中说：秦王现在非常后悔没有听从大王您先建立帝王事业然后再去称帝这一意见。如今秦王请求您再耐心等待三四年。如果齐国不与秦国联合，秦王又怎么能够接受魏国的结盟请求呢? 齐国、秦国如果能够再次联合在一起,让我回到齐国,而且还能够恢复到原来的状况,那么无论做任何事情,秦国都会听从您的意见。如果齐国想去攻取宋国,请让秦国命令楚国、魏国不敢占有宋国的尺寸土地,把宋国的土地全部并入齐国的版图,秦国则可以攻取魏国的上党。然后迫使韩国、魏国屈服,一起进攻赵国,秦国攻占赵国的上地,齐国攻占赵国的河东地区。赵国屈服之后,秦国可以攻占韩国的上地,齐国攻占燕国的阳地。韩、赵、魏三国大败之后,我们一起进攻楚国,秦国攻占鄢地,可以在云梦泽里打猎游玩,齐国则攻占东国、下蔡一带。使那些合纵联盟的国家,如同腰带一样柔软听话。那时齐国、秦国即使想称帝一百次,天下又有谁能够禁止他们呢!

一四、苏秦谓齐王章(四)

【题解】

苏秦谓齐王:苏秦对齐王说。整理小组《战国纵横家书》:"这是苏秦在梁国使人谓齐闵王。"苏秦的这段话,主要是奉劝齐闵王要拉拢薛公、奉阳君,亲近燕国,笼络韩、赵、魏、楚四国,共同对付秦国,灭掉宋国。从这封信中,既可以看出各国之间矛盾的复杂性,也可以看出苏秦对合纵策略的维护。

谓齐王曰:"臣恐楚王之勤竖之死也①。王不可以不故解之②。臣使苏厉告楚王曰③:'竖之死也,非齐之令也,淈子之私也④。杀人之母而不为其子礼⑤,竖之罪○固当死⑥。宋以淮北与齐讲⑦,王功之,毁勺信⑧,齐不以为怨,反为王诛勺信,以其无礼于王之边吏也⑨,王必毋以竖之私怨败齐之德⑩。'前事愿王之尽加之于竖也⑪,毋与它人矣⑫,以安无薛公之心⑬。

【注释】

①臣恐楚王之勤竖之死也:我很担心楚王为竖的死亡而忧愤。勤,

忧愁,忧愤。竖,应是楚国一位官员的名字。整理小组《战国纵横家书》:"楚王,楚襄王。勤是忧的意思。《吕氏春秋·不广》高诱注:'勤,忧也。'竖应是楚人,被杀事未详。《韩策三》韩珉相齐章说'令吏逐公畴竖',又说'公畴竖,楚王善之',不知与此被杀之竖是否一人。"

②王不可以不故解之:大王不能以其无罪·被杀来解释这件事。不故,即"无辜"。故,通"辜"。罪过。

③苏厉:人名。苏秦的弟弟。

④洫子之私也:这是洫子为报私仇而杀的。洫子,人名。齐人。洫,整理小组《战国纵横家书》作"湿"。《长沙马王堆汉墓简帛集成·战国纵横家书》:"原注:湿字不详。湿子,人名。今按:此字原释文隶定为湿,此从《释文》释'洫'(第一九页)。"

⑤杀人之母而不为其子礼:竖杀害了洫子的母亲,还对做儿子的洫子蛮横无礼。

⑥竖之罪〇固当死:竖的罪过确实应该判处死刑。〇,这里有一被涂抹的废字。固,确实。当,判刑。

⑦宋以淮北与齐讲:宋国以献出淮北土地为条件与齐国讲和。淮北,地名。指淮河以北地区。战国时期,淮北土地分属于楚、宋等国。

⑧毄勺信:攻击赵信。毄,同"击"。攻击。勺信,即赵信。人名。齐国的将军。勺,假借为"赵"。

⑨以其无礼于王之边吏也:因为他曾经对您的守边官员不讲礼貌。

⑩王必毋以竖之私怨败齐之德:大王您千万不要因为竖被杀这一私人仇恨而辜负了齐王对您的一片好意。败,辜负。

⑪前事愿王之尽加之于竖也:以前的事情,希望大王都把它归咎在竖的身上。

⑫毋与它人矣:不要把别人牵扯进去。

⑬以安无薛公之心：以此来安抚薛公的情绪。安无，安抚。无，假借为"抚"。整理小组《战国纵横家书》："杀竖事似与薛公有关。"正是因为此事与薛公有关，所以苏秦告诫齐闵王，不要把薛公牵扯进来，下文解释安抚薛公之心的原因。薛公，即孟尝君田文，齐国贵族。

【译文】

苏秦对齐闵王说："我担心楚王为竖的被杀感到十分忧愤。大王您不能以其无罪而被杀来解释这件事情。我派苏厉告诉楚王说：'竖之所以被杀，并非是齐王的命令，而是洀子因为私人仇恨杀了他。竖杀害了洀子的母亲，对做儿子的洀子还蛮横无礼，竖的罪过确实应该判处死刑。宋国以献出淮北之地为条件与齐国讲和，而大王您却出动军队进攻齐国军队，攻击齐国将军赵信，齐国不仅没有为此而怨恨您，反而为您诛杀了赵信，因为赵信对您的守边官员没有礼貌，大王千万不要因为竖被杀这一私人怨恨而辜负了齐王对您的一片好意。'以前的这些事情，希望大王全部把它归咎在竖的身上，不要牵扯其他人了，以此来安抚薛公的情绪。

"王○尚与臣言①，甘薛公以就事②，臣甚善之。今爽也③，强得也④，皆言王之不信薛公，薛公甚惧，此不便于事⑤。非薛公之信⑥，莫能合三晋以功秦⑦，愿王之甘之○也⑧。臣负齐、燕以司薛公⑨，薛公必不敢反王。薛公有变，臣必绝之⑩。臣请终事而与⑪，王勿计⑫，愿王之固为终事也⑬。功秦之事成，三晋之交完于齐，齐事从横尽利⑭：讲而归⑮，亦利；围而勿舍⑯，亦利；归息士民而复之⑰，使如中山⑱，亦利。功秦之事败，三晋之约散，而静秦⑲，事印曲尽害⑳。是故臣以王令甘薛公㉑，骄敬三晋㉒，劝之为一，以疾功秦㉓，必破之。不然则宾之㉔，不则与齐共讲㉕，欲而复之^㉖。三晋以王为爱己、忠己。

【注释】

①王○尚与臣言：大王曾经对我说过。○，此处有一废字。尚，假借
　为"尝"。曾经。

②甘薛公以就事：亲近薛公并予以好处，以便他能够帮助我们做事。
　甘，亲密，给予好处。就，成就，做成。

③爽：人名。齐国大夫。

④强得：人名。齐国大夫。

⑤此不便于事：这对于我们的事情是十分不利的。不便，不利。

⑥非薛公之信：如果不再信任薛公。

⑦莫能合三晋以功秦：没有人能够联合韩、赵、魏三国以进攻秦国。
　莫，没有人。

⑧愿王之甘之○也：希望大王要继续亲近他并予以好处。愿，希望。
　○，此处有一废字。

⑨臣负齐、燕以司薛公：我身负齐国与燕国的重托去监视薛公。负，
　担负。司，通"伺"。窥伺，监视。

⑩臣必绝之：我一定会及时消除它。绝，断绝薛公的反齐想法。

⑪臣请终事而与：请让我始终参与此事。与，参与。

⑫王勿计：大王不必担心。计，思虑，顾虑。

⑬愿王之固为终事也：希望大王能够把进攻秦国的事情坚持到底。
　固，坚定不移。终事，把进攻秦国的事坚持到底。

⑭齐从横尽利：无论怎么做对齐国都是有利的。从，通"纵"。从
　横，是"无论怎么做"的意思。

⑮讲而归：与宋国讲和撤军。根据下文，当时齐国正在进攻宋国。
　整理小组《战国纵横家书》："三个'亦利'，都指攻宋。归息士民
　而复之，是休息一下士民后再攻宋。使如中山，是仿效赵国攻中

　　山的方法。”

⑯围而勿舍：持续围攻宋国。

⑰归息士民而复之：撤军回来让士卒、百姓休息一下，再去进攻宋国。

⑱使如中山：仿效赵国进攻中山国的方法。

⑲而静秦：而各国就会争着向秦国靠拢。静，假借为"争"。整理小组《战国纵横家书》："这是说如果攻秦的纵约散了，各国就都要争着拉拢秦国。"

⑳事卬（áng）曲尽害：那么齐国无论怎么做都是不利的。卬，通"昂"。抬起。曲，低下。

㉑是故臣以王令甘薛公：所以我依照大王的命令继续与薛公亲善，并给他一些好处。

㉒骄敬三晋：约束韩、赵、魏三国。骄敬，约束。整理小组《战国纵横家书》："骄敬，当读为矫檠，与榜檠的意义略同。《韩非子·外储说右》：'榜檠矫直。'又：'榜檠者所以矫不直也。'榜和檠都是矫正弓弩的工具。矫檠三晋是约束三晋的意思。"

㉓以疾功秦：以加紧进攻秦国。疾，快，加快。

㉔宾之：把秦国排斥于诸侯之外。宾，通"摈"。抛弃，排斥。

㉕不则与齐共讲：如果做不到这些，三晋也要与齐国一起与秦国讲和。

㉖欲而复之：如果想进攻秦国，就再次联合起来进攻它。

【译文】

　　"大王曾经对我说过，要亲近薛公并予以好处，以便让他帮助我们做事，我对您的这一态度非常赞成。如今爽，还有强得，都说大王您不再信任薛公了，薛公听后很恐惧，这对齐国是非常不利的。如果不再信任薛公，就没有别人能够联合韩、赵、魏三国去进攻秦国，希望大王要继续亲近薛公并予以好处。我肩负着齐国、燕国的重托去窥伺、监视薛公，薛公肯定不敢反叛大王。如果薛公有什么反叛的想法，我也一定能够消除它。请让我始终参与此事，大王不要有任何顾虑，希望大王能够把进攻秦国的事情坚持到底。进攻秦国的事情成功了，韩、赵、魏三国与齐国关系友善，那么无论怎么做对齐国都很有利：与宋国讲和撤军，对齐国有利；坚持围困宋国，对齐国也有利；撤军回去让士卒、百姓休息一下再去进攻宋国，就像赵国进攻中山国那样，对齐国同样有利。进攻秦国的事情一旦失败，与韩、赵、魏三国的盟约解散了，诸侯国就会争着投靠秦国，那么无论怎么做对齐国都是有害的。因此我依照大王的命令继续亲近薛公并给予好处，约束韩、赵、魏三国，鼓励他们齐心协力，以加紧进攻秦国，这样就一定能够打败秦国，不然就把秦国排斥于诸侯之外，如果不能做到这些，也要求韩、赵、魏三国与齐国一起与秦国讲和，想进攻秦国时再一起进攻它。如此韩、赵、魏三国就会认为大王是爱护他们的，对他们是忠诚的。

"今功秦之兵方始合①，王有欲得兵以功平陵②，是害功秦也③。天下之兵皆去秦而与齐诤宋地④，此其为祸不难矣。愿王之毋以此畏三晋也⑤。独以甘楚⑥。楚虽毋伐宋，宋必听。王以和三晋伐秦⑦，秦必不敢言救宋。□弱宋服⑧，则王事遬央矣⑨。夏后坚欲为先薛公得平陵⑩，愿王之勿听也。臣欲王以平陵予薛公，然而不欲王之先事与之也⑪。欲王之县陶、平陵于薛公、奉阳君之上以勉之⑫，终事然后予之⑬，则王多资矣⑭。

【注释】

①方始合：刚刚集结起来。

②王有欲得兵以功平陵：大王您又想抽出军队去进攻宋国的平陵。有，通"又"。平陵，地名。即宋国的平陆，在今山东汶上西北。

③是害功秦也：这对于进攻秦国的计划是很有害处的。是，代指进攻宋国平陵。

④天下之兵皆去秦而与齐诤宋地：天下其他诸侯国的军队都将会撤离秦国，而与齐国争夺宋国的土地。去，离开，撤离。诤，通"争"。争夺。

⑤愿王之毋以此畏三晋也：希望大王不要用这一行动使韩、赵、魏三国感到恐惧不安。此，代指进攻宋国平陵的行为。畏，使……感到恐惧、担心。

⑥独以甘楚：可以单独给予楚国一些好处。

⑦以：假借为"已"。已经。

⑧□弱宋服：秦国被削弱了，宋国也屈服了。本句缺一字，根据上下文，应为"秦"字。

⑨则王事遫（sù）夬矣：那么您的大业很快就能够实现。遫，同"速"。快速。夬，通"决"。解决。这里引申为有结果了。

⑩夏后坚欲为先薛公得陵：夏后坚想让薛公先得到平陵这块封地。夏后，人名。整理小组《战国纵横家书》："夏后，人名。《吕氏春秋·知分》有白圭和邹公子夏后启的谈话，高诱注：'夏后启，邹公子之名。'白圭与齐闵王同时，邹国与齐国邻近，疑此夏后即夏后启。为先二字疑当作先为，此误写倒。这里是说夏后一定要先为薛公得平陵。"

⑪然而不欲王之先事与之也：然而我不主张大王在进攻秦国成功之前就把平陵封给他。事，指进攻秦国之事。

⑫欲王之县（xuán）陶、平陵于薛公、奉阳君之上以勉之：希望大王可以用陶地、平陵先吊着薛公与奉阳君的胃口，以此勉励他们为大王做事。县，同"悬"。此指悬挂在那里以吊起二人的胃口。

⑬终事然后予之：伐秦的事情成功之后再把这两个地方封给他们。

⑭则王多资矣：那么大王手中的可用资本就会更多一些。

【译文】

"如今各国进攻秦国的军队刚刚集结起来，大王您又想抽出军队去进攻宋国的平陵，这一行动对进攻秦国的计划是非常有害的。天下诸侯的军队也都会撤离秦国边境而去与齐国争夺宋国的土地，这样一来就很容易招来灾祸。希望大王不要用进攻平陵的行动去让韩、赵、魏三国感到恐惧不安。大王也可以单独送给楚国一些好处，楚国虽然没有出兵进攻宋国，宋国也一定会听从楚国的意见。大王已经联合韩、赵、魏三国去讨伐秦国，秦国肯定不敢再去讲什么救援宋国的大话。秦国被削弱了，宋国也屈服了，那么大王的宏图大业也就能很快实现了。夏后坚持想让薛公在进攻秦国之前就得到平陵，希望大王千万不要听从他的建议。我也想让大王把平陵封给薛公，然而不主张大王在进攻秦国之前就封给他。我希望大王先要用陶地、平陵吊着薛公与奉阳君的胃口，以勉励他们努力为大王做事，等到进攻秦国成功之后再分封给他们，那么大王手中可用的资本就会多一些。

"御事者必曰①：'三晋相竖也而伤秦②，必以其余骄王③。'愿王之勿听也。三晋伐秦，秦未至舌而王已尽宋息民矣④。臣保燕而循事王⑤，三晋必无变。三晋若愿乎⑥，王旞役之⑦。三晋若不愿乎，王收秦而齐其后⑧，三晋岂敢为王骄？若三晋相竖也以功秦⑨，案以负王而取秦⑩，则臣必先智之⑪。王收燕、循楚而唊秦以晋国⑫，三晋必破。是故臣在事中⑬，三晋必不敢反。臣之所以备患者百余⑭。王句为臣安燕王之心而毋听伤事者之言⑮，请毋至三月而王不见王天下之业⑯，臣请死。臣之出死以要事也⑰，非独以为王也，亦自为也。王以不谋燕为臣赐⑱，臣有以德燕王矣⑲。王举霸王之业而以臣为三公⑳，臣有以矜于世矣㉑。是故事句成，臣虽死不丑㉒。"

【注释】

①御事者:具体掌权办事的官员。御,整理小组《战国纵横家书》认为是"御"字之误。御事者,用事者。

②相竖:相互团结一致。竖,假借为"坚"。团结一致。

③必以其余骄王:也一定会凭借他们的强盛军力在大王面前骄横起来。余,丰足。这里指强盛的兵力。

④秦未至舀而王已尽宋息民矣:秦国还没有被击败,而大王就已经完全灭掉宋国,并让齐国百姓休养生息了。舀,根据上下文,此字应该是"失败"义。整理小组《战国纵横家书》:"舀字未详。"《长沙马王堆汉墓简帛集成·战国纵横家书》:"今按:此字原释文摹出原形,《释文》(第一九页)释为上从'予'下从'日(即甘)'之字,疑'予'形是'子'之误植。今据原形隶定为'舀'。"一说:"舀,此字未详,应是地名。"(沈月《〈战国纵横家书〉译注》)

⑤臣保燕而循事王:我可以保证燕国会听从大王的指挥。

⑥愿:老实,听话。

⑦王蓬役之:大王就可以使唤他们。蓬,通"遂"。于是,就。役,通"役"。役使,使唤。

⑧王收秦而齐其后:大王可以与秦国联合起来,截断他们的后路。也即与秦国夹击韩、赵、魏三国。收,接受,联合。齐,通"剂"。截断。一说应通"挤"。挤压,排挤。其,代指韩、赵、魏。

⑨若三晋相竖也以功秦:如果韩、赵、魏三国能够团结一致进攻秦国。

⑩案以负王而取秦:却还想要背叛大王去联合秦国。案,乃,却。负,辜负,背叛。

⑪智之:知道这件事情。智,同"知"。

⑫ 王收燕、循楚而啖（dàn）秦以晋国：大王可以联合燕国、拉拢楚国，把魏国送给秦国吃掉。啖秦以晋国，即"以晋国啖秦"。此指把魏国送给秦国吃掉。啖，吃，吞掉。

⑬ 是故臣在事中：因此只要我能够参与这些事情之中。

⑭ 臣之所以备患者百余：我用来防备灾难发生的办法有一百余种。所以，……的办法。

⑮ 王句为臣安燕王之心而毋听伤事者之言：大王如果能够为我去安抚好燕王的情绪，不去听信那些破坏亲近燕国、进攻秦国之事者的话。句，通"苟"。如果。伤事，伤害亲近燕国、进攻秦国之事。

⑯ 请毋至三月而王不见王天下之业：请让我保证，不到三个月，如果大王看不到称王于天下的大业成功。

⑰ 出死：拿出生命。也即拼命。要事：要求参与这些事情。

⑱ 王以不谋燕为臣赐：大王不去谋划进攻燕国，这就是对我的恩赐。

⑲ 臣有以德燕王矣：我也可以以此报答燕王的恩德。德，报答恩德。

⑳ 王举霸王之业而以臣为三公：大王成就了霸王的功业，也会任命我为三公。举，振兴，成就。三公，古代朝廷中三位最高级别的官员，历朝所指不同，周代为太师、太傅、太保。

㉑ 臣有以矜于世矣：我也有资本在社会上自豪一下了。有以，有资本。矜，自豪。

㉒ 虽死不丑：死而无憾。丑，羞愧，遗憾。

【译文】

"那些具体掌权办事的官员一定会说：'韩、赵、魏三国相互团结一致，确实能够损害秦国，但他们也一定会凭借着自己的强盛兵力在大王面前骄横无礼。'希望大王不要听信他们的这些话。韩、赵、魏讨伐秦国，在秦国还没有失败的时候，而大王就已经完全灭掉了宋国，并让齐国百姓休养生息了。我保证燕国会服从大王的指挥，韩、赵、魏三国肯定不敢发生任何变故。韩、赵、魏如果老实听话，大王就役使他们；韩、赵、魏如果不老实，大王可以与秦国联合起来，截断他们的后路，韩、赵、魏怎敢在大王面前骄横无礼呢？如果韩、赵、魏三国在合力进攻秦国期间，却突然想到要背叛大王而与秦国联合，我一定会提前知道此事。那么大王就可以联合燕国、拉拢楚国，而把魏国送给秦国吞并，韩、赵、魏三国就一定会失败。因此只要我能够参与到这件事情之中，韩、赵、魏肯定不敢背叛大王。我用来防备灾难发生的方法有一百多种。大王如果能够为我去安抚好燕王的情绪，不去听信那些破坏亲近燕国、进攻秦国之事者的话，那么不用三个月的时间，如果大王还看不到称王于天下的大业成功，我愿意接受死刑惩处。我之所以拼着性命要求参与这些事情，并非仅仅是为了大王，也是为了我自己。大王不去进攻燕国，这就是对我的极大恩赐，使我能够报答燕王对我的恩德。大王建立了霸王之伟业，就会任命我为三公，我也有资本可以在社会上自豪一下了。因此如果您的大业能够成功，我死而无憾。"

一五、须贾说穰侯章

【题解】

　　须贾说穰侯：须贾劝说穰侯。须贾，魏国大夫。穰侯，是秦国的相。本章的写作背景是：秦昭王三十四年（前273年，《史记·穰侯列传》记载为秦昭王三十二年），秦相穰侯率领秦军在华阳一带击败魏军，进而围攻魏国都城大梁。在此情况下，须贾前去游说穰侯，劝告穰侯在割取魏国的一些土地之后，应及时撤军。不然，前有三十万守卫大梁的魏军与高大坚固的城墙，后有前来增援魏国的楚、赵军队，穰侯将会前功尽弃。穰侯接受了须贾的意见，撤除了对大梁的包围。

　　我们在本章的最后，还附录了两段文字，分别是《战国策·魏策三》的"秦败魏于华章"与《史记·穰侯列传》中的一段文字，因为这两段文字的内容与本章一致，故附录于后，以供读者对照参考。

　　华军^①，秦战胜魏，走孟卯^②，攻大梁^③。须贾说穰侯曰^④："臣闻魏长吏胃魏王曰^⑤：'初时者，惠王伐赵^⑥，战胜三梁^⑦，拔邯战^⑧，赵氏不割而邯战复归^⑨。齐人攻燕，拔故国^⑩，杀子之^⑪，燕人不割而故国复反^⑫。燕、赵之所以国大兵强而地兼诸侯者^⑬，以其能忍难而重出地也^⑭。宋、中山数伐数割^⑮，而国隋以亡^⑯。臣以为燕、赵可法^⑰，而宋、中山可毋为也^⑱。秦，贪戾之国也^⑲，而无亲，蚕食魏氏，尽晋国^⑳，胜暴子^㉑，割八县^㉒，地未○毕入而兵复出矣^㉓。夫秦何厌之有戋^㉔！今有走孟卯^㉕，入北宅^㉖，此非敢梁也^㉗，且劫王以多割^㉘，王必勿听也。今王循楚、赵而讲^㉙，楚、赵怒而与王争秦^㉚，秦必受之。秦挟楚、赵之兵以复攻，则国求毋亡，不可得已^㉛。愿王之必毋讲也。王若欲讲，必小割而有质^㉜，不然必欺^㉝。'

【注释】

①华军：秦国驻军于华阳。华，地名。即华阳。在今河南新密东南。军，驻军。

②走孟卯：击溃孟卯。《史记·穰侯列传》作"芒卯"。时任魏相。走，逃跑。这里是使动用法，使……败逃。

③攻大梁：围攻大梁。梁，通"梁"。大梁，地名。在今河南开封，当时是魏国都城。

④须贾：人名。魏国大夫。说（shuì）：游说，劝说。穰（ráng）侯：人名。是秦昭王母亲宣太后的异父弟弟，姓魏，名冉，封于穰（在今河南邓州），故称"穰侯"。当时为秦相。

⑤长吏：地位较高的官员。胃：通"谓"。说。

⑥惠王：指魏惠王。魏国君主。

⑦三梁：地名。整理小组《战国纵横家书》："三梁，地名。张琦《战国策释地》据《左传·宣公十五年》注说：'今广平府东北有曲梁城，恐三为曲之讹。'曲梁在今河北省永年县，三梁可能是别名。"

⑧拔邯战：攻占了邯郸。拔，攻占。邯战，即邯郸。在今河北邯郸，当时是赵国都城。战，通"郸"。

⑨赵氏:赵国。复归:重新回归赵国。

⑩故国:旧都城。国,指都城。

⑪杀子之:杀掉燕相子之。战国时期,燕昭王的父亲燕王哙把王位禅让给燕相子之,燕人不服而造成内乱,齐国乘机出兵攻燕,杀死子之和燕王哙,导致燕国差点灭亡。

⑫复反:重新收复。反,同"返"。指返归燕国。

⑬燕、赵之所以国大兵强而地兼诸侯者:本句《战国策·魏策三》作:"燕、赵之所以国全兵劲而地不并乎诸侯者",《史记·穰侯列传》作:"卫、赵之所以国全兵劲而地不并于诸侯者",据此,本句"地"字之后缺一"不"字。意思是:燕国、赵国之所以能够做到国家强大、军队强盛而土地不被其他诸侯吞并。

⑭以:因为。重出地:把割让土地看得十分严重。也即珍惜自己的每一寸土地。

⑮宋、中山数(shuò)伐数割:宋国、中山国多次被侵犯,也就多次割地求和。数,屡次,多次。

⑯隋:通"随"。随即,接着。

⑰法:效法,学习。

⑱可毋为:不可以去做。为,做。

⑲贪戾(lì):贪婪凶残。戾,残暴。

⑳尽晋国:全部占领了晋国原来的土地。韩、赵、魏三国都是由晋国分裂出来的,晋国的故地在今山西一带,而韩、赵、魏的领土后来向东、南方向扩展。

㉑暴子:人名。即暴鸢,韩国将军。整理小组《战国纵横家书》:"暴子,人名。《魏策》作睪子,字形之误。魏安釐王二年(前275),秦拔魏两城,军大梁下,韩将暴鸢救魏,为秦所败,走开封。"

㉒割八县:魏国割让了八个县。整理小组《战国纵横家书》:"《史记·秦本纪》:'穰侯攻魏,至大梁,破暴鸢,斩首四万,鸢走,魏入

三县请和。'此处说八县,未详。"

㉓地未〇毕入而兵复出矣:被割让的土地还没有交接完毕,秦国的军队又一次出击了。〇,此处有一废字。

㉔厌:满足。弋:同"哉"。

㉕有:通"又"。

㉖北宅:地名。又称宅阳、蔡阳。在今河南荣阳,当时属魏国。整理小组《战国纵横家书》:"北宅,《魏策》误作北地。《穰侯列传》正义说:'《竹书》云:宅阳一名北宅。《括地志》云:宅阳故城在郑州荣阳县西南十七里。'即今河南省郑州市原荣泽县地。"

㉗此非敢梁也:这并不是说秦军就敢于进攻大梁了。"敢"字后应缺一"攻"字,整理小组《战国纵横家书》:"敢下当依《穰侯列传》补攻字。梁,大梁。"

㉘且劫王以多割:将要威胁大王多割让土地。劫,强制,威胁。

㉙今王循楚、赵而讲:现在大王如果背弃楚国与赵国而与秦国讲和。循,假借为"遁"。逃避,背离。整理小组《战国纵横家书》:"循,当作遁,逃避。《穰侯列传》作背。"

㉚与王争秦:与大王争着去拉拢秦国。

㉛已:通"矣"。

㉜必小割而有质:一定要少割让一点,而且还要有人质作保。小,少。

㉝必欺:一定会被秦国欺骗。《史记·穰侯列传》作"必见欺"。见,被。

【译文】

　　驻扎在华阳的秦国军队,打败了魏军,魏相孟卯失败后逃跑,秦军进而围攻魏国都城大梁。魏国大夫须贾前去劝说秦国统帅穰侯:"我听说魏国的高级官员们对魏王说:'从前,魏惠王讨伐赵国,在三梁打了胜仗,占领了赵国都城邯郸,赵国坚决不割让土地,邯郸最终还是回归于赵国。齐国人进攻燕国,占领了燕国的原都城,杀死了燕相子之,燕国人也坚决不割让土地,而原都城同样又回到了燕国手里。燕国、赵国之所以能够保持国家强大、兵力强盛而土地不被别国兼并,原因就在于他们能够忍受苦难,珍惜自己的每一寸土地。宋国、中山国多次被侵犯,多次割地求和,而国家也就随即灭亡了。我们认为燕国、赵国的做法值得效法,而宋国、中山国的做法不值得模仿。秦国,是一个贪婪凶残的国家,不可亲近。秦国蚕食了魏国,全部占有了晋国原有的土地,战胜了暴子,割走了八个县的土地,这些土地还没有交接完毕,而秦国的军队又再次出击了。秦国怎么会有满足之时呢!如今又击败了孟卯,占领了北宅,但这并不是说秦军就敢于进攻大梁了,他们只是想以此威胁大王,想多割取一些土地而已,大王千万不要接受秦国的要求。现在大王如果背离楚国和赵国而与秦国讲和,那么楚国与赵国一定会非常恼火,就会与大王争着去拉拢秦国,秦国也一定会接受他们。然后秦国就会挟制着楚国与赵国的军队再次前来进攻魏国,那时魏国要想求得生存,是不可能的事情。希望大王千万不要与秦国讲和。大王如果执意讲和,也一定要少割让一点土地,还要有人质作保,不然就一定会上当受骗。'

　　"此臣之所闻于魏也,愿君之以民虑事也①。《周书》曰②:'唯命不为常③。'此言幸之不可数也④。夫战胜暴子,割八县之地,此非兵力之请也⑤,非计虑之攻也⑥,夫天幸为多⑦。今有走孟卯,入北宅,以攻大梁,是以天幸自为常也⑧。知者不然⑨。臣闻魏氏悉其百县胜甲以上⑩,以戍大梁⑪,臣以为不下卅万⑫。以卅万之众,守七仞之城⑬,臣以为汤、武复生⑭,弗易攻也⑮。夫轻倍楚、赵之兵⑯,陵七刃之城⑰,犯卅万之众,而志必举之,臣以为自天地始分⑱,以至于今,未之尝有也⑲。

【注释】

①以氐虑事也：根据这种情况来考虑如何处理此事。氐，通"是"。此。

②《周书》：《尚书》中有关周代的文献资料，被称为"周书"。

③唯命不为常：上天的意志不是固定不变的。唯，发语词。命，天命。本句出自《尚书·康诰》。整理小组《战国纵横家书》："为，今本《尚书·康诰》与《魏策》《穰侯列传》均作于，王引之《经典释词》说：'于犹为也。'此引《书》正作为。"

④此言幸之不可数（shuò）也：这话的意思是说，上天赐予的好运气不可能多次得到。幸，幸运，好运气。数，多次。

⑤请：通"精"。精良强大。

⑥非计虑之攻也：并非计谋的高明巧妙。攻，通"工"。工巧，高明。

⑦夫天幸为多：靠的主要是天赐的好运气。

⑧是以天幸自为常也：这种做法就是把天赐的好运气视为永远不变的事情。是，这。

⑨知者不然：睿智的人并不这样看。知，同"智"。睿智。

⑩臣闻魏氏悉其百县胜甲以上：我听说魏国把上百个县里的能够穿上战衣打仗的士卒全部集结起来了。魏氏，魏国。悉，全部。胜甲，能够穿上战衣打仗的人。甲，战衣。

⑪戎：通"戍"。戍守，守卫。

⑫不下卅（sà）万：不少于三十万。卅，三十。

⑬仞：古代的长度单位。七尺或八尺为一仞。

⑭汤、武：商汤王与周武王。都是善于作战的开国圣君。

⑮弗易攻也：也难以攻下。易，通"易"。容易。

⑯夫轻倍楚、赵之兵：轻忽背后的楚国与赵国军队。倍，通"背"。背后。意思是，如果秦国进攻大梁，楚国与赵国的军队就会从背后攻击秦军。

⑰陵七刃之城：登上数丈高的城墙。陵，登上，攻上去。刃，通

"仞"。

⑱天地始分：开天辟地。

⑲未之尝有也：即"未尝有之也"。未曾有过这样的事情。

【译文】

"这是我在魏国听到的消息，希望您要据此考虑是否围攻大梁的事情。《周书》上说：'上天的意志不会固定不变的。'这句话的意思是说，上天赐予的好运气不可能多次得到。秦军战胜了暴子，割取了八个县的土地，这并不是因为秦国的军队精良强大，也并不是秦国的计谋高超巧妙，其主要原因还是因为上天赐予秦国的运气好。如今秦国又击溃了孟卯，占领了北宅，还要去围攻大梁，这是把天赐的好运气视为固定不变的事情。睿智的人并不这样考虑问题。我听说魏国把上百个县里的能够穿上战衣打仗的士卒全部集结起来，用来守卫大梁，我认为这些士卒的数量不少于三十万。以三十万的兵力，去守卫几丈高的城墙，我认为即使商汤王、周武王死而复生，也很难攻下来。秦军轻忽了背后楚国与赵国的军队，去攀爬几丈高的城墙，进攻三十万魏军，而且还志在必得，我以为自从开天辟地，一直到现在，都是未曾有过的事情。

"攻而弗拔，秦兵必罢①，陶必亡②，则前功有必弃矣。今魏方疑③，可以小割而收也④。愿君逯楚、赵之兵未至于梁也⑤，亟以小割收魏⑥。魏方疑，而得以小割为和，必欲之，则君得所欲矣⑦。○○楚、赵怒于魏之先己也⑧，必争事秦，从已散而君后择焉⑨。且君之得地也，岂必以兵戈⑩！［割］晋国也，秦兵不功而魏效降、安邑⑪，有为陶启两几⑫，尽故宋⑬，而率效蝉尤⑭。秦兵苟全而君制之⑮，何索而不得⑯？奚为［而不成］⑰？愿［君］之孰虑之⑱，而毋行危也⑲。"君曰⑳："善。"乃罢梁围㉑。·五百七十㉒

【注释】

① 罢（pí）：同"疲"。疲惫不堪。

② 陶必亡：一定会失去陶地。陶，地名。在今山东菏泽定陶区。当时，陶是秦国增加给穰侯的一块封地，所以须贾特别提到陶地的安全问题。

③ 疑：犹疑，犹豫不决。

④ 可以小割而收也：可以少割取一些土地而收服魏国。小，少。

⑤ 愿君逮楚、赵之兵未至于梁也：希望您趁着楚国与赵国的援军还没有抵达大梁的时候。逮，通"逮"。及，到达。

⑥ 亟（jí）：赶快。

⑦ 得所欲：达到了自己的目的。

⑧ ○○楚、赵怒于魏之先己也：楚国与赵国对魏国抢先与秦国讲和的事情非常恼火。○○，此处有两个废字。

⑨ 从（zòng）已散：合纵联盟瓦解之后。从，通"纵"。合纵。君后择焉：然后您可以有选择地去各个击破诸侯。

⑩ 岂必以兵戋：难道一定需要军队吗！戋，同"哉"。

⑪ 效：献上。降：通"绛"。地名。是晋国的旧都。在今山西。整理小组《战国纵横家书》："今山西省翼城、曲沃、绛县等地，战国时可能都叫做绛。"安邑：地名。在今山西运城一带，是魏国的旧都。

⑪ 有为陶启两几：又为陶地开拓了两边的边界。有，通"又"。启，开，开拓。几，疆界。整理小组《战国纵横家书》："几，《魏策》作机。疑几字与畿通，是疆界的意思。'启两畿，尽故宋'，是说在陶的地方，开拓两边，把原来宋国的土地都吞并。《史记·穰侯列传》作'开两道，几尽故宋'，则把几字属下句，旧说都从《史记》。"

⑬ 尽故宋：全部占领宋国的原有土地。

⑭ 而率效蝉尤：而卫国就会献上单父。率，假借为"卫"。一说

"率"是"卫"字之误。蝉尤,即单父。在今山东曹县。整理小组《战国纵横家书》:"蝉尤,《魏策》作尤悍,是误倒。《穰侯列传》作'卫必效单父',蝉和悍并与单字通用,尤为父字之误。单父原是鲁地,战国时属卫,在今山东省曹县,与定陶相近。"

⑮秦兵苟全而君制之:秦军如果能够不伤一兵一卒地处于您的控制之下。苟,如果。

⑯索:要求,索要。

⑰奚为:做什么。奚,什么。

⑱孰:同"熟"。反复,仔细。

⑲行危:做冒险的事情。

⑳君:指穰侯。

㉑罢:撤离,撤去。

㉒五百七十:指本章共五百七十个字。

【译文】

"围攻大梁而又攻不下来,秦军一定会被拖得疲惫不堪,陶地也必定会失去,那么就会前功尽弃了。现在魏国正处于犹豫不决的时候,您可以趁机少割取一些土地以收服魏国。希望您趁着楚国与赵国的援军还没有到达的时候,赶快少割取一点土地收服魏国。魏国现在正在犹疑,如果能够用少量的土地换来和平,魏国也一定愿意,那么您也达到了自己的目的。楚国与赵国对魏国抢先与秦国讲和的事情会非常恼火,一定会争着投靠秦国,合纵联盟也就被瓦解了,此后您可以选择对象各个击破。再说您想得到土地,又何必使用军队呢!想割取晋国的原有土地,秦军不用出兵,而魏国就会献出绛和安邑,如今又能够为陶地开拓两边的领地;全部占有宋国的原有土地,而卫国也会献上单父。秦军未伤一兵一卒而您又能掌控着秦军,您想要什么而得不到?想做什么而不能成功?希望您仔细考虑这件事情,而不要去做冒险的事情。"穰侯说:"您说得好。"于是撤除了对大梁的包围。•本章共五百七十个字

附录一：

【说明】《战国策·魏策三》"秦败魏于华章"这段文字的内容与《战国纵横家书》中的本章一致，文字有所差异，故附录于后，以供对照参考。

秦败魏于华，走芒卯而围大梁①。须贾为魏谓穰侯曰："臣闻魏氏大臣父兄皆谓魏王曰：'初时惠王伐赵，战胜乎三梁②，十万之军，拔邯郸，赵氏不割，而邯郸复归。齐人攻燕，杀子之，破故国，燕不割，而故国复归。燕、赵之所以国全兵劲，而地不并乎诸侯者，以其能忍难而重出地也。宋、中山数伐数割，而随以亡。臣以为燕、赵可法，而宋、中山可无为也。夫秦贪戾之国而无亲③，蚕食魏氏，尽晋国，战胜暴子④，割八县，地未毕入，而兵复出矣。夫秦何厌之有哉！今又走芒卯，入北地⑤，此非但攻梁也⑥，且劫王以多割也⑦，王必勿听也。今王循楚、赵而讲⑧，楚、赵怒而与王争事秦，秦必受之。秦挟楚、赵之兵以复攻，则国救亡不可得也已⑨。愿王之必无讲也。王若欲讲，必少割而有质；不然必欺⑩。'

【注释】

①芒卯：即《战国纵横家书》里的孟卯。当时任魏相。

②乎：相当于"于"。

③无亲：不可亲近。无，不。

④暴子：原作"睾子"。人名。整理小组《战国纵横家书》作"暴子"，即暴鸢，韩国将军。

⑤北地：地名。整理小组《战国纵横家书》作"北宅"。

⑥非但：不仅仅。

⑦劫：威胁。

⑧循：假借为"遁"。逃避，背离。整理小组《战国纵横家书》："循，当作遁，逃避。《穰侯列传》作背。"

⑨已：通"矣"。

⑩必欺：一定会被秦国欺骗。《史记·穰侯列传》作"必见欺"。见，被。

【译文】

秦国军队在华阳打败了魏军，魏相芒卯失败后逃跑，秦军进而围攻大梁。魏国大夫须贾为了魏国前去劝说秦国统帅穰侯："我听到魏国的大臣与魏王的父兄们对魏王说：'从前魏惠王讨伐赵国，在三梁打了胜仗，出动十万大军，占领了赵国都城邯郸，赵国坚决不割让土地，邯郸最终还是回归于赵国。齐国人进攻燕国，杀死了燕相子之，占领了燕国的原都城，燕国人也坚决不割让土地，而原都城同样也回到了燕国手里。燕国与赵国之所以能够保持国家强大、兵力强盛，而土地不被别国兼并，原因就在于他们能够忍受苦难，珍惜自己的每一寸土地。宋国、中山国多次被侵犯，多次割地求和，而国家也就随即灭亡了。我们认为燕国、赵国的做法值得效法，而宋国、中山国的做法不值得模仿。秦国是一个贪婪凶残的国家，不可亲近。秦国蚕食了魏国，全部占领了晋国原有的土地，打败了暴子，割走了八个县的土地，这些土地还没有交接完毕，而秦国的军队又再次出击了。秦国怎么会有满足之时呢！如今又击败了芒卯，占领了北地，秦军这样做的目的还不仅仅是进攻大梁，他们还想以此威胁大王，想多割取一些土地，大王千万不要接受秦国的要求。现在大王如果背离楚国和赵国，而与秦国讲和，那么楚国和赵国一定会非常恼火，就会与大王争着去拉拢秦国，秦国也一定会接受他们。然后秦国就会挟制着楚国和赵国的军队再次前来进攻魏国，那么魏国就无法挽救自己灭亡的命运了。希望大王千万不要与秦国讲和。大王如果执意讲和，也一定要少割让一点土地，还要有人质作保，不然就一定会上当受骗。'

　　"是臣之所闻于魏也，愿君之以是虑事也。《周书》曰：'维命不于常^①。'此言幸之不可数也。夫战胜暴子，而割八县，此非兵力之精，非计之工也，天幸为多矣。今又走芒卯，入北宅，以攻大梁，是以天幸自为常也。知者不然。臣闻魏氏悉其百县胜兵，以止戍大梁^②，臣以为不下三十万。以三十万之众，守七仞之城，臣以为虽汤、武复生，弗易攻也。夫轻倍楚、赵之兵^③，陵七仞之城，戴三十万之众^④，而志必举之，臣以为自天地之始分，以至于今，未尝有之也。

【注释】

①维：发语词。

②止戍大梁：驻守大梁。止，驻扎。戍，守卫。

③倍：通"背"。背后，背对着。

④戴：应为"战"字之误。一说应为"扑"字之误。扑，击打，攻击。

【译文】

　　"这是我在魏国听到的消息，希望您据此考虑是否围攻大梁的事情。《周书》上说：'上天的意志不会固定不变的。'这句话的意思是说，上天赐予的幸运不可能多次得到。秦军战胜了暴子，割取了八个县的土地，这并不是因为秦国的军队精良强大，也并不是秦国的计谋高超巧妙，其主要原因还是因为上天赐予秦国的运气好。如今秦国又击溃了芒卯，占领了北宅，还要去围攻大梁，这是把天赐的好运气视为固定不变的事情。睿智的人并不这样考虑问题。我听说魏国把上百个县里的能够穿上战衣打仗的士卒全部集结起来，用来驻守大梁，我认为这些士卒的数量不少于三十万。以三十万的兵力，去守卫几丈高的城墙，我认为即使商汤王、周武王死而复生，也很难攻下来。秦军轻忽了背后楚国与赵国的军队，去攀爬几丈高的城墙，进攻三十万魏军，而且还志在必得，我以为自从开天辟地,一直到现在,都是未曾有过的事情。

"攻而不能拔,秦兵必罢,陶必亡,则前功必弃矣。今魏方疑,可以少割收也。愿之及楚、赵之兵未任于大梁也^①,亟以少割收。魏方疑,而得以少割为和,必欲之,则君得所欲矣。楚、赵怒于魏之先己讲也,必争事秦。从是以散^②,而君后择焉。且君之尝割晋国取地也,何必以兵哉?夫兵不用,而魏效绛、安邑,又为陶启两机,机尽故宋,卫效单父。秦兵已全,而君制之,何求而不得?何为而不成?臣愿君之熟计,而无行危也。"穰侯曰:"善。"乃罢梁围。

【注释】

①愿之及楚、赵之兵未任于大梁也:希望您趁着楚国与赵国的军队还没有集结到大梁的时候。第一个"之",可能是"君"之误字。任,可能是"注"之误字。注,聚集。

②从是以散:合纵联盟因此而被瓦解。是以,因此。

【译文】

"围攻大梁而又攻不下来,秦军一定会被拖得疲惫不堪,陶地也必定会失去,那么就会前功尽弃了。现在魏国正处于犹豫不决的时候,您可以趁机少割取一些土地以收服魏国。希望您趁着楚国与赵国的援军还没有集结到大梁的时候,赶快少割取一点土地以收服魏国。魏国现在正在犹疑,如果能够用少量的土地换来和平,魏国也一定愿意,那么您也达到了自己的目的。楚国与赵国对魏国抢先与秦国讲和的事情会非常恼火,一定会争着投靠秦国,合纵联盟因此也就被瓦解了,此后您可以选择对象各个击破。再说您曾经割取过晋国的土地,又何必再去使用军队呢?不用出动军队,而魏国就会献出绛和安邑,这次又为陶地开拓了两

边的领地；几乎全部占有宋国的原有土地，卫国也会献上单父。秦军未
伤一兵一卒，而您又能掌控着秦军，您想要什么而得不到？想做什么而
不能成功？希望您仔细考虑这件事情，而不要去做冒险的事情。"穰侯
说："您说得好。"于是撤除了对大梁的包围。

附录二：

【说明】《史记·穰侯列传》有一段文字的内容与《战国纵横家书》
中的本章一致，文字有所差异，故附录于后，以供对照参考。

昭王三十二年①，穰侯为相国，将兵攻魏②，走芒卯③，
入北宅④，遂围大梁。梁大夫须贾说穰侯曰⑤："臣闻魏之长
吏谓魏王曰：'昔梁惠王伐赵⑥，战胜三梁，拔邯郸；赵氏不
割⑦，而邯郸复归。齐人攻卫，拔故国，杀子良⑧；卫人不割，
而故地复反。卫、赵之所以国全兵劲而地不并于诸侯者⑨，
以其能忍难而重出地也。宋、中山数伐割地⑩，而国随以亡。
臣以为卫、赵可法，而宋、中山可为戒也。秦，贪戾之国也，
而毋亲⑪。蚕食魏氏，又尽晋国⑫，战胜暴子，割八县，地未
毕入，兵复出矣。夫秦何厌之有哉！今又走芒卯，入北宅，
此非敢攻梁也，且劫王以求多割地⑬。王必勿听也。今王背
楚、赵而讲秦⑭，楚、赵怒而去王⑮，与王争事秦，秦必受之。
秦挟楚、赵之兵以复攻梁，则国求无亡不可得也。原王之必
无讲也⑯。王若欲讲，少割而有质；不然，必见欺⑰。'

【注释】

①昭王三十二年：指秦昭王即位的第三十二年。也即前275年。整

理小组《战国纵横家书》认为《史记》记载有误,须贾游说穰侯的事,应发生于秦昭王三十四年,也即前273年。

②将:率领。

③走芒卯:使魏相芒卯战败而逃。走,逃跑。这里是使动用法。使……逃跑。芒卯,人名。即《战国纵横家书》说的孟卯。时任魏相。

④入北宅:进入北宅。北宅,地名。又称宅阳、蔡阳。在今河南荥阳,当时属魏国。

⑤说(shuì):游说,劝说。

⑥梁惠王:即魏惠王。魏国君主。

⑦不割:没有割地求和。

⑧子良:人名。卫国大夫。

⑨国全:国家保持完整。兵劲:军队依旧强大。劲,有力量,强大。

⑩数(shuò)伐割地:屡遭进犯又屡次割地。数,屡次。

⑪毋亲:不可亲近。

⑫又尽晋国:又全部占领了晋国的原有土地。韩、赵、魏三国都是由晋国分裂出来的,晋国的故地在今山西一带,韩、赵、魏的土地后来向东、南方向扩展。

⑬劫:威胁。

⑭背:背叛。讲秦:与秦国讲和。

⑮去:离开,抛弃。

⑯原:通"愿"。希望。

⑰见:被。

【译文】

秦昭王即位第三十二年,穰侯任相国,率兵进攻魏国,使魏相芒卯战败而逃,秦军进入北宅,随即围攻大梁。魏国大夫须贾前来劝告穰侯说:"我听到魏国的高级官员们对魏王说:'从前梁惠王攻打赵国,在三梁打了胜仗，攻下了邯郸；而赵王坚决不肯割地，后来邯郸最终被赵国收复。齐国人攻打卫国，占领了国都，杀死了卫国大夫子良；而卫人也坚决不割地，后来丧失的国土也都被卫人收复了。卫、赵两国之所以能够使国家保持完整，军队保持强大，土地不被诸侯兼并，就是因为他们能够忍受苦难，爱惜每一寸土地。宋国、中山国屡遭进犯则屡次割地求和，结果国家随即灭亡。我认为卫国、赵国的做法值得效仿，而宋国、中山国的行为则应当引以为戒。秦国，是一个贪得无厌、凶恶暴戾的国家，不可亲近。它蚕食魏国，全部占领了原属晋国的故地，战胜了韩国将领暴鸢，割取了八个县，土地还没有完全交割给秦国，而秦国的军队又一次出击了。秦国哪有什么满足的时候呢！现在又使芒卯战败逃跑，秦军进入了北宅，这并不是秦军敢于进攻魏国都城大梁，而是想以此威胁大王多多割让土地给秦国。大王千万不要接受秦国的要求。现在大王如果背弃楚国、赵国而与秦国讲和，楚、赵两国必定非常生气而抛弃大王，与大王争着去讨好秦国，秦国也一定会接受它们。这样一来秦国就会挟制楚、赵两国的军队再次进攻魏国，那么魏国想要不亡国是不可能的。希望大王一定不要与秦国讲和。大王如果打算讲和，也要少割让一些土地，并且要有人质作保；不然，必定会被秦国欺骗。'

　　"此臣之所闻于魏也，愿君之以是虑事也。《周书》曰：'惟命不于常。'此言幸之不可数也。夫战胜暴子，割八县，此非兵力之精也，又非计之工也，天幸为多矣。今又走芒卯，入北宅，以攻大梁，是以天幸自为常也。智者不然。臣闻魏氏悉其百县胜甲以上戍大梁①，臣以为不下三十万。以三十万之众守梁七仞之城，臣以为汤、武复生，不易攻也。夫轻背楚、赵之兵②，陵七仞之城③，战三十万之众，而志必举之④，臣以为自天地始分以至于今，未尝有者也。攻而不拔,秦兵必罢⑤,陶邑必亡⑥,则前功必弃矣。

【注释】

①悉:全部。胜甲以上:指能够穿上战衣打仗的人。甲,战衣。

②夫轻背楚、赵之兵:轻视背后楚国与赵国的军队。

③陵:侵犯,进攻。

④而志必举之:志在必得。举,占有。

⑤罢:同"疲"。疲惫。

⑥陶邑:即陶。在今山东菏泽定陶区。当时是穰侯的封地,失去陶邑,对穰侯个人来说,是极大的损失。

【译文】

"这话是我在魏国听到的,希望您据此来考虑围攻大梁的事情。《周书》说:'上天的意旨不是固定不变的。'这就是说上天赐予的幸运是不可能多次得到的。秦国战胜暴鸢,割取八县,并不是秦国兵力精良,也不是秦国计谋的高超巧妙,而主要靠的是上天赐予的好运气。现在秦国又打败了芒卯,军队进入了北宅,接着还要围攻大梁,以此看来秦国是把上天赐予的幸运视为常在不变的事情。睿智的人并不这样认为。我听说魏国已经调集了上百个县里的所有能够穿上战衣打仗的将士前来保卫大梁,我认为这些将士的数量不少于三十万。以三十万的大军来守卫几丈高的城墙,我认为即使商汤王、周武王死而复生,也是难以攻下的。轻忽了背后的楚、赵两国军队,要去攻占几丈高的城墙,与三十万大军作战,而且志在必得,我认为从开天辟地以来直到今天,都不曾有过这样的事情。攻而不克,秦军必然疲惫不堪,陶邑也一定会失守,那么就会导致前功尽弃了。

"今魏氏方疑①,可以少割收也②。愿君逮楚、赵之兵未至于梁,亟以少割收魏。魏方疑而得以少割为利,必欲之,则君得所欲矣。楚、赵怒于魏之先己也，必争事秦，从以此散③，而君后择焉④。且君之得地岂必以兵哉！割晋国，秦兵不攻，而魏必效绛、安邑。又为陶开两道⑤，几尽故宋，卫必效单父。秦兵可全，而君制之，何索而不得？何为而不成？愿君熟虑之而无行危。"穰侯曰："善。"乃罢梁围。

【注释】

①疑：犹豫不决。

②可以少割收也：可以让魏国少割让一点土地先收服它。收，收服，拉拢。

③从（zòng）以此散：合纵联盟因此而解散。从，通"纵"。合纵。

④而君后择焉：然后您再选择进攻对象。

⑤又为陶开两道：还能够为陶邑开通两个通道。《史记索隐》："穰侯封陶。魏效绛与安邑，是得河东地。言从秦适陶，开河西、河东之两道。"

【译文】

"现在魏国正处于犹豫不决的时候，可以让它少割让一点土地先收服它。希望您趁着楚、赵两国的援军尚未到达大梁的时机，赶快以少割让土地来收服魏国。魏国正当犹疑之际，会把少割让土地以换取大梁解围视为对自己有利，一定愿意接受，那么您也就达到了自己的目的。楚、赵两国对于魏国抢先与秦国讲和大为恼火，他们也必定会争着讨好秦国，合纵联盟便会因此而瓦解，然后您再从容地选择对象各个击破。况且您想取得土地，也不一定非用军事手段不可呀！您占领了原来的晋国土地，秦军不用出兵进攻，魏国就会乖乖地献出绛、安邑两城。这样又为您打开了通往陶邑的河西、河东两条通道，原来的宋国土地也将全部为秦国所占有，那么卫国也必定会献出单父。秦军可以不伤一兵一卒，而您又能控制着秦军,那么您有什么需求不能得到满足? 做什么事情不能成功呢? 希望您仔细考虑围攻大梁这件事情,而不必去做冒险的行为。"穰侯说:"您说得好。"于是就撤去了对大梁的包围。

一六、朱己谓魏王章

【题解】

　　朱己谓魏王：魏无忌劝告魏安釐王。朱己，即魏国信陵君魏无忌。"朱"与"无"形近而误。己，通"忌"。魏无忌是魏昭王的少子，魏安釐王的异母弟。安釐王即位后，封魏无忌为信陵君，与当时的齐国孟尝君田文、赵国平原君赵胜、楚国春申君黄歇合称为战国四公子。前263年，秦国持续进攻韩国已达三年之久，此时的魏王计划出兵协助秦国攻击韩国，以便拿回被韩国占有的魏国故地。面对这一形势，魏无忌进谏魏王，指出助秦灭韩后为魏国带来的严重后果，希望魏王能够坚持合纵联盟，救助韩国，共同应对秦国的威胁。魏无忌的这一建议兼顾了魏国的当前利益与长远利益，视野开阔，目光远大，极好地展现了魏无忌的政治才华。

　　我们在本章的最后还附录了《战国策·魏策三》"魏将与秦攻韩章"与《史记·魏世家》的部分文字，以供读者对照参考。

　　谓魏王曰①："秦与式翟同俗②，有［虎狼之］心，贪戾好利，无亲，不试礼义德行③。苟有利焉④，不顾亲戚弟兄，若禽兽耳⑤。此天下之所试也。非［所施］厚积德也。故大后⑥，母也，而以忧死。穰侯⑦，舅也⑧，功莫多焉⑨，而谅逐

之⑩。两弟无罪而再挩之国⑪。此于[亲]戚若此⑫，而兄仇
雠之国乎⑬！今王与秦共伐韩而近秦患⑭，臣甚惑之⑮。而
王弗试则不明⑯，群臣莫以[闻]则不忠⑰。

【注释】

①谓魏王曰：魏无忌劝告魏安釐王。魏无忌是魏昭王的少子，魏安
釐王的异母弟。安釐王即位后，封无忌为信陵君。

②秦与式翟（dí）同俗：秦国人与戎狄的习俗相同。式，假借为
"戎"。古代对西方少数民族的称呼。翟，通"狄"。古代对北方
少数民族的称呼。

③试：通"识"。认识，懂得。

④苟有利焉：如果对自己有利。苟，如果。

⑤禽守：即"禽兽"。守，假借为"兽"。

⑥大（tài）后：即"太后"。大，同"太"。这里指秦昭王的母亲宣太后。

⑦穰（ráng）侯：人名。是秦昭王母亲宣太后的异父弟弟，姓魏，名
冉，封于穰（在今河南邓州），故称"穰侯"，后增封于陶（在今山
东菏泽定陶区）。曾任秦相。

⑧咎：假借为"舅"。舅父。

⑨功莫多焉：没有人比他立的功劳更大。

⑩而谅逐之：然而竟然把他驱逐了。凉，假借为"竟"。竟然。关于
太后忧愁而死、穰侯被驱逐的事，见《史记•穰侯列传》："穰侯魏
冉者，秦昭王母宣太后弟也。其先楚人，姓芈氏。秦武王卒，无
子，立其弟为昭王。昭王母故号为芈八子，及昭王即位，芈八子号
为宣太后……昭王少，宣太后自治，任魏冉为政……昭王三十六
年……范雎言宣太后专制，穰侯擅权于诸侯，泾阳君、高陵君之属
太侈，富于王室。于是秦昭王悟，乃免相国，令泾阳之属皆出关，
就封邑。穰侯出关，辎车千乘有余。穰侯卒于陶，而因葬焉。秦

复收陶为郡。太史公曰:穰侯,昭王亲舅也。而秦所以东益地,弱诸侯,尝称帝于天下,天下皆西向稽首者,穰侯之功也。及其贵极富溢,一夫开说,身折势夺而以忧死。"

⑪两弟无罪而再挩之国:两个弟弟没有任何过错,但都一再被剥夺了封地。两弟,指泾阳君、高陵君。挩,假借为"夺"。国,封地。《史记·范雎蔡泽列传》:"昭王……于是废太后,逐穰侯、高陵、华阳、泾阳君于关外。秦王乃拜范雎为相。收穰侯之印,使归陶。"

⑫[亲]戚:泛指亲人。

⑬兄:假借为"况"。何况。仇雠(chóu)之国:敌对之国。

⑭与:帮助。近秦患:接近秦国带来的灾祸。如果秦国灭掉韩国,就会与魏国接壤,那么秦国下一步要吃掉的就是魏国。

⑮臣甚惑之:我对此感到大惑不解。

⑯而王弗试则不明:如果大王认识不到这一点,就是不明智。而,如果。

⑰群臣莫以[闻]则不忠:群臣没有人把这一情况告诉您,则说明大臣们不忠诚。莫,没有人。以,后省略"之"。代指接近秦国的危险性。

【译文】

信陵君魏无忌对魏王说:"秦国人和戎狄的习俗一样,有虎狼一样的心肠,他们贪婪、凶狠、好利,不可亲近。他们不懂得礼义德行,如果对自己有利,连亲人兄弟也不考虑,好像禽兽一般。这是天下人都知道的事情。他们从来不曾施厚恩,积大德。因此秦宣太后虽然是秦昭王的母亲,却忧愁而死。穰侯是秦昭王的舅父,没有人立的功劳比他更大,然而秦昭王竟然把他驱逐了。秦昭王的两个弟弟没有犯下任何过错,却一再被削夺封地。对亲人尚且如此,更何况对待仇敌之国呢!如今大王帮助秦国一起去进攻韩国,这样就会因为邻近秦国而为魏国带来祸难,我对大王助秦攻韩的做法感到大惑不解。如果大王认识不到这一点，就说明大王不够明智；大臣们没有向您提醒这一点，就说明大臣们对您不够忠诚。

　　"今韩氏以一女子奉一弱主①，内有大乱②，外支秦、魏之兵③，王以为不亡乎？韩亡，秦有〔郑〕地④，与大梁邻⑤，王以为安乎？王欲得故地而今负强秦之祸⑥，王以为利乎？秦非无事之国也，韩亡之后，必将更事⑦；更事，必就易与利⑧；就易与利，必不伐楚与赵矣。是何也？夫〔越山与河⑨，绝〕韩上党而○攻强赵⑩，氏复阏舆之事也⑪，秦必弗为也。若道河内⑫，倍邺、朝歌⑬，绝漳、铺〔水⑭，与赵兵决于〕邯郸之郊⑮，氏知伯之过也⑯，秦有不敢⑰。伐楚，道涉谷⑱，行三千里而攻冥厄之塞⑲，所行甚远，所攻甚难，秦有弗为也。若道河外⑳，倍大梁㉑，右蔡、召㉒，与楚兵夬于陈郊㉓，秦有不敢。故曰：秦必不伐楚与赵矣，有不攻燕与齐矣。韩亡之后，兵出之日，非魏无攻已㉔。

【注释】

①一女子：指韩国太后。奉：侍奉，辅佐。一弱主：一位幼小的君主。指韩桓惠王。弱，幼小。

②内有大乱：国内十分混乱。乱，同"乱"。

③外支秦、魏之兵：国外还要抵抗秦国与魏国的军队。支，抵抗。

④〔郑〕地：郑国的土地。实际就是指韩国的土地。郑国在今河南新郑一带，前375年被韩国所灭。韩国灭掉郑国之后，迁都新郑，原郑国土地被韩国所占有。

⑤与大梁邻：与大梁邻近。韩国都城在今河南新郑，魏国都城在今河南开封，所以说，两国相距很近。

⑥王欲得故地而今负强秦之祸：大王想收回原来的一些失地，如今却担负起强大的秦国带来的灾难。

⑦更事：再生事端。也即发起新的侵略战争。

⑧必就易与利：必定要寻找容易得手和有利可图的目标。易，通"易"。

⑨夫［越山与河］：跨越高山与黄河。河，黄河。

⑩［绝］韩上党而○攻强赵：穿过韩国的上党地区去进攻强大的赵国。绝，穿过。韩上党，指属于韩国的上党地区，在今山西南部。○，此处有一废字。

⑪氏复阏（yān）舆之事也：这是重蹈阏舆失败的覆辙。氏，通"是"。代指"绝韩上党而攻强赵"的行为。复，重复。阏舆，地名。在今山西武乡一带。秦昭王三十七年（前270），秦国胡阳率军经过韩国的上党地区进攻赵国的阏舆，被赵国将军赵奢击败。

⑫若道河内：如果取道黄河以北。道，取道，经过。河内，地名。泛指黄河中游北面的地区，约相当于今河南北部地区。

⑬倍邺（yè）、朝歌：背对着邺城与朝歌。倍，通"背"。背对着。邺，地名。在今河北临漳西南。朝歌，地名。在今河南淇县东北。

⑭绝漳、铺［水］：渡过漳水与滏水。绝，渡过。漳，指漳水。流经山西、河北、河南。铺水，即滏水。为漳水支流，在今河北境内。

⑮［与赵兵决于］邯郸之鄗：与赵国军队决战于邯郸的郊外。邯郸，地名。在今河北邯郸，当时是赵国的都城。鄗，假借为"郊"。城郊，郊野。

⑯氏知伯之过也：这是知伯犯过的大错。氏，通"是"。代指"绝漳、铺水与赵兵决于邯郸之鄗"的行为。知伯，人名。即知瑶，春秋时晋国六卿之一。知伯曾率韩、魏军队围攻赵的晋阳，引汾水

灌晋阳城，后来韩、魏反与赵联手，灭掉知伯。过，过错，错误。

⑰有：通"又"。

⑱道涉谷：取道涉谷。涉谷，地名。指今天的陕西武关至河南南阳、邓州的险要通道。整理小组《战国纵横家书》："涉谷，《魏策》作涉而谷，《魏世家》作涉山谷，并误。涉谷，地名。《史记》索引：'涉谷是往楚之险路。'张琦《战国策释地》说：'此即春申君所谓随水右壤，广川大水、山林溪谷、不食之地也。出武关东南，即至宛、邓。'"

⑲冥厄之塞：地名。一说为今河南信阳与湖北应山之间的平靖关。

⑳河外：地名。与河内对言，指黄河南岸一带。

㉑倍大梁：背对着大梁。

㉒右蔡、召：右边有上蔡、召陵。整理小组《战国纵横家书》："右蔡召，《魏策》作而右上蔡召陵，《魏世家》作右蔡左召陵，左字系误增。这是假设秦灭韩后，出兵沿黄河南岸，到近大梁处，折而向南，到楚国的陈郊作战，陈在今河南省淮阳县，召陵在郾城县，蔡是上蔡县，均在淮阳西，所以说右。"

㉓与楚兵夬于陈鄗：与楚国军队决战于楚国都城陈城的郊外。夬，通"决"。决战。陈，地名。在今河南周口淮阳区。楚国在秦国的挤压下，楚顷襄王从郢迁都于此。

㉔非魏无攻已：除了魏国，秦国没有别的国家可以进攻了。已，通"矣"。

【译文】

"如今韩国靠一个女人去辅佐一个幼弱的君主，国内大乱，国外还要抗击秦、魏两国的军队，大王难道还会以为它不会灭亡吗？韩国灭亡之后，秦国就会占有原来郑国（也即韩国）的土地，这里与魏国都城大梁邻近，大王以为魏国还能够安宁吗？大王想得到原来的失地，却背上了强秦带来的灾难，大王以为这对魏国有利吗？秦国不是一个安分的国家，韩国灭亡之后，秦国必将另起事端；秦国另起事端，必定要寻找容易得手和有利可图的目标；要寻找容易得手和有利可图的目标，秦国肯定不会去进攻楚国和赵国。这是为什么呢？如果翻越大山跨过黄河，穿过韩国的上党地区去进攻强大的赵国，这是重蹈了阏与失败的覆辙，秦国一定不会这样做。如果取道河内地区，背对邯城和朝歌，渡过漳水、滏水，与赵国军队决战于邯郸的郊外，这就是知伯曾经犯过的大错，秦国也不敢这样做。如果去进攻楚国，就要取道险要的涉谷，行军三千里，去攻打冥厄关塞，秦国军队要走的路太远，要攻打的地方太难，秦国也不会这样做的。如果取道河外地区去进攻楚国，就要背对着大梁，右边还有上蔡、召陵，在此环境下与楚军在陈城郊外决战，秦国又不敢。所以说：秦国一定不会去进攻楚国和赵国，也不会去进攻燕国和齐国。韩国灭亡之后，秦国出兵的时候，除了魏国，就没有其他国家可以进攻的了。

　　"秦固有坏、茅、荆丘①，城堄津②，以临河内③，河内共、墓必危④。有郑地，得垣癕⑤，决荧〇泽⑥，大梁必亡⑦。王之使者大过⑧，而恶安陵是于秦⑨。秦之欲许久矣⑩。秦有叶、昆阳⑪，与舞阳邻⑫，听使者之恶，堕安陵是而亡之⑬，缭舞阳之北以东临许⑭，南国必危⑮，国先害已⑯。夫增韩⑰，不爱安陵氏，可也。夫不患秦，不爱南国，非也。异日者秦在河西⑱，晋国去梁千里⑲，有河山以阑之⑳，有周、韩而间之㉑。从林军以至于今㉒，秦七攻魏，五入囿中㉓，櫅城尽拔㉔，支台随㉕，垂都然㉖，林木伐，麋鹿尽㉗，而国续以围㉘。

【注释】

①固：本来，原本。坏：通"怀"。地名，在今河南武陟。茅：地名。在今河南获嘉。荆（xíng）丘：地名。即邢丘。荆，同"邢"。邢

丘在今河南温县。

②城垝（guǐ）津：在垝津筑起城墙。垝津，地名。又称围津，在今河南滑县东南。

③以临河内：以监临着河内地区。

④共：地名。在今河南辉县。蓦：地名。整理小组《战国纵横家书》："蓦与莫通……莫地未详，疑通沫，则在朝歌，今淇县东北。一说，莫为汲字之误，汲字形误作没，没、蓦音近，转写成蓦。汲在今汲县。诸地均在垝津（滑县）之西。"一说，共蓦是指共地的魏国王室陵墓。

⑤垣瘫（yuán yōng）：地名。即垣雍。在今河南原阳。

⑥决荥〇泽：挖开荥泽的堤坝。决，挖开。荥泽，大泽名。在今河南郑州一带，是古代黄河边上的一个大湖，在大梁的上游。一旦挖开荥泽，就能淹没大梁。〇，此处有一废字。

⑦大梁必亡：指大梁因被淹没而灭亡。

⑧王之使者大过：大王派去秦国的使者犯了大错。过，过失，错误。

⑨而恶（wù）安陵是于秦：在秦国面前诋毁安陵国。恶，讨厌，诋毁。安陵是，即安陵氏，指安陵国。是，通"氏"。安陵是一个非常小的封国，魏襄王时封给安陵君的封地，在今河南鄢城。

⑩秦之欲许久矣：秦国很久就想得到许地了。许，地名。在今河南许昌。

⑪叶：地名。在今河南叶县。昆阳：地名。在今河南叶县南。

⑫舞阳：地名。在今河南舞阳西。

⑬堕（huī）安陵是而亡之：就会进攻安陵国并灭掉它。堕，通"隳"。毁坏，进攻。

⑭缭：绕过。以东临许：向东直逼许地。

⑮南国：指魏国的南方地区。

⑯国先害己：魏国自己先伤害了自己。指魏国使者在秦国面前讲安

陵国的坏话,导致秦国进攻安陵,是自己害了自己。

⑰增韩:憎恶韩国。增,假借为"憎"。憎恨。

⑱异日者:从前。河西:指黄河中游中段以西地区,即今陕西东部、北部一带。

⑲晋国去梁千里:魏国旧都安邑距离大梁有上千里。晋国,这里指魏国的旧都安邑(在今山西夏县西北),后被秦国占领。去,距离。

⑳有河山以阑之:有黄河、高山阻拦秦军。阑,通"拦"。阻拦。

㉑有周、韩而间之:有东周、韩国处于秦国与魏国之间。间,间隔。

㉒林军:指林军之战。林,地名。即林乡。在今河南新郑东。秦昭王二十四年(前283),秦国军队与魏国军队在此发生战事。

㉓五入囿(yòu)中:五次攻入大王的苑林之中。囿,古代供帝王贵族进行狩猎、游乐的园林。《史记·魏世家》"索引":"囿,即囿田。囿田,郑薮,属魏。"《史记正义》:"《括地志》云:'囿田泽在郑州管城县东三里。'"一说囿中是地名:"囿中,地名,在今山东省菏泽市西南。"(沈月《〈战国纵横家书〉译注》)

㉔樐城尽拔:边境的城邑全部被秦国占有。樐,假借为"边"。

㉕支台随:支台被毁掉。支台,可能是囿中的台榭。随,假借为"堕"。毁掉。

㉖垂都然:垂都被烧毁。垂都,可能是囿中建筑物的名字。然,同"燃"。燃烧,烧毁。

㉗麋(mí)鹿尽:苑林中的鸟兽被秦军猎取殆尽。麋,动物名。这里用"麋鹿"代指苑林里的鸟兽。

㉘而国续以围:而魏国都城大梁被持续围困。国,指都城。

【译文】

"秦国本来就占有了怀地、茅地、邢丘,如果再在垝津筑起城池,以监临着河内地区,那么河内地区的共地、墓地就必定处于危险之中。秦国占有郑国的故地,获取垣雍,一旦决开荥泽堤坝,大梁必定会被大水淹没而失陷。大王派去秦国的使臣也犯了大的错误,他竟然在秦国面前毁谤安陵国。秦国早就想得到许地了。秦国占有了叶地、昆阳,与魏国的舞阳相邻,现在又听到魏国使者对安陵国的毁谤,于是秦国就会有理由进攻安陵国并灭掉它,然后秦军就会绕道舞阳北边,一路向东直逼许地,这样一来魏国的南部地区就会处于危险境地,魏国这是自己先害了自己啊。憎恶韩国,不爱护安陵国,这都是可以的。如果不担心秦国带来的灾难,不爱护魏国的南部地区,那就错了。从前,秦国的地盘还在河西一带,魏国的原都城安邑距离大梁有千里之远,还有黄河及高山阻挡秦军,有东周与韩国处于秦国与魏国之间。然而自从林乡战役到现在,秦国已经七次进攻魏国,五次攻入大王的苑林之中,边境城邑都被秦国攻陷,苑林中的支台被毁掉,垂都被烧毁,林木被砍伐,鸟兽被秦军猎取殆尽,接着魏国都城大梁又被持续围困。

　　"有长毆梁北①,东至虏陶、卫之[郊②,北至乎]监③。所亡秦者④,山南、山北⑤,河外、河内⑥,大县数十,名部数百⑦。秦乃在河西,晋国去梁千里而祸若是矣⑧,[又况于使]秦无韩,有郑地,无[河]山而阑之,无周、韩而间之,去梁百里,[祸]必百此矣⑨。异日者,从之不[成也⑩,楚]、魏疑而韩不[可得也]。今韩受兵三年,秦挠以讲⑪,识亡不听⑫,投质于赵⑬,请为天[下雁]行顿[刃⑭。楚、赵]必疾兵⑮,皆识秦[之欲无]躬也⑯,非尽亡天下之兵而臣海内⑰,必不休。

【注释】

①有长毆梁北:秦军又长驱到大梁以北。有,通"又"。毆,通"驱"。

②东至虏陶、卫之[郊]:向东打到了陶地与卫国的郊外。虏,通

"乎"。于，到。卫，诸侯国名。在今河南北部一带。

③监：地名。在今山东汶上。

④所亡秦者：所亡于秦国的土地。也即被秦国占有的土地。

⑤山南、山北：中条山南北地区。山，指中条山。位于今山西南部，黄河、涑水河之间，横跨临汾、运城、晋城三市。另外，关于这里的"山"，还有华山、太行山、王屋山、华山、嵩山等多种说法。

⑥河外、河内：黄河内外地区。河外，地名。与河内对言，指黄河南岸一带。河内，地名。泛指黄河中游北边的地区，约相当于今河南北部地区。

⑦名部：大部。名，大。也可理解为著名。部，古代行政区划名。

⑧若是：如此。是，代指以上讲的秦国给魏国造成的损失。

⑨百此：百倍于此。比以上所说的灾祸还要严重上百倍。

⑩从（zòng）之不［成也］：合纵联盟没有成功。从，通"纵"。合纵。

⑪秦挠以讲：秦国纠缠不休，要求韩国讲和认输。挠，通"绕"。纠缠。

⑫识亡不听：韩国知道这样会亡国，于是没有听从秦国的讲和要求。

⑬投质于赵：把人质送到赵国。韩国把人质送到赵国，目的是想得到赵国的支援。

⑭请为天下［雁行］顿［刃］：请求做天下诸侯国的先锋，整顿军队与秦国决一死战。雁行，整理小组《战国纵横家书》："雁行，象雁群飞翔，序列略在后。一说雁行即前行。"《长沙马王堆汉墓简帛集成·战国纵横家书》认为"雁行"应为"颜行"："'颜'义近'额'。所以古人称前行为颜行，以颜在人身上的位置来比喻前行在军队里的位置。"顿，整顿。顿刃，整顿军备。

⑮疾兵：很快出兵支援韩国。疾，快。

⑯［无］躬：无穷。躬，假借为"穷"。

⑰臣海内：使四海之内都向秦国称臣。古人认为，整个天下的四方

都有大海环绕,故用海内代指整个天下。

【译文】

"秦军又长驱直入到了大梁以北,向东打到了陶、卫两城的郊外,向北打到了监地。被秦国吞并的土地,有山南山北地区,河外河内一带,大县有几十个,大部有几百个。秦国的地盘还在河西的时候,魏国的故都安邑距离大梁有千里之遥,秦国带来的祸患就已经如此严重了,更何况让秦国灭了韩国,据有郑国故地,没有黄河大山阻拦它,也没有东周和韩国处于秦国与魏国之间,距离大梁只有一百来里路,那么秦国给魏国造成的灾难将会是从前的上百倍。从前,合纵联盟没有成功,是由于楚国与魏国互相猜疑,而韩国又不愿意与魏国联合。如今韩国遭受战祸已经三年了,秦国不断纠缠它,想让它屈从媾和,韩国知道这样就会亡国,坚决不肯听从,于是就送人质到赵国,表示愿意做天下诸侯的先锋,整顿军队与秦国决一死战。楚国、赵国必定会很快出兵援助韩国,因为他们都认识到秦国的贪欲是无穷的,除非把天下各诸侯国全部灭掉,使海内之民都臣服于秦国,它是绝不肯罢休的。

"是故臣愿以从事王①,王□□□□□倈韩之质以存韩而求故地②,韩必效之③。此士民不劳而故地尽反矣④。其功多于与秦共伐韩,[而]必无与强秦邻之祸。夫存韩、安魏而利天下,此亦王之大时已⑤。通韩上党于共、宁⑥,使道安成之□⑦,出入赋之⑧,是魏重质韩以其上党也⑨。合有其赋⑩,足以富国。韩必德魏、重魏、畏魏⑪,韩必不敢反魏。是韩,魏之县也⑫。魏得韩以为县,以率大梁⑬,河北必安矣⑭。今不存韩,贰周、安陵必赃⑮,楚、赵大破,燕、齐甚卑⑯,天下西舟而驰秦⑰,而入朝为臣不久矣⑱。"·八百五十八⑲

【注释】

① 是故臣愿以从（zòng）事王：所以我愿意用合纵联盟的方式来辅佐大王。从，通"纵"。合纵联盟。

② 王□□□□偮韩之质以存韩而求故地：缺五字。大意应是：大王应尽快接受楚国与赵国的合纵盟约，挟持韩国的人质而保全韩国，并要求韩国归还魏国的故地。《长沙马王堆汉墓简帛集成·战国纵横家书》："此处原释文打五个缺文号，裘锡圭《讲义》据《魏策三》《魏世家》认为此处本当作'□楚赵之约'。今从裘说补。"

③ 韩必效之：韩国肯定愿意交出魏国的故地。效，献出，交出。

④ 反：同"返"。返还给魏国。

⑤ 大时：大好时机。已：通"矣"。

⑥ 通韩上党于共、宁：开通韩国上党地区与魏国共、宁两地的道路。共，地名。在今河南辉县。宁，地名。在今河南淇县。

⑦ 使道安成之□：让这条道路通过安成的关口。道，取道，通过。安成，地名。在今河南原阳西南。战国时期先后为韩国与魏国所有。本句缺一字，应是"关"字。整理小组《战国纵横家书》："之字下缺文当是关字。《魏世家》作：'使道安成，出入赋之。'《魏策》作：'使道已通因而关之，出入者赋之。'"

⑧ 出入赋之：出入关口的人都要交税。赋，收税。

⑨ 是魏重质韩以其上党也：这样做，就是魏国把韩国的上党地区当作一个重要的质押物品了。

⑩ 合有其赋：魏国与韩国共享税收。

⑪ 德魏：对魏国感恩戴德。

⑫ 魏之县也：实际上成了魏国的一个县。

⑬ 率：假借为"卫"。一说"率"是"卫"字之误。

⑭ 河北必安矣：黄河以北地区肯定安全了。河北，指黄河以北属于

魏国的土地。

⑮贰周：即"二周"。指东周晚期分裂出来的东周、西周。在今河南
洛阳一带。安陵，地名。在今河南鄢城。弛：假借为"弛"。废
弃。这里指被吞并。整理小组《战国纵横家书》："弛，废弃。《魏
策》作易，易弛同音；《魏世家》作危，音近。"

⑯甚卑：非常卑顺听话。

⑰天下西舟而驰秦：天下诸侯都将坐着车子向西跑到秦国。西舟，
车子向西。舟，通"辀"。车辕。

⑱而入朝为臣不久矣：向秦国朝拜称臣的日子不久就会到来。

⑲八百五十八：本章共八百五十八个字。

【译文】

"因此我愿意用合纵联盟的方式来辅佐大王，大王应尽快接受楚国
和赵国的盟约，挟持韩国的人质而保全韩国，然后再向韩国索取故地，韩
国一定会送还。这样做魏国军民不受任何劳苦就可以收复故地，其功效
要远远超过与秦国一起去进攻韩国，而且还没有与强秦为邻的祸害。保
存韩国、安定魏国而有利于天下，这是上天赐予大王的大好时机。开通
韩国上党地区到魏国共地、宁地的道路，让这条道路经过安成的关口，进
出的商贾都要纳税，这就等于魏国又把韩国的上党地区作为一个重要的
抵押品了。魏国与韩国共享这些税收，足以使国家富足。韩国必定会感
激魏国、重视魏国、敬畏魏国，韩国一定不敢反叛魏国。这样一来，韩国
实际上就成为魏国的一个县了。魏国使韩国作为自己的县，让它维护着
大梁，河北一带也能变得安全了。如果现在不去保全韩国，那么东西二
周、安陵必定会被秦国吞并，楚国、赵国也会遭遇大的失败，燕国、齐国对
秦国也会变得十分恭顺，天下诸侯都将坐着车子向西奔赴，入秦朝拜称
臣的日子不久就会到来了。"•本章共八百五十八个字

附录一：

【说明】《战国策·魏策三》"魏将与秦攻韩章"的内容与《战国纵横家书》中的本章一致，文字有所差异，故附录于后，以供对照参考。

魏将与秦攻韩①，朱己谓魏王曰②："秦与戎、翟同俗，有虎狼之心，贪戾好利而无信③，不识礼义德行。苟有利焉，不顾亲戚兄弟，若禽兽耳。此天下之所同知也，非所施厚积德也。故太后，母也，而以忧死；穰侯，舅也，功莫大焉，而竟逐之；两弟无罪，而再夺之国。此于其亲戚兄弟若此，而又况于仇雠之敌国也？今大王与秦伐韩，而益近秦患④，臣甚或之⑤。而王弗识也⑥，则不明矣；群臣知之，而莫以此谏，则不忠矣。

【注释】

①与：帮助。

②朱己：即魏国信陵君魏无忌。"朱"与"无"形近而误。己，通"忌"。魏无忌是魏昭王的少子，魏安釐王的异母弟。安釐王即位后，封魏无忌为信陵君，与当时的齐国孟尝君田文、赵国平原君赵胜、楚国春申君黄歇合称战国四公子。

③无信：不讲信用。

④而益近秦患：更加接近秦国带来的灾难。益，更加。

⑤或：通"惑"。疑惑，不理解。

⑥而：如果。

【译文】

魏国将要帮助秦国进攻韩国，魏无忌劝谏魏王说："秦国人和戎、狄的习俗一样，有虎狼一样的心肠，他们贪婪、凶狠、好利，而不讲信用，他们根本不懂得什么礼义德行。如果对自己有利,他们连亲人兄弟也不考虑,就像禽兽一般。这是天下人都知道的事情。他们从来不曾施厚恩,积大德。因此宣太后虽然是秦昭王的母亲,却忧愁而死;穰侯是秦昭王的舅父,没有人立的功劳比他更大,然而秦昭王竟然把他驱逐了。秦昭王的两个弟弟没有犯下任何过错,却一再被削夺封地。秦王对亲人兄弟尚且如此,更何况对待有深仇大恨的敌国呢!如今大王帮助秦国一起去进攻韩国,这样就会更加接近秦国带来的灾难,我对大王助秦攻韩的做法感到大惑不解。如果大王认识不到这一点,就说明大王不够明智;大臣们知道这一点,却没有人向您进谏,就说明大臣们对您不够忠诚。

　　"今夫韩氏以一女子承一弱主^①,内有大乱,外安能支强秦、魏之兵^②?王以为不破乎?韩亡,秦尽有郑地,与大梁邻,王以为安乎?王欲得故地,而今负强秦之祸也,王以为利乎?秦非无事之国也,韩亡之后,必且便事^③;便事,必就易与利;就易与利,必不伐楚与赵矣。是何也?夫越山逾河^④,绝韩之上党而攻强赵,则是复阏与之事也^⑤,秦必不为也。若道河内,倍邺、朝歌,绝漳、滏之水,而以与赵兵决胜于邯郸之郊,是受智伯之祸也,秦又不敢。伐楚,道涉而谷^⑥,行三千里^⑦,而攻危隘之塞^⑧,所行者甚远,而所攻者甚难,秦又弗为也。若道河外,背大梁,而右上蔡、召陵,以与楚兵决于陈郊,秦又不敢也。故曰,秦必不伐楚与赵矣,又不攻卫与齐矣。韩亡之后,兵出之日,非魏无攻矣。

【注释】

　　①今夫韩氏以一女子承一弱主:如今韩国靠一个女人去辅佐一个幼

弱的君主。何建章《战国策注释》:"吴补:'《大事记》云"《韩世家》不载其事,必是时韩王少,母后用事也"。'"

②外安能支强秦、魏之兵:怎么能够抵抗来自国外的秦、魏的强大军队呢? 安,怎么。支,抵抗。

③必且便事:一定会马上另起事端。便,疑为"更"之误。

④逾:跨越,渡过。河:黄河。

⑤阏(yān)与:即《战国纵横家书》说的"阏舆"。

⑥道涉而谷:取道涉谷。而,衍字,应删。

⑦行三千里:行军三千里。原文为"行三十里"。三十,应是"三千"之误。

⑧危隘之塞:险要的关塞。一说,"危隘"为"黾隘"之误,黾隘是关塞名,一说为今河南信阳与湖北应山之间的平靖关。

【译文】

"如今韩国靠一个女人去辅佐一个幼弱的君主,国内又发生大乱,他们怎能抵抗来自国外的秦、魏两国的强大军队呢? 大王难道还以为韩国不会灭亡吗? 韩国灭亡之后,秦国将要占有原来的郑国(也即韩国)土地,这里与魏国都城大梁邻近,大王以为魏国还能够安宁吗? 大王想得到原来的失地,却背上了强秦带来的灾难,大王以为这对魏国有利吗? 秦国不是一个安分的国家,韩国灭亡之后,秦国必将另起事端;秦国另起事端,必定要寻找容易得手和有利可图的目标;要寻找容易得手和有利可图的目标,秦国肯定不会去进攻楚国和赵国。这是为什么呢? 如果翻越大山跨过黄河,穿过韩国的上党地区去进攻强大的赵国,这就是重蹈了阏舆失败的覆辙,秦国一定不会这样做。如果取道河内地区,背对邺城和朝歌,渡过漳水、滏水,与赵国军队决战于赵国都城邯郸的郊外,这就会再次遭遇像智伯遭遇过的灾难,秦国也不敢这样做。如果去进攻楚国,就要取道险要的涉谷,行军三千里,去攻打险要的关塞,秦国军队要走的路太远,要攻打的地方太难,秦国也不会这样做的。如果取道河外地区去进攻楚国，那就要背对着大梁，右边还有上蔡、召陵，在此环境下与楚军在陈城郊外决战，秦国也不敢。所以说：秦国一定不会去进攻楚国和赵国，也不会去进攻卫国和齐国。韩国灭亡之后，秦国出兵的时候，除了魏国，就没有其他国家可以进攻的了。

"秦故有怀地、刑丘①，之城垝津②，而以之临河内，河内之共、汲莫不危矣③。秦有郑地，得垣雍，绝荥泽④，而水大梁⑤，大梁必亡矣。王之使者大过矣，乃恶安陵氏于秦，秦之欲许之久矣。然而秦之叶阳、昆阳与舞阳邻⑥，听使者之恶也，随安陵氏而欲亡之⑦。秦绕舞阳之北，以东临许，则南国必危矣。南国虽无危⑧，则魏国岂得安哉？且夫憎韩、不爱安陵氏，可也；夫不患秦之不爱南国⑨，非也。异日者，秦乃在河西，晋国之去梁也千里，有余河山以兰之⑩，有周、韩而间之。从林军以至于今，秦十攻魏⑪，五入国中⑫，边城尽拔。文台堕⑬，垂都焚，林木伐，麋鹿尽，而国继以围。

【注释】

①刑丘：即邢丘（在今河南温县）。

②之城垝津：在垝津筑起城池。之，据《战国纵横家书》应为衍文，应删。

③汲：地名。在今河南汲县。

④绝：挖断，挖开。

⑤水：用如动词。用水淹。

⑥叶阳：地名。在今河南叶县南。原文有"高陵"，何建章《战国策注释》："《魏世家》《战国纵横家书》并无'高陵'。《汉书·地理志·颍水郡》无高陵。"

⑦随：假借为"堕"。毁掉。

⑧虽：即使。

⑨之：亦，也。裴学海《古书虚字集释》卷九："犹'亦'也。"

⑩有余河山以兰之：有黄河、高山阻拦秦军。余，衍字，应删。兰，通"拦"。阻拦。

⑪十：整理小组《战国纵横家书》作"七"。

⑫国中：整理小组《战国纵横家书》作"圉中"。根据下文，应为"圉中"。

⑬文台：整理小组《战国纵横家书》作"支台"。

【译文】

"秦国本来就占有了怀地、邢丘，如果再在垝津筑起城池，从这里监临着河内地区，那么河内地区的共地、汲地就必定处于危险之中。秦国占有郑国的故地，获取垣雍，一旦决开荥泽堤坝，用水淹没大梁，大梁必定会失陷。大王派去秦国的使臣也犯了一个大错误，他竟然在秦国面前毁谤安陵国，秦国早就想得到许地了。秦国的叶阳、昆阳与魏国的舞阳相邻，现在又听到使者对安陵国的毁谤，于是秦国就会借机进攻安陵国并灭掉它。然后秦军就会绕道舞阳北边，一路向东直逼许地，这样一来魏国的南部地区就会处于危险境地。南部地区即使没有危险，魏国还会有安全可言吗？再说憎恶韩国，不爱护安陵国，这都是可以的；如果不担心秦国带来的灾难，不爱护魏国的南部地区，那就错了。从前，秦国的地盘还在河西一带的时候，魏国的原都城安邑距离大梁有千里之远，还有黄河及高山阻挡秦军，有周国与韩国处于秦国与魏国之间。然而自从林乡战役到现在，秦国已经十次进攻魏国，五次攻入大王的苑林之中，边境城邑都被秦国攻陷，苑林中的文台被毁掉，垂都被烧毁，林木被砍伐，鸟兽被秦军猎取殆尽，接着魏国都城大梁又被持续围困。

"又长驱梁北①，东至陶、卫之郊，北至乎阚②。所亡乎秦者,山南山北③,河外河内,大县数百,名都数十。秦乃在河西,晋国之去大梁也尚千里④,而祸若是矣,又况于使秦无韩而有郑地⑤,无河山以兰之,无周、韩以间之,去大梁百里,祸必百此矣。异日者,从之不成矣,楚、魏疑而韩不可得而约也。今韩受兵三年矣,秦挠之以讲,韩知亡,犹弗听,投质于赵,而请为天下雁行顿刃。以臣之观之,则楚、赵必与之攻矣⑥。此何也? 则皆知秦之欲无穷也⑦,非尽亡天下之兵,而臣海内之民,必不休矣。

【注释】

①梁北:大梁以北。

②阚:又作"监"。"阚"与"监"音近通用。地名。在今山东汶上。

③山南:这两个字原无,据《战国纵横家书》与《史记·魏世家》补。

④尚:尚且有,还有。

⑤无韩:灭掉韩国。无,灭掉。

⑥则楚、赵必与之攻矣:那么楚国与赵国一定会帮助韩国进攻秦国。与,帮助。之,代指韩国。

⑦欲:原无"欲"字,据《史记·魏世家》补。

【译文】

"秦军又长驱直入到了大梁以北,东边打到了陶、卫两城的郊外,北边打到了阚地。被秦国吞并的土地,有山南山北地区,河外河内一带,大县有数百个,大都市有几十个。秦国的地盘还在河西的时候,魏国的故都安邑距离大梁还有千里之遥,秦国带来的祸患就已经如此严重了,更何况让秦国灭了韩国,据有郑国故地,没有黄河大山阻拦它,也没有东周和韩国处于秦国与魏国之间,距离大梁只有一百来里路,那么秦国给魏国造成的灾难将会是从前的上百倍。从前,合纵联盟之所以没有成功,是由于楚国与魏国互相猜疑，而韩国又不愿意签订合纵盟约。如今韩国遭受战祸已经三年了，秦国不断地纠缠它，想让它屈从媾和，韩国知道这样就会亡国，始终不肯听从，于是就送人质到赵国，表示愿意做天下诸侯的先锋，整顿军队与秦国决一死战。据我的观察，楚国、赵国必定会出兵帮助韩国进攻秦国。这是为什么呢？是因为他们都认识到秦国的贪欲是无穷的，除非把天下各诸侯国的军队全部消灭，使海内之民都臣服于秦国，秦国是绝不肯罢休的。

　　"是故臣愿以从事乎王，王速受楚、赵之约，而挟韩之质①，以存韩为务②，因求故地于韩③，韩必效之。如此则士民不劳而故地得，其功多于与秦共伐韩，然而无与强秦邻之祸。夫存韩、安魏而利天下，此亦王之大时已。通韩之上党于共、莫，使道已通④，因而关之⑤，出入者赋之，是魏重质韩以其上党也。共有其赋，足以富国，韩必德魏、爱魏、重魏、畏魏，韩必不敢反魏。韩是魏之县也。魏得韩以为县，则卫大梁，河外必安矣。今不存韩，则二周必危，安陵必易⑥，楚、赵大破，卫、齐甚畏，天下之西乡而驰秦⑦，入朝为臣之日不久矣！"

【注释】

①韩：原为"魏"字，据《战国纵横家书》及文意改。

②以存韩为务：把保存韩国作为自己的要务。

③因：接着。

④使道已通：在道路通畅之后。

⑤因而关之：接着就在道路上设置关卡。

⑥易：易手，易主。也即被秦国占领。

⑦西乡：向西。乡，通"向"。

【译文】

　　"因此我愿意用合纵联盟的方式来辅佐大王，大王应尽快接受楚国和赵国的盟约，挟持韩国的人质，但要把保全韩国作为自己的要务，接着再向韩国索取故地，韩国一定会送还。这样做军民不受任何劳苦就可以收复故地，其功效要远远超过与秦国一起去进攻韩国，而且还没有与强秦为邻的祸害。保存韩国、安定魏国而有利于天下，这是上天赐予大王的大好时机啊。然后再开通从韩国上党地区到魏国共地、莫地的道路，这条道路通畅之后，就在这条道路上设置关卡，进出的商贾都要纳税，这就等于魏国又把韩国的上党地区作为一个重要的抵押品了。魏国与韩国共享这些税收，足以使国家富足。韩国必定会感激魏国、爱护魏国、重视魏国、畏惧魏国，韩国一定不敢反叛魏国。这样一来韩国实际上就成为魏国的一个县了。魏国使韩国作为自己的县，让它卫护着大梁，河北一带也能变得安全了。如果现在不去保全韩国，那么东西二周一定会处于危险境地，安陵必定会被秦国吞并，楚国、赵国也会遭遇大的失败，卫国、齐国对秦国也会变得更加畏惧，那么天下诸侯都将坐着车子向西奔赴，入秦朝拜称臣的日子不久就会到来了。"

附录二：

　　【说明】《史记·魏世家》有一段文字的内容与《战国纵横家书》中的本章一致，故附录于后，以供读者对照参考。

　　魏王以秦救之故①，欲亲秦而伐韩，以求故地。无忌谓魏王曰："秦与戎、翟同俗，有虎狼之心，贪戾好利无信，不识礼义德行。苟有利焉，不顾亲戚兄弟，若禽兽耳，此天下之所识也，非有所施厚积德也。故太后，母也，而以忧死；

穰侯，舅也，功莫大焉，而竟逐之；两弟无罪，而再夺之国^②。此于亲戚若此，而况于仇雠之国乎？今王与秦共伐韩而益近秦患，臣甚惑之。而王不识则不明，群臣莫以闻则不忠。

【注释】

①魏王：指魏安釐王。以：因为。秦救：秦国曾经援助过魏国。

②再：二，一再。国：封地。

【译文】

魏王因为秦国曾经援助过自己的缘故，想要亲近秦国，帮助秦国攻伐韩国，以便收回原来的土地。信陵君魏无忌对魏王说："秦国人和戎、狄的习俗相同，有虎狼一样的心，他们贪婪、凶狠、好利，而不讲信用，根本不懂得什么是礼义德行。如果对自己有利，连亲人兄弟也不顾，就像禽兽一般，这是天下人都知道的事情，他们从不会施厚恩、积大德的。所以宣太后本是秦王的母亲，却因忧愁而去世；穰侯是秦王的舅父，他立下的功劳无人可比，然而竟然把他驱逐出秦国了；秦王的两个弟弟没有犯下任何罪过，却一再被削夺封地。秦王对待亲人尚且如此，何况对待仇敌之国呢？如今大王帮助秦国去攻伐韩国，这样就会更加接近秦国带来的灾难，我对您助秦攻韩的决定感到非常迷惑不解。如果大王认识不到这一点，就是不够明智；大臣们没有向您提醒这一点，就是对您不够忠诚。

"今韩氏以一女子奉一弱主，内有大乱，外交强秦、魏之兵^①，王以为不亡乎？韩亡，秦有郑地，与大梁邻^②，王以为安乎？王欲得故地，今负强秦之亲^③，王以为利乎？秦非无事之国也，韩亡之后，必将更事；更事，必就易与利；就易与利，必不伐楚与赵矣。是何也？夫越山逾河，绝韩上党而攻强赵,是复阏与之事,秦必不为也。若道河内,倍邺、朝歌,绝漳、滏水,与赵兵决于邯郸之郊,是知伯之祸也,秦又不敢。伐楚,道涉谷④,行三千里。而攻冥厄之塞⑤,所行甚远,所攻甚难,秦又不为也。若道河外,倍大梁⑥,右上蔡、召陵⑦,与楚兵决于陈郊,秦又不敢。故曰秦必不伐楚与赵矣,又不攻卫与齐矣。夫韩亡之后,兵出之日,非魏无攻已⑧。

【注释】

①外交强秦、魏之兵:国外要与强大的秦、魏军队交战。交,交战。

②与大梁郱:与大梁邻近。郱,"邻"字之误。《史记索隐》:"《战国策》'郱'作'邻'字为得。"

③今负强秦之亲:如今背上了要与秦国亲近的包袱。负,背上,负担。

④道:取道,经过。

⑤冥厄之塞:地名。一说即今河南信阳与湖北应山之间的平靖关。

⑥倍:通"背"。背对着。

⑦右上蔡、召陵:原作"右蔡左召陵",据梁玉绳说改。

⑧已:通"矣"。

【译文】

"如今韩国靠着一个女人辅佐一个幼弱的君主,国内有大乱,国外还要与秦、魏两国的强大军队交战,大王认为韩国还不会灭亡吗?韩国灭亡之后,秦国占有原来郑国的土地(实际即韩国的土地),与大梁相邻,大王认为魏国还能安宁吗?大王想得到原来的失地,不惜背上和强秦亲近的包袱,大王以为这对魏国有利吗?秦国不是一个安分的国家,韩国灭亡之后,秦国必将另起事端;另起事端,必定要找容易下手和有利可图的目标;找容易下手和有利可图的目标,必定不会去进攻楚国和赵国。这是为什么呢?如果翻越大山渡过黄河,穿过韩国的上党地区去进攻强大的赵国，这是重蹈了阏与战役失败的覆辙，秦国一定不会这样做的。如果取道河内，背对着邺城和朝歌，渡过漳水与滏水，与赵军决战于邯郸的郊外，就会遭受到与知伯一样的灾祸，秦国又不敢这样做。如果去进攻楚国，就要经过涉谷，行军三千里，去攻打冥厄关塞，军队走的路太远，攻打的关塞太难，秦国也不会这样做的。如果取道河外地区，背对着大梁，右边还有上蔡、召陵，与楚军在陈城郊外决战，秦国又不敢。所以说：秦国一定不会去进攻楚国和赵国，也不会去进攻卫国和齐国。韩国灭亡之后，秦国出兵作战的时候，除了魏国，就没有可进攻的国家了。

　　"秦固有怀、茅、邢丘，城垝津以临河内，河内共、汲必危；有郑地，得垣雍，决荥泽水灌大梁，大梁必亡。王之使者出过而恶安陵氏于秦①，秦之欲诛之久矣②。秦叶阳、昆阳与舞阳邻，听使者之恶之，随安陵氏而亡之③，绕舞阳之北，以东临许，南国必危，国无害已④。夫憎韩不爱安陵氏，可也；夫不患秦之不爱南国，非也。异日者，秦在河西，晋国去梁三千里，有河山以阑之，有周、韩以间之。从林乡军以至于今，秦七攻魏，五入囿中，边城尽拔，文台堕，垂都焚，林木伐，麋鹿尽，而国继以围。

【注释】

①王之使者出过而恶（wù）安陵氏于秦：大王派使者出使秦国已是错误，而且使者还在秦国面前毁谤安陵国。过，过错，错误。

②诛之：讨伐安陵国。之，代指安陵国。

③随：通"堕"。毁掉，消灭。

④国无害已："无"疑为"先"之误字。已，通"矣"。译文从"国先害已"。

【译文】

"秦国本来已经占有了怀地、茅地、邢丘，如果再在垝津修筑城池，以监临着河内地区，那么河内地区的共地、汲地必定处于危险之中；秦国占领郑国故地（即韩国土地），得到了垣雍城，他们一旦挖开荥泽，水淹大梁，大梁必定会失陷。大王派使者出使秦国已是过失，而使者又在秦国面前毁谤安陵国，秦国很早就想消灭安陵国了。秦国的叶阳、昆阳与魏国的舞阳相邻，秦国听了使者对安陵国的毁谤，就会进攻安陵国并灭掉它，然后秦军就会绕道舞阳的北边，向东进军直逼许地，这样一来魏国的南部地区就一定会陷入危急状态，魏国就先遭受危害了。憎恶韩国、不爱安陵国，这是可以的；但是不担心秦国带来的灾难，不爱护魏国的南部地区，这就不对了。从前，秦国的地盘还在河西地区的时候，魏国旧都安邑距离大梁有三千里之远，还有黄河及高山阻挡，有周国与韩国处于秦国与魏国之间。自从林乡一战到现在，秦国已经七次进攻魏国，五次攻入大王的苑林之中，边境城邑都被攻陷，文台被毁掉，垂都被烧毁，林木被砍伐，鸟兽被秦军猎取殆尽，魏国的都城被持续围困。

"又长驱梁北，东至陶、卫之郊，北至平监①。所亡于秦者，山南山北，河外河内，大县数十，名都数百。秦乃在河西，晋去梁三千里，而祸若是矣，又况于使秦无韩②，有郑地，无河山而阑之，无周、韩而间之，去大梁百里，祸必由此矣③。异日者，从之不成也，楚、魏疑而韩不可得也。今韩受兵三年，秦桡之以讲④，识亡不听，投质于赵，请为天下雁行顿刃，楚、赵必集兵⑤，皆识秦之欲无穷也，非尽亡天下之国而臣海内，必不休矣。

【注释】

①北至平监：向北一直打到监地。平，应是"乎"字之误。《战国纵横家书》《战国策·魏策三》均无"平"字，而是"乎"字。《史记集解》："徐广曰：'平县属河南。平，或作"乎"字。'"

②无韩：灭掉了韩国。无，灭掉。

③祸必由此矣：魏国的灾难必定会从此开始了。

④桡之以讲：逼迫韩国屈服讲和。桡，屈服。这里是使动用法。

⑤集兵：集结军队以援救韩国。

【译文】

"秦军长驱直逼大梁以北地区，向东打到陶、卫两城的郊外，向北打到监地。被秦国吞并的土地，有山南山北地区，河外河内一带，大县几十个，大都邑几百个。秦国还在河西地区的时候，魏国旧都安邑距离大梁有三千里之远，秦国给魏国造成的灾难已经如此严重了，更何况又让秦国灭了韩国，据有郑国故地，没有黄河大山阻拦它，也没有周国和韩国处于秦国与魏国之间，距离大梁只有一百来里路，魏国的灾难必定从此开始了。从前，合纵联盟之所以没有成功，是由于楚国与魏国互相猜疑，而韩国又不愿意参加联盟。如今韩国遭受秦军进攻已有三年了，秦国逼迫韩国屈服媾和，韩国知道如此就要亡国了，所以坚决不屈服于秦国，把人质送到赵国，表示愿意做天下诸侯的先锋，整顿军队与秦决一死战。楚国与赵国必定会集结军队前去救援，因为他们都认识到秦国的贪欲是无穷的，除非把天下各诸侯国全部灭掉，让海内之民都臣服于秦国，否则秦国是绝不会罢休的。

"是故臣愿以从事王，王速受楚、赵之约，而挟韩之质以存韩，而求故地，韩必效之。此士民不劳而故地得，其功多于与秦共伐韩，而又与强秦邻之祸也①。夫存韩、安魏而利天下,此亦王之天时已②。通韩上党于共、甯③,使道安成④,出入赋之,是魏重质韩以其上党也。今有其赋,足以富国。韩必德魏、爱魏、重魏、畏魏,韩必不敢反魏,是韩则魏之县也⑤。魏得韩以为县,卫大梁,河外必安矣。今不存韩,二周、安陵必危,楚、赵大破,卫、齐甚畏,天下西向而驰秦入朝而为臣不久矣。"

【注释】

①而又与强秦邻之祸也:而且还远远胜过与强秦为邻带来的灾祸。本句承前一句,省略了"其功多于"数字。意思是,参加合纵联盟,保全韩国这一策略,要远远胜过助秦攻韩、与秦为邻的策略。

②已:通"矣"。

③甯(níng):同"宁"。

④使道安成:让这条路通过安成。道,取道,经过。安成,地名。在今河南原阳西南。战国时期先后为韩国与魏国所有。

⑤是韩则魏之县也:这样一来,韩国就成为魏国的一个县。是,代指魏国以上的行为。则,是,成为。

【译文】

"因此我愿意用合纵联盟的策略来辅佐大王,大王应尽快接受楚国和赵国的盟约,挟持韩国的人质,但要保全韩国,然后再索取故地,韩国一定会送还这些故地。这样做,军民不受劳苦就可以收回故地,其功效要远远超过与秦国一起去进攻韩国,也远远避开了与强秦为邻的祸害。保存韩国、安定魏国而有利于天下,这是上天赐给大王的好时机。然后再开通韩国上党地区到魏国共地、宁地的道路,让这条道路经过安成,进出的商贾都要纳税,这就等于魏国又把韩国的上党地区作为一个重要的抵押品了。如果有了这些税收,就足以使国家富足。韩国一定会感激魏国、爱戴魏国、重视魏国、敬畏魏国，韩国一定不敢反叛魏国，这样一来，韩国实际上就成为魏国的一个县了。如果魏国能够使韩国成为自己的一个县，让它卫护着大梁，那么河外地区必然能安全无虑。如果现在不去保全韩国，东西二周、安陵必定危险，楚国与赵国也会遭遇大的失败，卫国与齐国也会更加畏惧秦国，天下诸侯都向西奔赴秦国去朝拜称臣的日子就不需太久了。"

一七、胃起贾章

【题解】

胃起贾章：有人劝告起贾。本句的主语不明，可能是齐国派来的游说者。胃，通"谓"。起贾，秦国的大夫。本章的写作背景是：前284年，乐毅率领赵、秦、韩、魏、燕五国军队讨伐齐国，齐闵王败死，齐国几乎灭亡。"胃起贾"的事情就发生在五国伐齐之前。此时的起贾正在魏国，任务是联络魏国以共同进攻齐国的事宜。有游说者在起贾面前，分析了当时的各国形势，预测了打败齐国之后，将会出现对秦国的不利局面。这些预测，有些符合事实，有些则为游说者的故意编造，目的就是劝说起贾与齐国讲和，以免不利于秦国局面的出现。

胃〇起贾曰[①]："私心以公为为天下伐齐[②]，共约而不同虑[③]。齐、秦相伐，利在晋国[④]。齐、晋相伐，重在秦[⑤]。是以晋国之虑，奉秦，以重虞秦[⑥]。破齐，秦不妒得[⑦]，晋之上也[⑧]。秦食晋以齐[⑨]，齐毁，晋敝[⑩]，余齐不足以为晋国主矣[⑪]。晋国不敢倍秦伐齐[⑫]，有不敢倍秦收齐[⑬]，秦两县齐、晋[⑭]，以持大重[⑮]，秦之上也。是以秦、晋皆倈若计以相笱也[⑯]。

【注释】

①胃○起贾曰:有人对起贾说。胃,通"谓"。○,此处有一废字。本句的主语应是齐国的某位大夫。起贾,秦国的大夫。《吕氏春秋·应言》:"魏令孟卬割绛、汾、安邑之地以与秦王。王喜,令起贾为孟卬求司徒于魏王。"《战国策·赵策四》:"齐欲攻宋,秦令起贾禁之。"根据本章内容,这次起贾又一次来到魏国,目的是联络魏国以共同进攻齐国的事情,此时,有人劝告起贾要同意齐国的讲和要求。

②私心以公为为天下伐齐:我私下认为您是为了天下的利益而主张进攻齐国的。私心,指游说者个人的想法。公,对起贾的尊称。为为,衍一"为"字,应删。

③共约而不同虑:诸侯们虽然共同结盟伐齐,但他们伐齐的目的却不一样。虑,考虑,目的。

④齐、秦相伐,利在晋国:如果齐国与秦国相互攻伐,那么受益的是魏国。晋国,主要指魏国。

⑤齐、晋相伐,重在秦:如果齐国与魏国相互攻伐,那么受益的是秦国。重,威重,威望。指增加了秦国的威望与势力。

⑥以重虞秦:以有利于秦国的说辞去欺骗秦国。虞,欺骗。意思是说,魏国结盟的目的是劝说秦国进攻齐国,以便自己从中得利。

⑦秦不妒得:秦国对获得齐国土地的多少没有嫉妒之心。也即对所获土地多少不予计较。

⑧晋之上也:这是魏国最希望得到的结果。

⑨秦食晋以齐:秦国则希望通过齐国的力量去蚕食魏国。也即希望魏国与齐国相互交战,然后获渔翁之利。

⑩晋敝:魏国也打得疲惫不堪。敝,疲敝,疲惫。

⑪余齐不足以为晋国主矣:残存的齐国势力也就不能够再成为魏国的控制者。余,残余。主,主人,操纵者。

⑫倍：通"背"。背叛。

⑬有：通"又"。收齐：与齐国联盟。

⑭秦两县齐、晋：秦国把齐国与魏国两个国家悬挂在自己的手中。
　　也即控制在自己的手中。县，同"悬"。

⑮以持大重：而手握着重大的威权。

⑯是以秦、晋皆倛若计以相笥（sì）也：因此秦国与魏国都在运筹着
　　上述策略，相互试探着。倛，假借为"策"。策划，运筹。若计，这
　　些计划。代指以上所述的秦国的目的与魏国的目的。若，这，这
　　些。笥，假借为"伺"，窥伺，试探。本段主要是提醒起贾，魏国与
　　秦国并非同心同德，与齐国讲和，控制魏、齐两国，对秦国有利。

【译文】

有人对起贾说："我个人认为您是为了天下人的共同利益而主张讨
伐齐国的，然而这些结盟讨伐齐国的诸侯，却有着各自不同的目的。齐
国与秦国相互攻伐，得利的是魏国；齐国与魏国相互攻伐，得利的是秦
国。因此魏国的目的，是表面上侍奉秦国，以有利于秦国的说辞去欺骗
秦国进攻齐国。打败齐国之后，如果秦国不计较所得土地的多少，这是
魏国最想要的结果。秦国则希望通过齐国的力量去蚕食魏国，那时候齐
国被击败，魏国也打得疲惫不堪，残余的齐国势力也无法再成为魏国的
控制者了。魏国既不敢背叛秦国再去攻伐齐国，也不敢背叛秦国去与齐
国联盟，秦国就能够把齐国与魏国这两个国家掌控在自己的手里，而手
握着重大的威权，这是秦国最想得到的结果。因此秦国与魏国都在运筹
上述计谋以相互试探着。

　　"古之为利者养人□□立重①，立重者畜人以利②。重
立而为利者卑③，利成而立重者轻④，故古之人患利、重之
[相]夺□□□⑤，唯贤者能以重终⑥。察于见反⑦，故能制

天下。愿御史之孰虑之也⑧。且使燕尽阳地⑨，以河为竟⑩，燕，齐毋□难矣⑪。以燕王之贤⑫，伐齐，足以偏先王之饵⑬，利攒河山之间⑭，执无齐患⑮，交以赵为死〇友⑯，地不与秦攘介⑰，燕毕□□之事⑱，难听尊矣⑲。

【注释】

①古之为利者养人□□立重：古代的诸侯追求利益以养育百姓，是为了获取重大的权力。本句缺两字。《长沙马王堆汉墓简帛集成·战国纵横家书》补"以重"，我们认为似应是"以为"。

②立重者畜（xù）人以利：重大的权力获取之后，还要用利益去养育百姓。以上两句是说明"重"与"利"是相辅相成的关系，不可偏重于一方。畜，养育。《尚书·盘庚中》："古我先后，既劳乃祖乃父，汝共作我畜民。"《大戴礼记·保傅》："天子不论先圣王之德，不知国君畜民之道，不见礼义之正……凡是其属，太师之任也。"一说"畜人"是"把百姓视为畜生一样"的意思。整理小组《战国纵横家书》："养人的养是供养，畜人的畜是豢养，等于养禽兽。"此解得到《长沙马王堆汉墓简帛集成·战国纵横家书》的认可。沈月《〈战国纵横家书〉译注》把这几句译为："古代那些谋求利益的诸侯养育百姓以获得国家重权，但他们得到重权后却为了个人私欲对待老百姓如畜生一般。"

③重立而为利者卑：获取了国家重权之后还一心追求私利的诸侯王就会逐步变得卑贱。

④利成而立重者轻：诸侯获取了私利，他的权力就会被削弱。以上两句话的意思是，诸侯王要做到权与利的平衡，如果一味追求私利，将会失去权力。

⑤故古之人患利、重之［相］夺□□□：因此古代的人们担心利益与

权力之间相互矛盾而难以保持平衡。关于以上五句话,《长沙马王堆汉墓简帛集成·战国纵横家书》的释文为:"古之为利者养人[以重,]立重{立重}者畜人以利。重立而为利者卑,利成而立重者轻。故古之人患利、重之相夺□□□。"并解释说:"原注:夺上一字疑是自字。今按:从'古之为利者'至此,文字抄写有误衍('立重'二字和'畜人'下的句读符号),相关句读及文义理解皆从裘锡圭(1992:98)说。'夺'上一字原注疑为'自'非是,裘锡圭(1992:98)认为当为'相'字,其说是,今从其说径释。"

⑥唯贤者能以重终:只有那些贤良的诸侯王才能够终身掌握好重大的权利。

⑦察于见反:能够明白事物的发展都会转向自己的反面。察,明白。

⑧愿御史之孰虑之也:希望您仔细考虑这件事情。愿,希望。御史,官名。指起贾,起贾当时可能担任秦国的御史。孰,同"熟"。仔细,认真。

⑨且:将。阳地:地名。指黄河以北齐、燕接壤处的土地。整理小组《战国纵横家书·乾骉献书于齐章》注:"阳地指黄河以北齐、燕交界处的燕地。水以北称阳,所以称阳地。第十七章说'且使燕尽阳地,以河为境',说明阳地在黄河之北。战国时黄河在天津地区入海。燕之阳地当指今河北省高阳、河间一带。"

⑩以河为竟:以黄河为燕国的边界。河,黄河。竟,同"境"。边境,边界。

⑪燕,齐毋□难矣:对于燕国,齐国不敢再去发难了。齐国不敢再去进攻燕国的理由,下文有解释。本句缺一字,疑为"敢"字。整理小组《战国纵横家书》:"难上一字残缺,疑是敢字,一说,是余字。"《长沙马王堆汉墓简帛集成·战国纵横家书》则认为应是"余"字。另外,"燕,齐毋□难矣",整理小组《战国纵横家书》断句为"燕齐毋□难矣",《长沙马王堆汉墓简帛集成·战国纵横家

书》与《〈战国纵横家书〉译注》则为："燕齐毋余难矣。"后者译
为："燕、齐两国就没有其他的危难了。"

⑫燕王：指燕昭王。燕昭王是燕王哙之子。燕王哙禅位于相国子
之，引发燕国内乱。齐国乘机攻破燕国，燕王哙和子之被杀。燕
昭王即位后，招贤纳士，与民休息，国家殷富，士卒效命。燕昭王
二十八年（前284），遣乐毅率军联合其他诸侯攻齐，大破齐军，占
领齐城七十余座，齐闵王败死。燕国进入鼎盛时期。

⑬足以倴先王之饵：完全能够洗刷先王的耻辱。倴，通"刷"。先王，
指燕昭王的父亲燕王哙。饵，假借为"耻"。耻辱。

⑭利掼河山之间：很快就能够独自占有黄河与太行山之间的土地。
利，快速。《荀子·劝学》："假舆马者，非利足也，而致千里。"掼，
应为"擅"字之误。独自占有。河，黄河。山，指太行山。

⑮执无齐患：这种形势，再也不会发生齐国带来的灾难了。执，假借
为"势"。

⑯交以赵为死○友：在外交上，与赵国结为生死与共的盟友。○，此
处有一废字。

⑰地不与秦攘介：燕国的土地不与秦国接壤、交界。攘，假借为
"壤"。接壤。介，假借为"界"。交界。

⑱燕毕□□之事：本句缺两字，应为"攻齐"二字。燕国完成了进攻
齐国的事情。毕，完成。

⑲难听尊矣：就很难再听从您的指挥了。尊，对起贾的尊称。本段
主要是提醒起贾，如果打败齐国，受益最大的是燕国，一旦燕国
强大，就不会再服从秦国，因此劝告起贾与齐国讲和，这样对秦
国有利。

【译文】

"古代的诸侯王追求利益以养育百姓，是为了获取重大的权力；当获
取重大的权力之后，还要用物质利益去养育百姓。获取了国家的重大权

力之后，还一心追求私利的诸侯王就会逐步变得卑贱；诸侯王如果一味地追求私利，他的权力就会被削弱。因此古代的人们担心利益与权势之间相互矛盾而难以保持平衡，只有那些贤良的诸侯王才能够终身把握好手中的重大权力。这是因为他们懂得事物发展超过一定的度，就会向其反面转化，所以他们能够很好地把控着整个天下。希望您仔细地考虑这件事情。如果将来让燕国全部占有了阳地，以黄河为燕国的边界，那么对于燕国来说，齐国就很难再去进攻它了。凭借燕王的贤良，去讨伐齐国，完全能够洗刷其先王的耻辱，还能很快独自占有黄河与太行山之间的土地，这种形势出现之后，燕国就再也不会发生齐国带来的灾难。在外交方面，燕国与赵国结为生死与共的友好国家，燕国的土地又不与秦国接壤交界，待到燕国完成打败齐国的事情之后，就很难再去听从您的指挥了。

　　"赵取济西①，以方河东②，燕、赵共相③，二国为一，兵全以临齐④，则秦不能与燕、赵争。□□□□亡宋得⑤，南阳伤于鲁⑥，北地归于燕⑦，济西破于赵，余齐弱于晋国矣⑧。为齐计者，不逾强晋⑨，□□□□秦⑩，秦［、齐］不合，莫尊秦矣⑪。魏亡晋国⑫，犹重秦也。与之攻齐，攻齐已⑬，魏为□国⑭，重楚为□□□□重不在梁西矣⑮。一死生于赵⑯，毁齐，不敢怨魏。魏，公之魏已⑰。

【注释】

　①济西：地名。大约相当于今山东西北部一带。

　②以方河东：以加强河东地区的防守。方，通"防"。防守。河东，地名。指黄河中游中段以东、太行山以西地区，约当今山西中、南部一带。

③燕、赵共相：燕国与赵国共同聘请一个人为相国。这个人指乐毅。
　整理小组《战国纵横家书》："《史记·赵世家》惠文王十四年（前
　285）：'相国乐毅将赵、秦、韩、魏、燕攻齐，取灵丘。'当时，燕国名
　列在五国最后，乐毅是以赵相国名义作五国攻齐统帅的。但实际
　上乐毅是燕相国，所以说'燕、赵共相'。"强调"燕、赵共相"，是
　要说明两国关系密切。

④兵全以临齐：他们调动全部兵力直逼齐国。临，接近，直逼。

⑤□□□□亡宋得：本句缺四字。根据上下文，大意应是：如果齐国
　失去它原来获取的宋国土地。亡，失去。

⑥南阳伤于鲁：南阳一带又受到鲁国的威胁。南阳，地名。泰山以
　南地区，约当今山东泰安西部、济宁、枣庄西部一带，与鲁国相邻。
　伤，受到伤害、威胁。于，介词。在被动句中引出动作的主动者。

⑦北地归于燕：齐国的北部地区被燕国占有。

⑧余齐弱于晋国矣：残余的齐国势力就要弱于魏国了。晋国，主要
　指魏国。

⑨不逾强晋：不如强大的魏国。逾，超过。

⑩□□□□秦：缺四字。大约意思是：就会亲附魏国，疏远秦国。

⑪莫尊秦矣：没有人再去尊崇秦国了。

⑫魏亡晋国：魏国失去了原有的故都一带的土地。晋国，这里指安
　邑一带。在今山西夏县一带。后被秦国占领。

⑬攻齐已：进攻齐国之后。已，结束，以后。

⑭魏为□国：魏国作为战胜国。缺一字，应为"胜"或"强"。

⑮重楚为□□□□重不在梁西矣：本句缺四字。大意应是：魏国将
　会重视楚国，而不再重视大梁以西的秦国。整理小组《战国纵横
　家书》："这是说：攻齐之后，魏国的形势，将以楚国为重，重不在
　大梁以西了，就是说不在秦国了。"

⑯一死生于赵：让齐国的生死完全取决于赵国。一，完全。死生于

赵，生死被赵国所决定。当时率领诸侯军队进攻齐国的是乐毅，而乐毅是赵国与燕国的相国，而秦国与魏国不过是参与攻齐行动的两支盟军而已。游说者这样讲，还有一层目的，就是劝告起贾伐齐不可太积极，留有一定余地，免得引起齐国对他的痛恨。

⑰公之魏已：魏国还是您的魏国。意思是说，魏国有起贾的保护，对伐齐又不太积极，齐国也不敢、或者说不会对魏国进行报复。公，指起贾。已，通"矣"。本段主要分析赵、燕、魏战后的形势，认为这三国在战胜齐国之后将会疏远秦国，目的还是劝告起贾与齐国讲和。

【译文】

"赵国占领济西地区之后，再加强河东地区的防守，燕国与赵国共同聘请同一个人为相国，两个国家合二为一，如果他们调动所有军队直逼齐国，那么秦国也就无法与燕、赵两国相抗衡。如果齐国失去它原来获取的宋国土地，南阳一带又受到鲁国的威胁，北部地区被燕国占领，济西地区被赵国攻破，那么残余的齐国势力就会弱于魏国了。如果站在齐国的角度去考虑，既然齐国力量不如强大的魏国，那么齐国就会去亲附魏国，疏远秦国。秦国与齐国不再联合，就不会再有人去尊崇秦国了。魏国失去了原有的故都一带的土地，依然很尊崇秦国。现在与魏国一起进攻齐国，击败齐国之后，魏国作为战胜的强国，就会重视楚国，而不再尊崇大梁以西的秦国了。现在要把齐国的存亡完全交由赵国决定，那么即使击败齐国，齐国也不会过分怨恨魏国，因此魏国还会掌控在您的手中。

"楚割淮北①，以为下蔡○启□②，得虽近越③，实必利郢④。天下○且功齐⑤，且属从⑥，为传势之约⑦。终齐事，备患于秦，□是秦重攻齐也⑧，国必虑⑨，意齐毁未当于秦心也⑩，庐齐齐而生事于[秦]⑪。周与天下交长⑫，秦亦过矣⑬。天下齐齐不侍夏⑭。近虑周⑮，周必半岁；上党、宁阳⑯，非一举之事也，然则韩□一年有余矣⑰。天下休⑱，秦兵适敝⑲，秦有虑矣⑳。非是犹不信齐也㉑，畏齐大甚也㉒。公孙鞅之欺魏卬也㉓，公孙鞅之罪也。身在于秦，请以其母质㉔，襄疵弗受也㉕。魏至今然者㉖，襄子之过也㉗。今事来矣㉘，此齐之以母质之时也㉙，而武安君之弃祸存身之夬也㉚。"·五百六十三㉛

【注释】

①楚割淮北：楚国割占了淮北地区。淮北，地名。指淮河以北地区。战国时期，淮北土地曾分属于楚、宋等国。

②以为下蔡○启□：这就为下蔡开启了一条通道。下蔡，地名。在今安徽寿县、凤台一带。战国晚期，这里曾是楚国都城。○，此处有一废字。本句缺一字，疑为"道"字。

③得虽近越：所取得的土地虽然接近越地。当时越国已经灭亡，所以这里的"越"泛指越地，在今江浙一带。

④实必利郢（yǐng）：实际上肯定对楚国有利。郢，地名。在今湖北江陵一带，曾为楚国都城，这里用"郢"代指楚国。

⑤天下○且功齐：天下诸侯就要攻伐齐国了。○，此处有一废字。且，将要，就要。

⑥且属从：楚国也将会参加这次行动。整理小组《战国纵横家书》："属，联合。属从即合纵。"考虑到"合纵"是一个专有名词，专指东方各诸侯联合起来对付秦国，而这次是各诸侯联合起来对付齐国，故未用"合纵"一词。

⑦为传焚（fén）之约：为此还传递出了楚国焚烧与齐国盟约的消息。焚，假借为"焚"。焚烧。烧毁与齐国签订的盟约，表示与

齐国断交。《战国策·魏策二》"五国伐秦章":"请焚天下之秦符者,臣也;次传焚符之约者,臣也。"五国伐秦时,各国也焚烧了与秦国的盟约。

⑧"终齐事"几句:结束伐齐的事情之后,各诸侯就会开始防备秦国带来灾难,因此秦国对于伐齐的事情要特别慎重。缺一字,疑为"以"字。重,慎重。这三句,依然是劝告起贾最好与齐国讲和。

⑨国必虑:秦国一定要仔细考虑。

⑩意齐毁未当于秦心也:将会意识到齐国的破灭并不符合秦国的意图与利益。意,意识到,感到。当,符合。心,想法,意图。

⑪庐齐齐而生事于[秦]:还要考虑到击败齐国后,各诸侯国就会谋划进攻秦国。庐,假借为"虑"。考虑。齐,第一个"齐"通"剂"。分割,击败。一说应通"挤"。挤压,排挤。第二个"齐"指齐国。生事,挑起事端。

⑫周与天下交长:周与天下诸侯的关系友好。当时的周虽然弱小,但依然是天下共主。

⑬秦亦过矣:秦国对两周的想法也是错误的。秦国想乘机吞并两周与韩国。本书二十一《苏秦献书赵王章》:"(秦)欲以亡韩、呻(吞)两周,故以齐饵天下。"

⑭天下齐齐不侍夏:天下诸侯讨伐齐国,本不需要等到夏天。整理小组《战国纵横家书》:"这是说:五国破齐,不需要等到夏天。而秦国在近处想吞并东西周,得半年。上党和宁阳更不是一下子就能办到的,那么,灭韩的事就得一年多了。据《史记·六国表》秦昭王二十一年,秦国败韩兵于夏山。本书第二十一章说:秦国'欲以亡韩吞两周。'又说:'声德与国,实伐郑韩。'可见在五国攻齐开始时,秦国是在攻韩国。"

⑮近虑周:秦国想灭掉近处的两周。

⑯上党、宁阳:两个地名。这里指占领上党、宁阳。上党,大约包括

今山西临汾东部、长治西部、晋城西部一带。宁阳，可能即"宁"。在今河南淇县。

⑰然则韩□一年有余矣：那么要想灭掉整个韩国与两周，则需要一年多的时间。本句缺一字，《长沙马王堆汉墓简帛集成·战国纵横家书》认为应为"周"字。

⑱天下休：天下诸侯都可以休养生息了。

⑲秦兵适敝：秦国军队却正处于疲惫之时。适，刚好，正值。

⑳秦有虑矣：秦国就会发生值得忧虑的事情。也即可能受到诸侯的攻击。

㉑非是犹不信齐也：即使不是这样，诸侯依然不会相信齐国。

㉒畏齐大（tài）甚也：诸侯对齐国具有很强的恐惧心理。大，同"太"。《史记·田敬仲完世家》："齐南割楚之淮北，西侵三晋，欲以并周室，为天子。泗上诸侯邹鲁之君皆称臣，诸侯恐惧。"

㉓公孙鞅之欺魏卬（áng）也：商鞅欺骗过魏国的公子卬。公孙鞅，即商鞅。因商鞅原为卫国贵族，故又称"卫鞅"。卬，魏国将军公子卬。《史记·商君列传》记载商鞅欺骗好友公子卬的事件："使卫鞅将而伐魏，魏使公子卬将而击之。军既相距，卫鞅遗魏将公子卬书曰：'吾始与公子欢，今俱为两国将，不忍相攻，可与公子面相见，盟，乐饮而罢兵，以安秦、魏。'魏公子卬以为然。会盟已，饮，而卫鞅伏甲士而袭虏魏公子卬。因攻其军，尽破之以归秦。魏惠王兵数破于齐、秦，国内空，日以削，恐，乃使使割河西之地献于秦以和。而魏遂去安邑（在今山西运城），徙都大梁（在今河南开封）。"商鞅在定盟的宴会上扣下公子卬，袭击毫无防备的魏军，使魏国遭受了前所未有的打击，不得不割地迁都。"兵不厌诈"这条原则是正确的，作为敌人，欺骗对方，完全可以接受。但商鞅是盗用"友谊"，以朋友的身份去欺骗公子卬，此举的确让人不太容易接受。

㉔请以其母质:商鞅请求把自己的母亲送到魏国做人质。

㉕襄疵弗受也:襄疵没有接受商鞅的要求。襄疵,人名。魏国大夫。
《吕氏春秋·无义》:"(商鞅)于是为秦将而攻魏。魏使公子卬将
而当之。公孙鞅之居魏也,固善公子卬,使人谓公子卬曰:'凡所
为游而欲贵者,以公子之故也。今秦令鞅将,魏令公子当之,岂且
忍相与战哉?公子言之公子之主,鞅请亦言之主,而皆罢军。'于
是将归矣,使人谓公子曰:'归未有时相见,愿与公子坐而相去别
也。'公子曰:'诺。'魏吏争之曰:'不可。'公子不听,遂相与坐。
公孙鞅因伏卒与车骑以取公子卬。秦孝公薨,惠王立,以此疑公
孙鞅之行,欲加罪焉。公孙鞅以其私属与母归魏。襄疵不受,曰:
'以君之反公子卬也,吾无道知君。'故士自行不可不审也。"商
鞅欺骗好友公子卬,秦惠王为此而怀疑商鞅品行不端,想治他的
罪(实际上秦惠王惩罚商鞅还有其他原因)。商鞅曾在魏国做过
官,所以他想把自己的私人亲属与母亲送到魏国,襄疵因商鞅欺
骗公子卬之事,拒绝接受。

㉖魏至今然者:魏国沦落到今天这个样子。然,这样。

㉗襄子之过也:是襄疵的过错。襄子,指襄疵。意思是,襄疵没有接
受商鞅,使魏国遭受到了损失。游说者举此例,是要说服起贾做
事不可过分,不要拒绝齐国的讲和要求。

㉘今事来矣:如今齐国来侍奉秦国。

㉙此齐之以母质之时也:这也是齐国迫不得已到了"以母亲为人
质"的时候。意思是劝告起贾要接受齐国的讲和,不要像襄疵拒
绝商鞅那样去拒绝齐国的讲和要求。

㉚而武安君之弃祸存身之夬也:这也是武安君苏秦远离灾祸、保存
自身的要诀。武安君,指苏秦。夬,假借为"诀"。要诀。本段主
要是分析了齐国失败之后,秦国将会处于困境,以此说服起贾答
应齐国的讲和要求。

㉛五百六十三：本章共五百六十三个字。

【译文】

"楚国割取了淮北的土地，以此为下蔡开通了一条通道，虽然楚国得到的土地接近越地，但实际上肯定对楚国有利。天下诸侯将要攻伐齐国，楚国也将会参加这次行动，为此楚国还传出了焚烧与齐国盟约的消息。攻伐齐国的事情结束之后，各诸侯国就会转身去防备秦国带来的灾难，因此秦国对攻伐齐国的事情千万要慎重，秦国一定要仔细考虑，要意识到齐国的失败未必符合秦国的利益与目的，还要考虑到击败齐国之后，诸侯们还会向秦国挑起事端。周与天下诸侯关系良好，秦国想灭掉两周的计划是不正确的。天下诸侯攻伐齐国，本来不需要等到夏天。然而秦国想灭掉近处的两周，而灭掉两周一定需要半年的时间；要想占领上党、宁阳地区，也不是一下子就能做到的事情，那么要想灭掉韩国与两周，大约需要一年多的时间。到那时天下诸侯都在休养生息，而秦国军队却正处于疲惫不堪的状态，这样秦国就会发生值得忧虑的事情。即使没有出现这种情况，诸侯们依然不会相信齐国，他们对齐国具有很强的恐惧心理。商鞅欺骗了魏国将军公子卬，这是商鞅个人的罪过。当商鞅还在秦国的时候，为了避难就请求把自己的母亲送到魏国做人质，魏国大夫襄疵没有接受。魏国之所以沦落到今天这种状况，全是襄疵没有接受商鞅这一过错造成的。如今齐国来侍奉秦国，这也是齐国到了'以母亲为人质'的危难之时，您接受齐国讲和也就是武安君苏秦所提倡的远离灾祸、保存自我的要诀啊。"•本章共五百六十三字

一八、触龙见赵太后章

【题解】

触龙见赵太后:触龙看望赵太后。触龙,赵国大夫。赵太后,指赵威后,赵惠文王的王后,赵孝成王的母亲。赵孝成王即位元年(前265),赵太后执政。此年秦国进攻赵国,赵国向齐国求救,齐国要求太后的少子到齐国做人质,然后才肯出兵,而太后不同意。在此情况下,触龙以父母疼爱子女,就要为子女做长远打算为理由,劝说太后要趁此机会让少子为国立功,以便今后能够长期立足于赵国。触龙在劝说太后时,动之以情,晓之以理,循循善诱,最终达到了说服太后的目的。

我们在本章的最后还附录了《战国策·赵策四》"赵太后新用事章"与《史记·赵世家》的部分文字,以供读者对照参考。

赵大后规用事①,秦急攻之②,求救于齐。齐曰:"必[以]大后少子长安君来质③,兵乃出。"大后不肯,大臣强之④。大后明胃左右曰⑤:"有复言令长安君质者,老妇必○唾其面⑥。"左师触龙言愿见⑦,大后盛气而胥之⑧。入而徐趋⑨,至而自[谢]曰⑩:"老臣病足⑪,曾不能疾走⑫。不得见久矣。窃自□老,與恐玉軆之有所骹也⑬,故愿望见大后。"

曰:"老妇持连而霎⑭。"曰:"食饮得毋衰乎⑮?"曰:"侍鬻鬻耳⑯。"曰:"老臣间者殊不欲食⑰,乃自强步,日三四里,少益耆食⑱,智于身⑲。"曰:"老妇不能。"大后之色少解⑳。

【注释】

①赵大后规用事:赵太后刚刚掌权执政。大后,即太后。大,同
"太"。太后指赵威后,赵惠文王的王后,赵孝成王的母亲。规,
疑为"新"字之误。《战国策·赵策四》:"赵太后新用事。"《史
记·赵世家》:"赵王新立,太后用事。"一说,规,指法度。赵太后
规用事,即赵太后依法执政。用事,掌权。

②秦急攻之:秦国向赵国发动了紧急进攻。《史记·赵世家》:"孝成
王元年(前265),秦伐我,拔三城。赵王新立,太后用事,秦急攻
之。"当时赵孝成王年幼,所以太后用事。

③必[以]大后少子长安君来质:一定要让太后的小儿子长安君到
齐国做人质。

④大臣强之:大臣们竭力劝谏太后。

⑤胃:通"谓"。左右:指身边的大臣。

⑥老妇必〇唾其面:老妇我一定吐他一脸唾沫。〇,此处有一废字。
唾,吐唾沫。

⑦左师触龙言愿见:左师触龙说,自己希望去看望一下太后。左师,
官名。触龙,人名。整理小组《战国纵横家书》:"龙《赵策》作
詟,合龙言两字为一。《赵世家》和《汉书·古今人表》均作触龙。
宋姚氏本《战国策》在詟字下注:'一本无言字。'可见其原本也
是龙言两字。"

⑧大后盛气而胥之:太后怒气冲冲地等着触龙。盛气,盛气凌人,气
乎乎地。胥,等待。太后认为触龙也是来劝谏自己让少子去齐国
做人质,故而生气。

⑨入而徐趋：进入宫中，慢慢地小步走着。徐，慢慢地。趋，本指小步快走，这里指迈着小步。

⑩［谢］：道歉。

⑪病足：腿脚有病。

⑫曾（zēng）不能疾走：无法跑快一些。曾，副词。用来加强语气，常与"不"字连用。疾，快。走，跑。

⑬窃自□老：我常常原谅自己老了。窃，私下，个人。本句缺一字，疑为"赦"字。整理小组《战国纵横家书》："自下一字疑是赦字。《赵策》和《赵世家》均作恕。赦与恕音义俱近。"本句意思是说，自己很久没有来看望太后，于是常常用已经老了为理由来原谅自己的失礼行为。

⑬奥恐玉膿之有所郄也：因而特别担心您的贵体有所欠安。奥，假借为"与"，"与"和"而"通用。整理小组《战国纵横家书》："与，《赵策》与《赵世家》均作而，与、而两字古通用。"膿，假借为"体（體）"。玉体，对太后身体的尊称。郄，假借为"郄"。劳累，疲倦。

⑭老妇持连而嵰：老妇我依靠坐在车子上四处转一转。持，假借为"恃"。依靠。连，假借为"辇"。人拉的车子。嵰，假借为"还（還）"。转一转，走一走。

⑮得毋：也作"得无"。莫非，该不会是。

⑯侍鬻鬻（zhōu）耳：就靠喝点稀饭罢了。侍，通"恃"。依靠。鬻，是"鬻"字的误写，可视为废字。鬻，同"粥"。

⑰老臣间者殊不欲食：我这段时间也特别不想吃东西。间者，最近一段时间。殊，特别。

⑱少益耆（shì）食：稍微增加了一些食欲。少，稍微。益，增加。耆，通"嗜"。爱好，嗜好。

⑲智于身：对身体有益。整理小组《战国纵横家书》："智，通知，《赵策》与《赵世家》并作和，字形之误。《方言三》：'知，愈也。南楚

病愈者或谓之知。'这是说有益身体。"

⑳大后之色少解：太后生气的表情稍微缓解了一些。色，表情。少，
稍微。

【译文】

　　赵太后刚刚掌权执政的时候，秦国就发动了对赵国的紧急进攻，赵
国只得向齐国求援。齐国说："必须把赵太后的小儿子长安君送到齐国
来做人质，齐国才会出兵相救。"太后不同意，大臣们竭力劝谏。太后明
确地对身边大臣们说："如果再有人劝我让长安君去齐国做人质，老妇
我一定吐他满脸唾沫。"左师触龙说，自己希望能够看望一下太后，于是
太后就怒气冲冲地等着他。触龙进宫后，慢慢地拖着小步，走到太后面
前，向太后道歉说："老臣我腿脚有病，实在无法跑得快一些。很久都没
有来看望太后了。我常常原谅自己老了，然而还是很担心您的贵体欠
安，所以希望前来看望一下太后。"太后回答说："老妇我现在依靠坐在
车子上四处转转。"触龙问："您的饮食该没有减少吧？"太后回答："就
靠喝一点稀饭罢了。"触龙说："老臣我最近这段时间也特别不想吃东
西，于是就强迫自己出去走一走，每天走三四里路，稍微增加了一点食
欲，这对身体有好处。"太后说："老妇我做不到。"此时太后生气的表情
稍微缓解了一些。

　　左师触龙曰："老臣贱息诤旗最少①，不宵②；而衰③，窃
爱怜之④。愿令得补黑衣之数⑤，以卫王宫⑥，昧死以闻⑦。"
大后曰："敬若⑧。年○几何矣⑨？"曰："十五岁矣。虽少，
愿及未實叡谷而托之⑩。"曰："丈夫亦爱怜少子乎⑪？"曰：
"甚于妇人⑫。"曰："妇人异甚。"曰："老臣窃以为媪之爱燕
后贤长安君⑬。"曰："君过矣⑭，不若长安君甚。"左师触龙
曰："父母爱子则为之计深远。媪之送燕后也⑮，攀其踵⑯，

为之泣，念其远也，亦哀矣。已行^⑰，非弗思也。祭祀则祝之曰^⑱：'必勿使反^⑲。'岂非计长久^⑳，子孙相继为王也哉^㉑？"太后曰："然^㉒。"

【注释】

①贱息：类似今天说的"犬子"。贱，自谦之辞。息，儿子。讦旗：即舒旗。人名。讦，假借为"舒"。最少：年龄最小。

②不宵：即"不肖"。不成器。也是谦辞。

③而衰：而我已经衰老了。

④窃爱怜之：我非常疼爱他。窃，我个人。怜，爱，疼爱。

⑤愿令得补黑衣之数：希望能够让他到卫队里充个数。也即参加宫廷卫队。黑衣，卫士穿的衣服，代指卫队。

⑥以衛王宫：让他去保卫王宫。衛，"卫（衞）"之误字。

⑦昧死以闻：我冒死把这个请求禀告给您。昧死，冒着死罪。敬畏之辞。

⑧敬若：我一定照办。若，通"诺"。表示同意的应答之辞。

⑨年○几何矣：年龄多大了？○，此处有一废字。

⑩愿及未真叡（hè）谷而托之：希望趁着我还在世，把他托付给您。真叡谷，指死亡。真，假借为"填"。叡，同"壑"。沟壑。真叡谷，指死后被埋在沟壑里。

⑪丈夫：男人。

⑫甚于妇人：超过了女人。甚，超过。

⑬老臣窃以为媪（ǎo）之爱燕后贤长安君：我个人认为老太太您爱女儿燕后超过了爱长安君。媪，对老年妇人的称呼。这里指太后。燕后，指赵太后的女儿，嫁给燕王为王后。贤，胜过，超过。

⑭君过矣：您说错了。过，错误。

⑮媪之送燕后也：当老太太您送燕后出嫁的时候。

⑯攀其踵（zhǒng）：抱着燕后的双脚。燕后坐车出发，太后抱着女儿的双脚不忍女儿远去。踵，脚后跟。代指脚。一说，踵指车后的轸木。

⑰已行：出嫁之后。

⑱祭祀则祝之曰：每次祭祀时，您都要为她祈祷说。祝，用言语祈祷求福。

⑲必勿使反：千万不要让她回来。反，同“返”。此指返回赵国。先秦诸侯之女出嫁他国，只有遭到休弃，或所嫁之国灭亡时，才能回来。这句话的意思是说，希望自己的女儿不要遇到灾祸。

⑳剀：假借为“岂”。难道。

㉑弋：同“哉”。

㉒然：是这样。

【译文】

左师触龙说：“老臣我有个儿子叫舒旗，年龄最小，不成器；而我已经年老体衰，却十分疼爱他。希望能够让他到卫队里去充个数，以保卫王宫，我冒死把自己的这个心愿禀报给您。”太后说：“我一定照办。他年龄多大了？”触龙回答：“十五岁了。虽然年龄还小，但希望趁着我还没有死的时候，把他托付给您。”太后问：“男人也疼爱自己的小儿子吗？”触龙回答：“比女人还要疼爱。”太后说：“女人对小儿子疼爱得特别厉害。”触龙说：“我个人认为老太太您对女儿燕后的疼爱，超过了对长安君的疼爱。”太后说：“您说错了，我对女儿燕后的疼爱远远比不上对长安君的疼爱。”左师触龙曰：“父母疼爱子女，就应该为他们作长远打算。老太太送燕后出嫁的时候，抱着燕后的双脚，为她哭泣，一想到燕后远嫁他国，您心里就十分悲伤。燕后出嫁之后，您不是不思念她，然而每次祭祀神灵的时候，您总是为她祈祷说：‘千万不要让她返回赵国啊。’这难道不是在为她作长远打算，希望她的子孙能够相继为王吗？”太后回答：“是这样。”

左师触龙曰："今三世以前^①，至于赵之为赵^②，赵王之子侯者^③，其继有在者乎^④？"曰："无有。"曰："微独赵^⑤，诸侯有在者乎？"曰："老妇弗闻。"曰："此其近者^⑥，祸及其身，远者及其孙。剀人主之子侯^⑦，则必不善戋？位尊而无功，奉厚而无劳^⑧，而挟重器多也^⑨。今媪尊长安君之位，而封之以膏腴之地^⑩，多予之重器，而不汲今令有功于国^⑪，山陵埘^⑫，长安君何以自托于赵^⑬？老臣以媪为长安君计之短也。故以为其爱也不若燕后。"大后曰："诺，次君之所使之^⑭。"于氏为长安君约车百乘^⑮，质于齐，兵乃出。子义闻之曰^⑯："人主子也，骨肉之亲也，犹不能持无功之尊、不劳之奉^⑰，而守金玉之重也，然兄人臣乎^⑱！"·五百六十九^⑲

【注释】

①今三世以前：从现在上推到三代人之前。三世，三代。

②至于赵之为赵：一直到赵氏家族建立赵国的时候。赵氏本是晋国的大臣，后来与韩、魏一起瓜分了晋国。前403年，周天子正式封韩、赵、魏为诸侯。

③赵王之子侯者：赵王那些被封为侯爵的儿子。侯，用作动词。封侯。周代的爵位分公、侯、伯、子、男五等。

④其继有在者乎：他们的后代还有能够继续保有侯爵的人吗？继，继承侯爵。

⑤微独赵：不仅仅赵国。微独，不仅仅。

⑥此其近者：灾难发生得比较快的。此，代指被剥夺侯爵的灾难。近，指时间近的。

⑦剀：假借为"岂"。人主：君主。

⑧奉厚而无劳：拿着丰厚的俸禄却没有立下任何功劳。奉，同"俸"。俸禄。

⑨而挟重器多也：而且占有贵重的宝物太多了。挟，占有。重器，贵重的宝物。

⑩膏腴：肥沃。

⑪而不汲令令有功于国：而不趁着今天这个机会让他为国家立功。汲，通"及"。及时，趁着。

⑫山陵塴：太后去世。山陵，比喻君主。这里指赵太后。塴，通"崩"。古代称帝王之死为"崩"。

⑬何以：以何。凭什么。

⑭次：通"恣"。随意，听任。本句意思是，任凭您把他派到哪里去都可以。

⑮于氏：于是。氏，通"是"。约车：准备车辆。乘（shèng）：辆。古时一车四马为一乘。

⑯子义：人名。赵国的贤人。

⑰犹不能持无功之尊、不劳之奉：尚且不能保有没有功劳的尊位、没有辛劳的俸禄。犹，尚且。持，保持，保有。

⑱兄：通"况"。何况。人臣：臣下。

⑱五百六十九：本章共五百六十九个字。

【译文】

左师触龙说："从现在向前推三代人，一直到赵氏家族建立赵国的时候，赵王那些被封为侯爵的儿子，他们的后代还有能够继续保有侯爵的人吗？"太后回答："没有了。"触龙又问："不仅仅我们赵国，其他诸侯王的后代还有能够继续保有侯爵的人吗？"太后回答："我也没有听说过。"触龙说："被剥夺侯爵的灾祸如果发生得快一些，这种灾祸就会落在他们本人身上；如果发生得慢一些，就会落在他们的子孙身上。难道那些被封为侯爵的君主的子孙，都一定是品行不善的人吗？主要还是因为他们地位尊贵却没有建立任何功劳，俸禄丰厚而没有付出任何辛劳，占有的贵重宝物也太多了。如今老太太您给予长安君尊贵的地位，分封给他肥沃的土地，还给了他很多的贵重宝物，然而不趁着今天这个机会让他为国立功，一旦您去世了，长安君凭什么立足于赵国呢？所以老臣我认为，老太太您没有为长安君作长远打算，因此我也认为您对长安君的疼爱不如对女儿燕后的疼爱。"太后说："好吧，那就任凭您把他派到哪里去都可以。"于是就为长安君准备了一百辆车子，到齐国去做人质，齐国这才肯出兵援助赵国。子义听说了这件事情后，说："君主的儿子，与君主是骨肉之亲啊，尚且不能保有没有功劳的尊位、没有辛劳的俸禄，也无法保有黄金白玉这些贵重宝物，更何况一般的臣下呢！"•本章共五百六十九个字

附录一：

【说明】《战国策·赵策四》"赵太后新用事章"的内容与《战国纵横家书》中的本章一致，故附录于后，以供对照参考。

　　赵太后新用事，秦急攻之。赵氏求救于齐。齐曰："必以长安君为质，兵乃出。"太后不肯，大臣强谏。太后明谓左右曰①："有复言令长安君为质者，老妇必唾其面！"左师触龙言愿见太后②，太后盛气而胥之③。入而徐趋，至而自谢，曰："老臣病足，曾不能疾走，不得见久矣。窃自恕，而恐太后玉体之有所郄也④，故愿望见太后。"太后曰："老妇恃辇而行。"曰："日食饮得无衰乎？"曰："恃鬻耳。"曰："老臣今者殊不欲食，乃自强步，日三四里，少益耆食⑤，和于身也⑥。"太后曰："老妇不能。"太后之色少解。

【注释】

①曰：原无"曰"字，据《战国纵横家书》与《史记·赵世家》补。

②触龙言：原作"触詟"。《战国纵横家书》与《史记·赵世家》均作"触龙言"。古书竖排，"龙言"被误读为一个"詟"字。

③胥：等待。"胥"原作"揖"。《战国纵横家书》与《史记·赵世家》均作"胥"。以"胥"字为长。

④郄：疲倦，疲惫。这里指不适。

⑤耆：同"嗜"。爱好，嗜好。

⑥和于身：对身体有益。和，舒适。

【译文】

赵太后刚刚执政，秦国就加紧进攻赵国。赵国向齐国求救。齐国说："一定要让长安君来做人质，齐国才能出兵援助。"赵太后不同意，大臣们极力劝谏。太后明确地告诉身边的近臣说："再劝我让长安君去做人质的人，我一定要吐他满脸唾沫！"左师触龙说希望去看看太后，于是太后就怒气冲冲地等着他。触龙缓慢地迈着小步走向前去，到了太后面前向太后道歉说："我的脚有毛病，实在无法跑得快一些。很久没来看望您了，我私下里总是原谅自己的失礼，又总是担心太后的贵体有什么不舒适，所以想来看看您。"太后说："老妇我全靠坐在车上活动一下。"触龙问："您每天的饮食该不会减少吧？"太后说："依靠吃点稀粥罢了。"触龙说："我如今也特别不想吃东西，于是就强迫自己出去走一走，每天走上三四里路，就能够稍微增加一点食欲，身上也感到比较舒适了。"太后说："我做不到。"太后愤怒的表情稍微缓解了一些。

左师公曰①："老臣贱息舒祺最少，不肖。而臣衰，窃爱怜之。愿令得补黑衣之数，以卫王宫。没死以闻②。"太后曰："敬诺。年几何矣？"对曰："十五岁矣。虽少，愿及未填

沟壑而托之。"太后曰:"丈夫亦爱怜其少子乎?"对曰:"甚
于妇人。"太后笑曰:"妇人异甚。"对曰:"老臣窃以为媪之
爱燕后贤于长安君③。"曰:"君过矣!不若长安君之甚。"左
师公曰:"父母之爱子,则为之计深远。媪之送燕后也,持其
踵为之泣,念其远也,亦哀之矣。已行,非弗思也,祭祀必祝
之,曰:'必勿使反。'岂非计久长,有子孙相继为王也哉?"
太后曰:"然。"

【注释】

①左师公:指触龙。公,是对触龙的尊称。

②没死:即《战国纵横家书》中的"昧死"。冒着死罪。敬畏之辞。

③贤于:胜于,超过。

【译文】

左师公触龙说:"我有个儿子叫舒祺,年龄最小,不成器。而我现在
年老体衰了,私下非常疼爱他,希望能够让他到黑衣卫队那里去充个数,
来保卫王宫。我冒着死罪把自己的心愿禀告太后。"太后说:"我一定照
办。儿子多大年龄了?"触龙回答说:"十五岁了。虽然还小,希望趁我还
没入土就把他托付给您。"太后问:"你们男人也疼爱自己的小儿子吗?"
触龙说:"比女人还要疼爱。"太后笑着说:"女人疼爱得更厉害。"触龙回
答说:"我私下认为,老太太您疼爱女儿燕后就超过了疼爱长安君。"太
后说:"您说错了!不如疼爱长安君那样厉害。"左师公说:"父母疼爱子
女,就得为他们考虑得长远一些。您送燕后出嫁的时候,抱着她的双脚
为她哭泣,这是想起她要嫁到远方,为此事而伤心啊。她出嫁以后,您也
并不是不想念她,可您每次祭祀神灵时一定为她祈福,说:'千万不要让
她回来啊。'难道这不是在为她作长远打算,希望她的子孙能够一代一
代地做国王吗?"太后说:"是这样。"

　　左师公曰："今三世以前，至于赵之为赵，赵主之子孙侯者①，其继有在者乎？"曰："无有。"曰："微独赵，诸侯有在者乎？"曰："老妇不闻也。""此其近者祸及身，远者及其子孙。岂人主之子孙侯者则必不善哉？位尊而无功，奉厚而无劳，而挟重器多也。今媪尊长安君之位，而封之以膏腴之地，多予之重器，而不及今令有功于国，一旦山陵崩，长安君何以自托于赵？老臣以媪为长安君计短也，故以为其爱不若燕后。"太后曰："诺，恣君之所使之。"于是为长安君约车百乘，质于齐，齐兵乃出。子义闻之，曰："人主之子也，骨肉之亲也，犹不能恃无功之尊、无劳之奉②，而守金玉之重也，而况人臣乎！"

【注释】

①赵主：赵国君主。

②恃：整理小组《战国纵横家书》作"持"。作"持"字为长，持有，保有。

【译文】

　　左师公说："从现在往上推到三代人以前，一直到赵氏家族建立赵国的时候，赵国君主的子孙被封侯的，他们的子孙还有能够继续保有爵位的吗？"赵太后说："没有。"触龙说："不仅仅是赵国，其他诸侯国君被封侯的子孙，他们的后代还有人能够保有爵位至今的吗？"赵太后说："我没有听说过。"左师公说："被剥夺爵位的灾祸来得早的，就会降临到他们本人身上，来得晚的就会降临到他们的子孙身上。难道国君那些封侯的子孙就一定品行不好吗？这主要还是因为他们地位高贵而没有功劳，俸禄丰厚而没受辛苦，占有的珍宝也太多了啊！如今老太太您给予长安君的地位非常高贵，又封给他肥沃的土地，给他很多贵重的珍宝，而不趁着现在这个时机让他为国立功，一旦您百年之后，长安君凭什么在赵国立足呢？我觉得老太太您为长安君的打算不够长远，因此我认为您疼爱他比不上疼爱女儿燕后。"太后说："好吧，任凭您把他派到哪里去都可以。"于是就为长安君准备了一百辆车子，把他送到齐国去做人质，齐国的救兵这才出动。子义听说了这件事，说："国君的儿子，与国君是骨肉之亲啊，尚且不能保有没有功劳的高位、没有辛劳的俸禄，也不能保有黄金白玉之类的贵重宝物，更何况做臣子的呢！"

附录二：

【说明】《史记·赵世家》有一段文字的内容与《战国纵横家书》中的本章一致，故附录于后，以供对照参考。

　　三十三年①，惠文王卒②，太子丹立，是为孝成王。孝成王元年③，秦伐我④，拔三城。赵王新立，太后用事，秦急攻之。赵氏求救于齐，齐曰："必以长安君为质，兵乃出。"太后不肯，大臣强谏。太后明谓左右曰："复言长安君为质者，老妇必唾其面。"左师触龙言愿见太后，太后盛气而胥之。入，徐趋而坐，自谢曰："老臣病足，曾不能疾走，不得见久矣。窃自恕，而恐太后体之有所苦也⑤，故愿望见太后。"太后曰："老妇恃辇而行耳。"曰："食得毋衰乎？"曰："恃粥耳。"曰："老臣间者殊不欲食，乃强步，日三四里，少益嗜食，和于身也。"太后曰："老妇不能。"太后不和之色少解⑥。

【注释】

　　①三十三年：指赵惠文王即位的第三十三年。也即前266年。

②惠文王卒：赵惠文王去世。赵惠文王是赵武灵王的少子，前
　298—前266年在位。

③孝成王元年：也即前265年。赵孝成王，前265—前245年在位。
　即位之初，由母亲赵惠文后专权。

④我：指赵国。本篇出自《赵世家》，所以司马迁是站在赵国的角度
　叙事的。

⑤苦：苦痛，疾病。

⑥不和之色：不温和的表情。也即生气的表情。色，表情。解：松
　弛，缓解。

【译文】

　　在位的第三十三年，赵惠文王去世了。太子丹继承王位，他就是赵
孝成王。赵孝成王即位的第一年，秦国就开始进攻赵国，攻占了三座城
池。当时的赵孝成王刚刚即位，由母亲赵太后掌权执政。秦国的进攻非
常紧急，赵国只得向齐国求援。齐国说："必须把长安君送到齐国来做人
质，齐国才会出兵相救。"太后不同意，大臣们竭力劝谏。太后明确地对
身边大臣们说："如果再有人劝我让长安君去齐国做人质，老妇我一定吐
他满脸唾沫。"左师触龙说，自己希望能够看望一下太后，于是太后就怒
气冲冲地等着他。触龙进宫后，慢慢地拖着小步走向前来坐下，然后向
太后道歉说："老臣我腿脚有病，实在无法跑得快一些，很久都没有见到
太后了。我常常原谅自己的失礼，然而还是很担心您的贵体欠安，所以
希望前来看望一下太后。"太后回答说："老妇我现在只能依靠坐在车子
上四处转转。"触龙问："您的饮食该没有减少吧？"太后回答："就靠喝一
点稀饭罢了。"触龙说："老臣我最近这段时间也特别不想吃东西，于是
就强迫自己出去走一走，每天走三四里路，稍微增加了一点食欲，身体感
觉舒服一些。"太后说："老妇我做不到。"此时太后生气的表情稍微缓解
了一些。

左师公曰："老臣贱息舒祺最少,不肖,而臣衰,窃怜爱之,愿得补黑衣之缺以卫王宫①,昧死以闻。"太后曰："敬诺。年几何矣?"对曰："十五岁矣。虽少,愿及未填沟壑而托之。"太后曰："丈夫亦爱怜少子乎?"对曰："甚于妇人。"太后笑曰："妇人异甚。"对曰："老臣窃以为媪之爱燕后贤于长安君。"太后曰："君过矣,不若长安君之甚。"左师公曰："父母爱子,则为之计深远。媪之送燕后也,持其踵,为之泣,念其远也,亦哀之矣。已行,非不思也,祭祀则祝之曰:'必勿使反。'岂非计长久,为子孙相继为王也哉?"太后曰："然。"

【注释】

①缺:缺员。本句意思是说,卫队如果缺员,希望自己的少子能够去补充。

【译文】

左师公说:"我有个儿子叫舒祺,年龄最小,不成器。而我现在年老体衰了,私下里非常疼爱他,黑衣卫队那里如果缺员,希望能够让他去补充,来保卫王宫。我冒着死罪把自己的心愿禀告太后。"太后说:"我一定照办。儿子年龄多大了?"触龙回答说:"十五岁了。虽然还小,希望趁我还没入土就把他托付给您。"太后说:"你们男人也疼爱小儿子吗?"触龙说:"比女人还要疼爱。"太后笑着说:"女人疼爱得更厉害。"触龙回答说:"我私下认为,老太太您疼爱女儿燕后就超过了疼爱长安君。"太后说:"您说错了,不如疼爱长安君那样厉害。"左师公说:"父母疼爱子女,就得为他们考虑得长远一些。您送燕后出嫁的时候,抱着她的双脚为她哭泣,这是因为想起她要嫁到远方,为此事而伤心啊。她出嫁以后,您也并不是不想念她,可您每次祭祀神灵时一定为她祈福,说:'千万不要让她回来啊。'难道这不是在为她作长远打算,希望她的子孙能够一代一代地做国王吗?"太后说:"是这样。"

左师公曰:"今三世以前,至于赵主之子孙为侯者①,其继有在者乎?"曰:"无有。"曰:"微独赵,诸侯有在者乎?"曰:"老妇不闻也。"曰:"此其近者祸及其身,远者及其孙。岂人主之子侯则不善哉②? 位尊而无功,奉厚而无劳,而挟重器多也。今媪尊长安君之位,而封之以膏腴之地,多与之重器,而不及今令有功于国,一旦山陵崩,长安君何以自托于赵? 老臣以媪为长安君之计短也,故以为爱之不若燕后。"太后曰:"诺,恣君之所使之。"于是为长安君约车百乘,质于齐,齐兵乃出。子义闻之,曰:"人主之子,骨肉之亲也,犹不能持无功之尊、无劳之奉,而守金玉之重也,而况于予乎③?"

【注释】

①赵主之子孙为侯者:赵国君主那些被封为侯爵的子孙。赵主,赵国君主。

②子侯:封侯的儿子。

③予:我。

【译文】

左师公说:"从现在往上推到三代人以前,赵国君主那些被封为侯爵的子孙,他们的后代还有能够继续保有爵位的吗?"赵太后说:"没有了。"触龙说:"不仅仅是赵国,其他诸侯国君被封侯的子孙,他们的后代还有人能够至今保有爵位的吗?"赵太后说:"我也没有听说过。"左师公说:"被剥夺爵位的灾祸来得快的,就会降临到他们本人身上,来得慢的,就会降临到他们的子孙身上。难道国君那些被封为侯爵的子孙就一定品行不好吗？这主要是因为他们地位高贵而没有功劳，俸禄丰厚而没受辛苦，占有的贵重宝物也太多了啊！如今老太太您给予长安君的地位非常高贵，又封给他肥沃的土地，给他很多贵重的宝物，而不趁着现在这个时机让他为国立功，一旦您百年之后，长安君凭什么在赵国立足呢？我觉得老太太您为长安君的打算不够长远，因此我认为您疼爱他比不上疼爱女儿燕后。"太后说："好吧，任凭您把他派到哪里去都可以。"于是就为长安君准备了一百辆车子，把他送到齐国去做人质，齐国的救兵这才出动。子义听说了这件事，说："国君的儿子，与国君是骨肉之亲啊，尚且不能保有没有功劳的高位、没有辛劳的俸禄，也不能保有黄金白玉之类的贵重宝物，更何况我呢！"

一九、秦客卿造胃穰侯章

【题解】

秦客卿造胃穰侯：秦国客卿造对穰侯说。客卿，官名，是春秋战国时授予非本国人而在本国当高级官员的人。造，人名。又作"灶"。胃，通"谓"。穰侯，是秦昭王母亲宣太后的异父弟弟，姓魏，名冉，封于穰（在今河南邓州），故称"穰侯"。曾任秦相。昭王三十六年（前271），造与穰侯计划全面进攻齐国。本章的主要内容是造告诉穰侯如何去劝说燕国竭尽全力参与这次攻齐行动。据《史记》记载，这次攻齐计划虽然对秦国有利，但穰侯的主要目的还是为了开拓自己的封地陶邑的地盘，因此引起秦昭王的警觉，成为穰侯被逐的导火索。

我们在本章的最后，附录了《战国策·秦策三》"秦客卿造谓穰侯章"，主要是因为这段文字的内容与本章一致。另外还附录了《史记》中的《秦本纪》与《穰侯列传》的两段短文，因为这两段文字有助于我们对本章故事来龙去脉的理解，故附录于后，以供参考。

胃穰侯①："秦封君以陶②，假君天下数年矣③。攻齐之事成④，陶为万乘⑤，长小国⑥，率以朝⑦，天下必听，五伯之事也⑧。攻齐不成，陶为廉监而莫［之］据⑨。故攻齐之于陶也，存亡之几○也[10]。君欲成之，侯不使人胃燕相国曰[11]：‘圣人不能为时[12]，时至亦弗失也。舜虽贤，非适禺尧[13]，不王也；汤、武虽贤，不当桀、纣[14]，不王天下。三王者皆贤矣，不曹时不王[15]。

【注释】

①胃穰（ráng）侯：对穰侯说。本句的主语是秦客卿造。穰侯，人名。是秦昭王母亲宣太后的异父弟弟，姓魏，名冉，封于穰（在今河南邓州），故称"穰侯"。曾任秦相。《史记·穰侯列传》："昭王三十六年，相国穰侯言客卿灶，欲伐齐取刚、寿，以广其陶邑。于是魏人范雎自谓张禄先生，讥穰侯之伐齐，乃越三晋以攻齐也，以此时奸说秦昭王。昭王于是用范雎。范雎言宣太后专制，穰侯擅权于诸侯，泾阳君、高陵君之属太侈，富于王室。于是秦昭王悟，乃免相国，令泾阳之属皆出关，就封邑。穰侯出关，辎车千乘有余。穰侯卒于陶，而因葬焉。秦复收陶为郡。"由此可见，客卿造劝说穰侯攻齐以扩大自己的封地，不仅没有达到目的，反而导致穰侯失去了秦王的信任，不仅被免去相国职务，还被驱逐到了自己的封地。

②陶：地名。在今山东菏泽定陶区。陶邑是秦国在穰地之外，给穰侯另外增加的封地。

③假君天下数年矣：委托您处理天下大事已经数年了。假，假借，借给。这里是委托的意思。

④攻齐之事成：这次进攻齐国的事情如果成功了。这是假设句，只是谋划攻齐。

⑤万乘（shèng）：指拥有万辆战车的大国。乘，古时一车四马为一乘。说"陶为万乘"是对穰侯的奉承。

⑥长（zhǎng）小国：成为弱小国家的领袖。长，官长，领袖。这里用作动词。做领袖。

⑦率以朝：率领诸侯朝拜秦国。《战国策·秦策三》作"率以朝天子"。这里的天子也指秦国。

⑧五伯（bà）：即春秋五霸。伯，通"霸"。说法不一，一说指齐桓公、晋文公、楚庄王、吴王阖闾、越王勾践；一说指齐桓公、晋文公、宋襄公、楚庄王、秦缪公。

⑨陶为廉监而莫[之]据：陶地就像一块粗糙的石头一样，没有人再去依附它。廉监，即磏碫。磨玉的石头。整理小组《战国纵横家书》："这是比喻，有了陶邑而不攻齐，等于没有磨出宝玉，就只是不值钱的砺石了。"莫之据，即"莫据之"。莫，没有人。据，依靠，依附。

⑩几：通"机"。关键。〇，此处有一废字。

⑪侯不：何不，为何不。侯，假借为"何"。一说，"侯"本来就有"为何"义。《长沙马王堆汉墓简帛集成·战国纵横家书》："'侯'字下原释文括注'何'，以与《秦策三》文相牵合。秦汉古书中表'为何''何故'义的疑问词'侯'常见（参看杨树达《词诠》，中华书局，一九七九年第二版，第一一七页），不必从《秦策三》读为'何'，今从《释文》（第二二页）取消括注。"燕相国：指燕国相国成安君公孙操。整理小组《战国纵横家书》："《史记·赵世家》惠文王二十八年（前271）：'燕将成安君公孙操弑其王。'《燕召公世家》记燕'惠王七年卒'。索隐引《赵世家》此事作燕相。"

⑫圣人不能为时：圣人不能创造一个好的时机。为，制造，创造。

⑬非适禺尧：如果不是恰巧遇到了尧帝。适，恰巧，刚好。禺，通"遇"。

⑭不当桀、纣：没有遇到夏桀、商纣王两个暴君。桀，夏朝的亡国暴君。纣，商朝的亡国暴君。

⑮曹时：遇到恰当的时机。曹，假借为"遭"。遇到。

【译文】

客卿造对穰侯说："秦国把您分封到了陶地，委托您处理天下大事已经好几年了。这次进攻齐国的事情如果成功了，陶地就能够成为拥有万辆战车的大国，还能成为弱小国家的领袖，然后率领各国诸侯去朝拜秦国，天下诸侯一定会俯首听命，这是如同春秋五霸一样的事业啊。进攻齐国如果不能成功，陶地就会像一块粗糙的磨石一样没人再去理睬。因此这次进攻齐国对于陶地来说，是生死存亡的关键。您如果想办成这件事情，为什么不派使者去对燕国的相国这样讲：'圣人不能创造一个恰当的时机，但时机来了能够紧紧把握住这个时机。舜虽然贤明，但是如果没有遇到尧，他也无法称王于天下；商汤、周武王虽然贤良，但是如果没有遇到夏桀、商纣这样的暴君，他们同样无法称王于天下。舜、商汤、周武王三位帝王都是圣贤之人，如果没有遇到好的时机，他们都当不了帝王。

　　"'今天下攻齐，此君之大时也①。因天下之力，伐仇国之齐，报惠王之耻②，成昭襄王之功③，除万世之害，此燕之利也，而君之大名也。《诗》曰④："树德者莫如兹⑤，除怨者莫如尽⑥。"吴不亡越，越故亡吴⑦；齐不亡燕，燕故亡齐⑧。吴亡于越，齐亡于燕，余疾不尽也⑨。非以此时也⑩，成君之功，除万世之害，秦有它事而从齐⑪，齐、赵亲，其仇君必深矣⑫。挟君之仇以于燕⑬，后虽悔之，不可得已⑭。君悉燕兵而疾赞之⑮，天下之从于君也，如报父子之仇。诚为邻⑯，世世无患。愿君之刬志于攻齐而毋有它虑也⑰。'"・三百⑱・大凡二千八百七十⑲

【注释】

①此君之大时也：这是您的大好时机啊。君，指燕国相国公孙操。

②报惠王之聩(kuì)：可以洗雪燕惠王失败的耻辱。聩，羞愧，耻辱。燕昭王派乐毅联合各国大败齐国，齐国仅存莒、即墨两城。燕昭王去世后，燕惠王即位。燕惠王即位后，怀疑乐毅不忠，便派骑劫替代乐毅。齐国田单以即墨为基地击败燕军，收复所有的齐国失地。这次失败是燕惠王的极大耻辱。

③成昭襄王之功：以成就燕昭王的功业。成，成就，完成。昭襄王，即燕昭王。战国时，君主的谥号常用两字，而后来的记载常常略去一字。

④《诗》：这里应指逸诗。整理小组《战国纵横家书》："诗曰，鲍本《战国策》作诗云，姚氏本误作书云。"

⑤树德者莫如兹：施与恩德的人，施恩越多越好。兹，通"滋"。滋长，多。

⑥除怨者莫如尽：铲除仇敌的人，铲除得越彻底越好。关于这两句，常见于先秦古籍。《尚书·泰誓下》："树德务滋，除恶务本。"《左传·哀公元年》："伍员曰：'不可。臣闻之：树德莫如滋，去疾莫如尽。'"

⑦吴不亡越，越故亡吴：吴国夫差没有彻底灭掉越国，所以越国勾践反过来灭掉了吴国。

⑧齐不亡燕，燕故亡齐：齐国没有灭掉燕国，因此燕国就要灭掉齐国。这两句讲的历史是：燕昭王的父亲燕王哙禅位于相国子之，引发燕国内乱。齐国乘机攻破燕国，燕王哙和子之被杀，但齐国没有灭掉燕国。燕昭王即位后，招贤纳士，与民休息，国家殷富，士卒效命。燕昭王二十八年（前284），遣乐毅率军联合其他诸侯攻齐，大破齐军，占领齐城七十余座，齐闵王败死。

⑨余疾不尽也：病根没有被彻底铲除啊。比喻祸根没有被彻底铲除。

⑩非以此时也：如果不趁着这个时机。

⑪秦有它事而从齐：秦国可能会因为其他事情而与齐国联合。从，跟从，联合。

⑫其仇君必深矣：那么齐国对您一定会非常仇恨。

⑬挟君之仇以于燕：齐国带着对您的深仇大恨来讨伐燕国。以于燕，进攻燕国。整理小组《战国纵横家书》："以于燕，当依《秦策》作以诛于燕。"

⑭不可得已：无能为力了。已，通"矣"。

⑮君悉燕兵而疾赞之：您要发动全部的燕国军队迅速去支援进攻齐国的盟军。悉，全部。疾，赶快，迅速。赞，赞助，支援。之，代指以秦为首的攻齐盟军。

⑯诚为邻："诚"字下脱漏十九字。整理小组《战国纵横家书》："诚字下脱十九字。《秦策》作：'诚能亡齐，封君于河南，为万乘，达途于中国，南与陶为邻。'此疑脱一简。从章末记三百字来看，抄录时的底本已脱漏了。"

⑰刉：通"专"。专心。

⑱三百：本章共三百字。

⑲大凡二千八百七十：这五章总共二千八百七十个字。整理小组《战国纵横家书》："从第十五章至此，共五章，章末均有字数，如：须贾说穰侯章五百七十，朱己谓魏王章八百五十八，谓起贾章五百六十三，触龙见赵太后章五百六十九，秦客卿造谓穰侯章三百。五章总计为二千八百六十字，比此所说，少十字。此五章是一组，当是另一来源。"

【译文】

"'如今天下诸侯准备一起进攻齐国，这是您的大好时机啊。凭借着天下诸侯的力量，讨伐敌对的齐国，洗雪燕惠王的耻辱，成就昭襄王的功业，消除万世的祸害，这不仅有利于燕国，而且还能为您赢得大名啊。

《诗》说："施与恩德的人，施恩越多越好；铲除仇敌的人，铲除得越彻底越好。"吴国没有灭掉越国，所以越国反过来灭掉了吴国；齐国没有灭掉燕国，所以燕国就要灭掉齐国。吴国被越国灭掉，齐国被燕国灭掉，这就是因为祸根没有被彻底铲除啊。如果不趁着这个时机，成就您的功业，消除万世的祸害，一旦秦国因为其他事情与齐国联合起来，齐国与赵国的关系也变得亲近，那么齐国对您一定会极为痛恨。齐国携带着对您的深仇大恨来进攻燕国，到那时虽然后悔，恐怕也无能为力了。现在您要发动全部的燕国军队，迅速去支援攻齐的盟军，那么天下诸侯追随着您，就好像为自己的父亲或儿子报仇一样。如果真的能够灭掉齐国，就把黄河以南的土地分封给您，让您建立一个拥有万辆战车的大国，与中原各国通行无阻，南边则与陶地为邻，世世代代没有任何祸患。希望您能够一心一意地讨伐齐国，而不要再有其他任何想法了。'"·本章共三百个字·这五章总共有二千八百七十个字

附录一：

【说明】《战国策·秦策三》"秦客卿造谓穰侯章"的内容与《战国纵横家书》中的本章一致，故附录于后，以供对照参考。

秦客卿造谓穰侯曰："秦封君以陶，藉君天下数年矣①。攻齐之事成，陶为万乘，长小国，率以朝天子②，天下必听，五伯之事也；攻齐不成，陶为邻恤③，而莫之据也。故攻齐之于陶也，存亡之机也。君欲成之，何不使人谓燕相国曰：'圣人不能为时，时至而弗失。舜虽贤，不遇尧也，不得为天子；汤、武虽贤，不当桀、纣，不王；故以舜、汤、武之贤，不遭时，不得为帝王。今攻齐④，此君之大时也已。因天下之力，伐仇国之齐，报惠王之耻，成昭王之功，除万世之害，此

燕之长利,而君之大名也。《书》云⑤:"树德莫如滋,除疾莫如尽⑥。"吴不亡越,越故亡吴;齐不亡燕,燕故亡齐。齐亡于燕,吴亡于越,此除疾不尽也。以非此时也成君之功⑦,除君之害,秦卒有他事而从齐⑧,齐、秦合,其仇君必深矣。挟君之仇以诛于燕⑨,后虽悔之,不可得也已。君悉燕兵而疾僭⑩,天下之从君也,若报父子之仇。诚能亡齐,封君于河南,为万乘,达途于中国⑪,南与陶为邻,世世无患。愿君之专志于攻齐而无他虑也。'"

【注释】

①藉(jiè):借给,委托。

②天子:《战国纵横家书》无"天子"二字。此"天子"应是对秦王的尊称。

③邻砌:即《战国纵横家书》说的"廉监"。即碌碌。磨玉的石头。整理小组《战国纵横家书》:"廉监,《秦策》作邻砌,廉邻声近,监砌形近而误。廉监当即碌碌。磨玉的粗石……这是比喻,有了陶邑而不攻齐,等于没有磨出宝玉,就只是不值钱的砺石了。"

④今:原作"令"。应是"今"之误。整理小组《战国纵横家书》作"今天下攻齐"。

⑤《书》:书名。即《尚书》,儒家五经之一。

⑥树德莫如滋,除疾莫如尽:施恩德越多越好,除病害越彻底越好。《尚书·泰誓下》:"树德务滋,除恶务本。"

⑦以:若,如果。裴学海《古书虚字集释》卷一:"犹'若'也。"

⑧卒(cù):突然。从齐:与齐国联合起来。从,通"纵"。联合。

⑨诛:诛杀,讨伐。

⑩僭:应为"赞"之误。赞,帮助。整理小组《战国纵横家书》:"赞,

助。《秦策》作僣，字形相近而误。"一说，僣，应为"替"字之误，消灭的意思。僣之，指灭掉齐国。

⑪达途于中国：与中原地区畅通无阻。达，通达，顺畅。中国，指中原地区。

【译文】

秦国的客卿造对秦国相国穰侯说："秦王把陶地封给您，委托您处理天下大事已经好几年了。如果你能攻下齐国的话，陶地就可能成为拥有万辆战车的大国，您也可以成为各弱小国家的领袖，然后率领诸侯朝拜天子，诸侯无不俯首听命，这可是与春秋五霸一样的事业啊！如果攻齐失败，陶地就好像一块粗糙的石头一样，再也无人理睬。所以进攻齐国，这对陶地来说是生死存亡的关键。您如果想攻齐成功，为什么不派人去燕国对燕国的相国公孙操说：'圣人不能创造一个恰当的时机，但时机来了能够紧紧地把握住这个时机。舜虽然贤明，但是如果没有遇到尧，他也无法称王于天下；商汤、周武王虽然贤良，但是如果没有遇到夏桀、商纣这样的暴君，他们同样无法称王于天下。舜、商汤、周武王三位帝王都是圣贤之人，如果没有遇到好的时机，他们都当不了帝王。现在诸侯要进攻齐国，这是您的大好时机啊！凭借天下诸侯之力，攻打敌对的齐国，既可以洗雪燕惠王的耻辱，又可以完成燕昭王未尽的功业，还可以为燕国除掉万世之害，这不仅符合燕国的长远利益，也能够成就您的大名。《尚书》说：'做好事要越多越好，除祸害要越彻底越好。'吴国不乘势灭掉越国，越国反而灭了吴国；齐国不乘势灭掉燕国，燕国反而几乎灭了齐国。齐国几乎被燕国所灭，吴国最终被越国所灭，这都是因为除害不彻底的缘故。您如果不乘此时机完成您的功业，除掉您的祸害，一旦秦国突然因为其他事情与齐国联合起来，齐国与秦国成了友好国家，那么齐国一定会非常痛恨您。带着对您的深仇大恨来讨伐燕国，到那时即使后悔，也来不及了。现在您要动员全部的燕国兵力，迅速去支援攻齐盟军，天下诸侯追随着您，就像是为自己的父亲或儿子报仇那样。如果真的能够灭掉齐国，我们将把黄河以南的土地作为您的封地，您将会成为万乘大国的君主，与中原地区畅通无阻，南边与陶地为邻，永世没有祸患。希望您能够一心一意地进攻齐国，不要再有其他任何想法了。'"

附录二：

【说明】《史记》的《秦本纪》与《穰侯列传》各有一段文字，有助于我们对《战国纵横家书》本章的理解，故附录于后，以供参考。

三十六年①，客卿灶攻齐②，取刚、寿③，予穰侯④。(《史记·秦本纪》)

【注释】

①三十六年：指秦昭王即位第三十六年，也即前271年。

②客卿灶攻齐：客卿灶率兵进攻齐国。客卿灶，即《战国纵横家书》说的"客卿造"。"灶"与"造"音同。这一记载与《战国纵横家书》不同的是，攻齐行动已经开始，率兵攻齐的将领就是客卿灶。

③取刚、寿：占领了齐国的刚、寿两地。刚，地名。也作"纲"。在今山东宁阳东北。寿，地名。在今山东东平西南。

④予穰侯：秦国把这两个地方送给穰侯。由此可见，穰侯与客卿灶攻齐，确实有扩大穰侯封地的意图。

【译文】

秦昭王即位第三十六年，秦国的客卿灶率兵进攻齐国，占领了刚、寿两个地方，秦国就把这两个地方送给穰侯。

昭王三十六年，相国穰侯言客卿灶，欲伐齐取刚、寿，以广其陶邑①。于是魏人范睢自谓张禄先生②，讥穰侯之伐

齐③,乃越三晋以攻齐也④,以此时奸说秦昭王⑤。昭王于是
用范雎。范雎言宣太后专制,穰侯擅权于诸侯⑥,泾阳君、高
陵君之属太侈⑦,富于王室。于是秦昭王悟,乃免相国,令泾
阳之属皆出关⑧,就封邑⑨。穰侯出关,辎车千乘有余⑩。穰
侯卒于陶⑪,而因葬焉。秦复收陶为郡⑫。(《史记·穰侯列
传》)

【注释】

①以广其陶邑:以扩大自己的封地陶邑的地盘。陶,在今山东菏泽
　　定陶区,与刚、寿两地相邻。

②于是魏人范雎自谓张禄先生:此时,魏国人范雎自称张禄先生。
　　范雎,字叔。战国时魏国人。曾跟随魏大夫须贾出使齐国,被诬
　　以通齐卖魏,笞之几死。后受郑安平之助,改名张禄,至秦,上书
　　秦昭王,得到召见,提出了远交近攻的策略。范雎被拜为客卿,参
　　谋兵事,深得昭王信用。他又进谏秦昭王,指出太后擅权,权贵用
　　事,恐有架空秦王之危。昭王便下令削除宣太后权力,逐穰侯、高
　　陵君、华阳君、泾阳君回到各自封地,后昭王又拜范雎为相,封于
　　应(今河南平顶山西),号为应侯。

③讥:讥讽,批评。

④乃越三晋以攻齐也:是越过韩、赵、魏三国而进攻齐国。三晋,指
　　韩、赵、魏三个由晋国分裂出来的国家。

⑤以此时奸(gān)说秦昭王:在此时游说秦昭王。奸,请求,劝说。

⑥擅权于诸侯:擅自处理与诸侯的交往事务。

⑦泾阳君、高陵君:是秦昭王的两个弟弟公子市(一作公子芾)、公
　　子悝。之属:之类的人。太侈:生活太奢侈。

⑧出关:迁出函谷关。关,应指函谷关。此时穰侯魏冉、泾阳君、高

陵君的封地都在函谷关以东,较为远离秦国都城咸阳。

⑨就封邑:回到自己的封地。泾阳君的封地初在今陕西泾阳,后改封到宛(在今河南南阳)。高陵君的封地初在今陕西西安高陵区,后改封到邓(在今河南邓州)。《史记·秦本纪》:"(秦昭王)十六年,左更错取轵及邓。冉(即穰侯魏冉)免。封公子市宛,公子悝邓,魏冉陶,为诸侯。"

⑩辎(zī)车:古代有帷盖的车子。既可载物,又可作卧车。

⑪卒:死亡。

⑫秦复收陶为郡:秦国又把陶邑收了回去,设为一个郡。

【译文】

秦昭王三十六年,相国穰侯与客卿灶商议,计划攻打齐国,夺取刚、寿两地,借以扩大自己在陶邑的封地。这时有个魏国人名叫范雎,他自称张禄先生,批评穰侯的攻齐计划,因为这个计划竟然要越过韩、赵、魏三国去攻打齐国。他趁着这个机会进谏秦昭王,秦昭王于是任用了范雎。范雎对昭王说,宣太后在朝中专权,穰侯在外事上擅自处理与诸侯的关系,泾阳君、高陵君等人的生活过于奢侈,比国君还要富有。于是秦昭王幡然醒悟,就免掉了穰侯的相国职务,责令泾阳君等人一律东出函谷关,回到自己的封地去。穰侯在经过函谷关的时候,携带的车子有一千多辆。穰侯最终死于陶邑,于是也就安葬在那里。随后秦国又把陶邑收了回去,设为郡县。

二〇、谓燕王章

【题解】

谓燕王：对燕王说。本句主语是苏代，一说是苏秦。我们取前说。根据《史记·苏秦列传》记载，苏代是在宋国时写的这封信。当时齐国正在进攻宋国，苏代写这封信的目的，一是劝告燕王要脱离齐国，因为当时燕国正在帮助齐国进攻宋国。二是为燕王出谋划策，希望燕王能够用"捧杀"的策略削弱齐国，也即燕国要在表面上鼓励、拥护齐王称霸，以此挑起秦国与齐国的矛盾，然后联合秦国与其他诸侯共同讨伐齐国。根据《史记》记载，苏代的这一策划取得了成功。

我们在本章的最后，附录了《战国策·燕策一》"齐伐宋章"与《史记·苏秦列传》中的一段文字，主要是因为这些文字的内容与本章一致。故附录于后，以供参考。

胃燕王曰①："列在万乘②，奇质于齐③，名卑而权轻。奉万乘助齐伐宋④，民劳而实费。夫以宋加之淮北⑤，强万乘之国也⑥，而齐兼之⑦，是益齐也⑧。九夷方一百里⑨，加以鲁、卫，强万乘之国也，而齐兼之，是益二齐也⑩。夫一齐之强，燕犹弗能支⑪，今以三齐临燕⑫，其过必大⑬。唯然⑭，夫知者之［举］事⑮，因过［而为］福⑯，转败而为功。齐紫，败素也，贾十倍⑰。句浅栖会稽⑱，其后残吴⑲，霸天下。此皆因过为福，转败而为功。

【注释】

①胃燕王曰：苏代对燕王说。胃，通"谓"。据《战国策·燕策一》与《史记·苏秦列传》记载，本句的主语应是苏代。苏代是苏秦的弟弟，一说是其兄长。

②列在万乘（shèng）：指燕国处于万乘大国之列。乘，一车四马为一乘。

③奇质于齐：送人质到齐国去。奇，通"寄"。寄送，送去。质，人质。

④奉万乘助齐伐宋：派出大量的军队去帮助齐国进攻宋国。奉，奉送，派去。万乘，万辆战车。这里泛指大量的军队。

⑤夫以宋加之淮北：以宋国的土地再加上淮北的土地。淮北，地名。指淮河以北地区。"夫以宋"之前有脱文，《战国策·燕策一》多出八十余字，《史记·苏秦列传》多出五十余字。

⑥强万乘之国也：其实力已经超过了万乘大国。强，强于，超过。

⑦而齐兼之：然而齐国想把这些土地兼并了。之，代指宋国土地与淮北土地。

⑧是益齐也：这就等于又增加了一个齐国。益，增加。

⑨九夷方一百里：九夷地区方圆一百里。九夷，泛指东方各夷族地区。九，泛指多。夷，我国古代对东部各民族的统称。《史记·孔子世家》："昔武王克商，通道九夷百蛮。"《史记集解》："王肃曰：'九夷，东方夷有九种也。百蛮，夷狄之百种。'"一百，应为"七百"之误。《长沙马王堆汉墓简帛集成·战国纵横家书》："原注：九夷，未详。一百，一字残缺，可能是七百。一说，九夷，地区名，在淮泗之间。《燕策》和《苏秦列传》均作'北夷方七百里'。今

按：'百'上一字原释文释'一'，今据原注打缺文号以示无法肯定
（实本为"七"的可能性大）。王念孙校《苏秦列传》'北夷方七
百里'的'北夷'为'九夷'，并据古书指出'九夷之地东与十二
诸侯接'，'不得以山戎、北狄当之'，其说为帛书证实，参看范祥
雍（2006：1694）。"

⑩ 是益二齐也：这是增加了两个齐国。

⑪ 燕犹弗能支：燕国尚且无法抗衡。犹，尚且。支，抵抗，抗衡。

⑫ 三齐：指原来的齐国，再加上"宋加之淮北"与"九夷方一百里，
加以鲁、卫"两个"齐国"，所以说是"三齐"。临燕：逼近燕国。

⑬ 其过必大：齐国为燕国带来的灾祸一定非常巨大。过，假借为
"祸"。灾难。

⑭ 唯然：虽说如此。唯，假借为"虽"。

⑮ 知者：睿智的人。知，同"智"。［举］事：办事，做事。

⑯ 因过［而为］福：因势利导地把灾祸变成福佑。过，假借为"祸"。

⑰ "齐紫"几句：齐国人喜欢紫色衣服，有人就把质量残次的白色丝
绸染成紫色，价格就上涨了十倍。败，残次的，质量不好的。素，
白色的丝绢。贾，同"价"。价格。关于齐国人喜欢紫色衣服的
缘由，《韩非子·外储说左上》有记载：

> 齐桓公好服紫，一国尽服紫。当是时也，五素不得一
> 紫。桓公患之，谓管仲曰："寡人好服紫，紫贵甚，一国百姓
> 好服紫不已，寡人奈何？"管仲曰："君欲止之，何不试勿衣
> 紫也？谓左右曰：'吾甚恶紫之臭。'于是左右适有衣紫而进
> 者，公必曰：'少却，吾恶紫臭。'"公曰："诺。"于是日，郎中
> 莫衣紫；其明日，国中莫衣紫；三日，境内莫衣紫也。

齐桓公喜欢穿紫色衣服，于是全国臣民都跟着喜欢穿紫色衣服，
结果导致紫色衣服价格飞涨，五匹白色布都换不到一匹紫色布。
齐桓公对此忧心忡忡，就对管仲说："我喜欢穿紫色衣服，紫色衣

料就变得特别昂贵，全国民众都喜好穿紫色衣服而且没完没了，该怎么办呢？"管仲说："您如果想制止这种情况，为什么不试着自己先不穿紫色衣服呢？您就告诉身边人说：'我非常讨厌紫色衣服的气味。'如果此时有穿紫色衣服的侍从走到您跟前，您一定要对他说：'你往后退一点，我讨厌紫色衣服的气味。'"齐桓公说："好。"就在当天，宫中的郎中没有谁再去穿紫色衣服了；到了第二天，都城中就没有人再去穿紫色衣服了；到了第三天，整个齐国境内就没有人再去穿紫色衣服了。《战国纵横家书》认为，虽然齐国人喜好紫色衣服是件坏事，但有人能够利用这件坏事，把白色丝绢染成紫色，结果赚了大钱。

⑱句浅栖会稽：勾践被吴国围困在会稽山上。句浅，即勾践。越国君主。栖，居住。这里指被围困在。会稽，山名。在今浙江境内。

⑲残吴：灭掉了吴国。残，打残。这里指灭掉。

【译文】

苏代对燕王进言："燕国虽然位列于万乘大国之中，却不得不把人质送往齐国，名声很低，势力也很弱。您还要被迫派出大量军队去协助齐国攻打宋国，使燕国百姓疲惫不堪，且耗费了大量的财力人力。宋国的土地加上淮北地区的土地，其实力超过了一个万乘大国，而齐国兼并了这些土地，这就等于齐国之上又增加了一个齐国。九夷地区的土地方圆百里，再加上鲁国与卫国的土地，其实力又超过了一个万乘大国，而齐国又想兼并这些土地，这就等于齐国之上又增加了两个齐国。一个强大的齐国，燕国就难以抗拒，而如今有三个齐国来威胁燕国，其造成的灾难一定非常严重。虽说如此，那些明智的人做事的时候，往往能够因势利导地把灾难转化为福佑，把失败转化为成功。比如齐国人特别喜好紫色的衣服，于是便有人把残次的白色丝绢染成紫色，价格增长了十倍；勾践曾被吴国击败后退守于会稽山上，后来却成功地灭掉了吴国，称霸天下。这些都是能够因势利导地把灾难转化为福佑、把失败转化为成功的例子。

　　"今王若欲因过而为福,转败而为功,则莫若招霸齐而尊之①,使明周室而棼秦符②,曰:'大上破秦③,其次必长恕之④。'秦挟恕以侍破⑤,秦王必患之。秦五世伐诸侯⑥,今为齐下⑦,秦王之心苟得穷齐⑧,不难以国壹栖⑨,然则王何不使辩士以若说说秦王曰⑩:'燕、赵破宋肥齐⑪,尊之,为之下者,燕、赵非利之也⑫。燕、赵弗利而执为者⑬,以不信秦王也。然则王何不使可信者栖收燕、赵⑭,如经阳君⑮,如高陵君⑯,先于燕、赵曰:秦有变⑰,因以为质⑱。则燕、赵信秦。秦为西帝,燕为北帝,赵为中帝⑲,立三帝以令于天下。韩、魏不听则秦伐,齐不听则燕、赵伐,天下孰敢不听!

【注释】

①招霸齐而尊之:遥推齐国为霸主而尊崇它。招,假借为"遥"。整理小组《战国纵横家书》:"招,《苏秦列传》作挑,当从《燕策》作遥。招、挑与遥,并音近通用。"

②使明周室而棼(fén)秦符:让齐国率领诸侯与周王室结盟,焚烧与秦国的盟约。明,假借为"盟"。既然齐国被推为诸侯盟主,它就可以像齐桓公一样,率领天下诸侯共尊周王室。棼秦符,焚烧与秦国的盟约。烧毁与秦国签订的盟约,表示与秦断交。棼,假借为"焚"。焚烧。符,符约,盟约。

③大(tài)上破秦:最好的结果是打败秦国。大,同"太"。

④长恕之:把秦国长期排斥在诸侯之外。恕,假借为"摈"。摈斥,排斥。

⑤秦挟恕以侍破:秦国承受着被排斥在外的痛苦,等待着失败的到来。挟,《战国纵横家书》原为"□"号。《长沙马王堆汉墓简帛集成·战国纵横家书》:"原注:秦□恕以侍破,秦下一字原作恕,未

详。《燕策》及《苏秦列传》均作挟。一说，怸疑是挟之误字。今
按：此字当为'挟'的草写，今径释。"侍，假借为"待"。等待。

⑥秦五世伐诸侯：秦国连续五代君主进攻其他诸侯。五世，指献公、
　孝公、惠王、武王至昭王五代君主。

⑦今为齐下：如今却屈居于齐国之下。

⑧秦王之心苟得穷齐：秦王的想法是，如果能够使齐国陷入困境。
　苟，如果。穷，困窘。这里是使动用法，使变穷。

⑧不难以国壹栖：很愿意让秦国与燕国联合。栖，假借为"接"。接
　受，结合。整理小组《战国纵横家书》："接与下文'接受燕、赵'
　的'接'同，结合。"一说，"栖"为"接"之误字。《长沙马王堆汉
　墓简帛集成·战国纵横家书》："原释文于'栖'字下括注'接'，
　裘锡圭（1992:100）：'栖''接'音义远隔……不可能有通用关
　系。'接'字似以加尖括号为妥。"《战国纵横家书》的体例是，帛
　书中的异体字、假借字，在释文中随文注明，外加圆括号标志。帛
　书中的错字，随文注出正字，用尖括号表示。裘锡圭认为应加尖
　括号，就是认为"接"字错为"栖"字。还有一说，认为"栖"应假
　借为"捷"。沈月《〈战国纵横家书〉译注》："栖：当作'捷'，是胜
　利的意思……为了能使齐国陷入困境，秦王不惜失去一座城邑也
　要成功做到。"

⑩辩士：能言善辩的人。若说：这种说辞。代指以下引号中的内容。
　若，此，这个。

⑪燕、赵破宋肥齐：燕国与赵国协助齐国打败宋国，增强了齐国的势
　力。肥，增强。

⑫燕、赵非利之也：燕国与赵国并不认为这样做对自己有利。

⑬执为者：为形势所迫而这样做的原因。执，假借为"势"。形势。
　为，动词。这样做。

⑭使可信者栖收燕、赵：派出可以信赖的人去联合燕国与赵国。栖

收,接收,联合。栖,假借为"接"。

⑮经阳君:即"泾阳君"。经,假借为"泾"。泾阳君是秦昭王的弟弟公子市,一作公子芾。

⑯高陵君:秦昭王的弟弟公子悝(kuí)。

⑰秦有变:秦国的外交策略有所变化。

⑱因以为质:因此我来燕国与赵国做人质。让泾阳君或高陵君去做人质,目的是为了取得信任,促使三国联盟。

⑲赵为中帝:赵国处于秦国与燕国之间,故称"中帝"。

【译文】

"现在大王您如果也想因势利导地把灾难转化为福佑,把失败转化为成功,最好的办法就是遥推齐国为霸主,而且十分尊崇它,让齐国率领诸侯与周王室结盟,而焚烧与秦国的盟约,各国约定:'最大的目标是击败秦国,其次是把秦国长期排斥在诸侯之外。'秦国长期承受着被排斥在外的痛苦以等待着失败的到来,秦王必定会为此而感到忧虑。秦国连续五代君主不断征伐诸侯,如今却屈居于齐国之下,秦王的想法肯定是,如果能够使齐国陷入困境,他就很容易接受与其他诸侯的联盟,那么大王您何不派一位能言善辩的人,用这样的言辞去游说秦王:'燕国和赵国帮助齐国打败宋国,使齐国变得更为强大,而且尊崇齐国,屈居于齐国之下,而燕国与赵国并不认为这样做对自己有利。燕国与赵国并不认为这样做对自己有利,却为形势所迫而这样做了,是因为他们不信任秦王的缘故。那么大王您为什么不派遣一位可信的使者前往燕、赵两国,比如像泾阳君或高陵君这样的亲信重臣,提前去告知燕、赵两国:秦国的外交策略有所变化,所以让我来做人质。这样一来燕、赵两国就会信任秦国。秦国可以立为西帝,燕国可以立为北帝,赵国可以立为中帝,三帝建立之后一起治理天下。如果韩国、魏国不服从,秦国就出兵讨伐韩国与魏国;如果齐国不服从,燕、赵两国将联合出兵讨伐齐国,天下谁敢不服从?

　　"'天下服听①,因迺韩、魏以伐齐②,曰:必反宋③,归楚淮北④。反宋,归楚淮北,燕、赵之所利也。并立三王⑤,燕、赵之所愿也。夫实得所利,尊得所愿,燕、赵之弃齐,说沙也⑥。今不收燕、赵,齐伯必成⑦。诸侯赞齐而王弗从⑧,是国伐也⑨;诸侯伐齐而王从之⑩,是名卑也。今收燕、赵,国安名尊;不收燕、赵,国危而名卑。夫去尊、安,取卑、危,知者弗为⑪。'秦王闻若说,必如谏心⑫。然则〔王〕何不使辩士以如说〔说〕秦⑬,秦必取⑭,齐必伐矣。夫取秦,上交也⑮;伐齐,正利也⑯。尊上交,务正利⑰,圣王之事也。"

【注释】

①服听:即服从。听,听从。

②因迺韩、魏以伐齐:因此就可以驱使韩国与魏国去进攻齐国。迺,假借为"驱"。驱使。

③必反宋:一定要归还宋国的土地。反,同"返"。返还。

④归楚淮北:把淮北的土地还给楚国。淮北,淮河以北地区。

⑤并立三王:应是"并立三帝"。王,应是"帝"字之误。

⑥说沙:扔掉一双破鞋子。说,假借为"脱"。脱掉,扔掉。沙,假借为"屣"。鞋子。这里指破鞋子。整理小组《战国纵横家书》:"沙字与蹝字音同通用。蹝,拖鞋。《苏秦列传》作'如脱蹝矣'。《燕策》作'犹释弊蹝',姚本注:'一云脱屣也。'蹝就是屣。"

⑦齐伯(bà)必成:齐国的霸业一定能够成功。伯,通"霸"。

⑧赞:赞助,拥戴。

⑨是国伐也:这样的话秦国就会被讨伐。是,代指"诸侯赞齐而王弗从"的行为。

⑩诸侯伐齐而王从之:诸侯拥戴齐国而大王您服从的话。伐,应是

"赞"字之误。《长沙马王堆汉墓简帛集成·战国纵横家书》:"裘锡圭（1992:101）:'诸侯赞齐''诸侯伐齐'两句中的'诸侯伐齐',《苏秦列传》也作'诸侯赞齐'（《燕策一》上下句皆作'诸侯戴齐'）。从文义看,作'赞齐'是对的。帛书作'伐齐',当涉上句的'是国伐也'而误。释文应在'伐齐'之'伐'后加注'〈赞〉'。或谓此处作'伐'亦通,非是。"

⑪知者弗为:明智的人不会这样做。知,同"智"。

⑫必如谏心:一定会心如刀绞一样难受。谏,假借为"刺"。刀刺。

⑬如说:即"若说"。这样的说辞。[说（shuì）]:游说,劝说。

⑭秦必取:秦国必定会接受。取,接受。指接受这些建议。

⑮上交:最好的外交策略。

⑯正利:真正的利益所在。

⑰务:追求。

【译文】

"'一旦天下服从,就可以驱使韩国与魏国一起去攻打齐国,这样要求齐国:一定要返还宋国的土地,还要把淮北地区还给楚国。齐国返还宋国的土地,把淮北地区还给楚国,这对于燕、赵两国来说是有利的。三位帝王并立,也符合燕、赵两国的愿望。从实际利益上看,燕、赵两国获得了实利;从受到尊重的角度看,燕、赵两国也实现了自己的愿望,那么燕、赵两国抛弃齐国,就好像抛弃一双破鞋子一样。如果现在不去联合燕、赵两国,齐国的霸业就一定能够成功。如果诸侯拥戴齐国而大王您予以拒绝,这样一来秦国就会被诸侯讨伐;如果诸侯拥戴齐国而秦国也予以服从,这样一来秦国的名位则会显得卑微。如今联合燕、赵两国,秦国就会安全而尊贵;不联合燕、赵两国,秦国就会危险而卑微。放弃尊贵与安全,选择卑微与危险,明智的人是不会这样做的。'秦王听到这番说辞之后,一定会心如刀绞一样地难受。那么大王您为何不派能言善辩的人按照这些说辞去游说秦王呢? 秦王听后必定会接受这一建议,齐国也就一定会受到讨伐。与秦国联合，是最好的外交策略；讨伐齐国，可以获取真正的利益。推重最好的外交策略，追求真正的利益，这才是圣明君主应该做的事情。"

附录一：

【说明】《战国策·燕策一》"齐伐宋章"的内容与《战国纵横家书》中的本章一致，文字有所差异，故附录于后，以供对照参考。

齐伐宋①，宋急。苏代乃遗燕昭王书曰②："夫列在万乘，而寄质于齐，名卑而权轻。奉齐助之伐宋，民劳而实费。破宋，残楚淮北③，肥大齐④，仇强而国弱也⑤。此三者⑥，皆国之大败也，而足下行之⑦，将欲以除害取信于齐也⑧？而齐未加信于足下，而忌燕也愈甚矣⑨。然则足下之事齐也，失所为矣⑩。夫民劳而实费，又无尺寸之功，破宋肥仇，而世负其祸矣⑪。夫以宋加淮北，强万乘之国也，而齐并之，是益一齐也。九夷方七百里⑫，加之以鲁、卫，此所谓强万乘之国也，而齐并之，是益二齐也。夫一齐之强，而燕犹不能支也，今乃以三齐临燕，其祸必大矣。

【注释】

①齐伐宋：齐国进攻宋国。宋国被灭的时间在前286年，这封信应写于前286年之前，一说写于前288年之前。

②苏代：苏秦的弟弟，一说是其兄长。遗（wèi）：送。燕昭王：当时的燕国贤君。书：信。

③残楚淮北：占领楚国的淮北地区。残，打败。这里指占领。

④肥大齐：加强了齐国势力。肥大，加强。

⑤仇强而国弱也：敌国变得强大而本国变得弱小。仇，指仇国，也即齐国。齐国曾几乎灭掉燕国。国，指本国。也即燕国。

⑥此三者：这三种结果。指上文提到的"名卑而权轻""民劳而实费""仇强而国弱"三种结果。

⑦足下：对燕王的尊称。

⑧除害：消除灾难。一说，"害"是"忌恨"的意思，"除害"即消除齐国对燕国的忌恨。取信于齐：得到齐国的信任。

⑨忌：忌恨。愈甚：更加严重。

⑩失所为矣：所作所为是错误的。失，失误，错误。

⑪世负其祸矣：世世代代都要遭受齐国带来的灾祸了。

⑫九夷：原作"北夷"，当为"九夷"之误。泛指东方夷族地区。

【译文】

　　齐国进攻宋国，宋国形势十分危急。苏代便送信给燕昭王说："燕国位在拥有万辆战车的大国之列，却不得不送人质去齐国，这使燕国的名声卑微，权威削弱。再去协助齐国进攻宋国，可以说是劳民伤财。齐国打败了宋国，侵占了楚国的淮北地区，这就加强了齐国的势力，使敌国变得强大而本国变得弱小了。这三种结果，都是燕国的巨大失败，然而您却做了这些事情。您是想除掉燕国的灾难而取信于齐国吗？然而齐国对您的信任并没增加多少，而且更加忌恨燕国。那么您去侍奉齐国，就是错误的行为。劳民伤财，也没有立下尺寸的功劳，打败宋国却加强了仇敌的势力，这样就会世世代代遭受齐国带来的祸患。把宋国的土地和淮北的土地加在一起，就比万乘之国还要强大，而齐国一旦兼并了它们，就如同又增加了一个齐国。九夷的土地方圆七百里，再加上鲁、卫等小国，这也是人们所说的比万乘之国还要强大的地方，齐国如果吞并了它们，这就如同增加了两个齐国。一个强大的齐国，燕国尚且无法与它抗衡，如今将有三个齐国威胁燕国，那祸患可就大了。

"虽然，臣闻知者之举事也，转祸而为福、因败而成功者也。齐人紫，败素也，而贾十倍。越王勾践栖于会稽，而后残吴霸天下。此皆转祸而为福、因败而为功者也。今王若欲转祸而为福、因败而为功乎？则莫如遥伯齐而厚尊之，使使盟于周室①，尽焚天下之秦符，约曰：'夫上计破秦，其次长宾之②。'秦挟宾以待破，秦王必患之。秦五世以结诸侯③，今为齐下；秦王之志，苟得穷齐，不惮以一国都为功④。

【注释】

①使使：派使者。第一个"使"是动词。派遣。第二个"使"是名词。使者。

②宾：假借为"摈"。排斥。

③结：应是"伐"字之误。《史记·苏秦列传》与《战国纵横家书》均作"伐"。

④不惮以一国都为功：不惜倾全国之力去赢得成功。不惮，不惜。《史记·苏秦列传》无"都"字，"都"字应为衍字。

【译文】

"虽说是这样，但是我也听说过睿智的人在做事的时候，能够因势利导地把灾祸转化为福佑，把失败转化为成功。齐国人喜欢紫色，有人就把质量低劣的白色丝绢染成紫色，价格就上涨了十倍。当初越王勾践困守在会稽山上，后来却灭了吴国而称霸天下。这些都是把灾祸转化为福佑、把失败转化为成功的范例。如今大王也想把灾祸转化为福佑、把失败转化为成功吗？那么最好就去遥尊齐国为霸主，并且极力推崇它，让齐国派使者同周王室结盟，全部烧掉与秦国的盟约，与天下诸侯约定：'最好的计划就是打败秦国，其次是把秦国长期排斥于诸侯之外。'秦国承受着被排斥在外的痛苦以等待着失败，秦王必然会为此十分担忧。

秦国君主连续五代一直攻打诸侯,如今却屈居于齐国之下,秦王一定会有这样的决心:如果能够让齐国陷入困境,他将不惜倾全国之力去取得成功。

"然而王何不使布衣之人^①,以穷齐之说说秦^②,谓秦王曰:'燕、赵破宋肥齐,尊齐而为之下者,燕、赵非利之也。弗利而势为之者,何也? 以不信秦王也。今王何不使可以信者接收燕、赵^③。今泾阳君若高陵君先于燕、赵^④,秦有变,因以为质。则燕、赵信秦矣。秦为西帝,赵为中帝,燕为北帝,立为三帝而以令诸侯。韩、魏不听,则秦伐之;齐不听,则燕、赵伐之。天下孰敢不听? 天下服听,因驱韩、魏以攻齐,曰:必反宋地,而归楚之淮北。夫反宋地,归楚之淮北,燕、赵之所同利也;并立三帝,燕、赵之所同愿也。夫实得所利,名得所愿,则燕、赵之弃齐也,犹释弊屣^⑤。今王之不收燕、赵,则齐伯必成矣。诸侯戴齐^⑥,而王独弗从也,是国伐也;诸侯戴齐,而王从之,是名卑也。王不收燕、赵,名卑而国危;王收燕、赵,名尊而国宁。夫去尊宁而就卑危^⑦,知者不为也。'秦王闻若说也,必如刺心。然则王何不务使知士以若此说秦^⑧? 秦伐齐必矣。夫取秦,上交也;伐齐,正利也。尊上交,务正利,圣王之事也。"

【注释】

①布衣之人:平民,无官爵的百姓。派这种身份的人去游说秦王,可以打消秦王对燕国的怀疑。

②以穷齐之说说秦:用能够使齐国陷入困境的方法去劝说秦王。第

一个"说"是名词。说法，方法。第二个"说"是动词。游说，劝说。

③接收：联合。

④若：或者。

⑤犹释弊屣（xǐ）：就好像扔掉一双破鞋子一样。释，放掉，扔掉。弊，破。屣，鞋子。

⑥戴：拥戴。

⑦就：接近，追求。

⑧务：努力，一心一意。

【译文】

"既然这样，大王您为什么不派一位平民身份的人，用能够使齐国陷入困境的方法去游说秦国呢？对秦王这样说：'燕、赵两国协助齐国打败宋国，增强了齐国的势力，并且尊崇齐国，屈居于齐国之下，燕、赵两国知道这样做对自己不利。知道对自己不利却迫于形势这样做了，这是为什么呢？是因为燕、赵不相信秦国的缘故。现在大王为什么不派一位可以信赖的人去联合燕国与赵国呢？让泾阳君或者高陵君先去燕、赵两国，告诉他们秦国的外交政策有所变化，所以就让他们来做人质。这样一来燕、赵两国就会信任秦国了。秦王立为西帝，赵王立为中帝，燕王立为北帝，三帝并立以号令天下诸侯。韩、魏两国如果不服从命令，秦国就去攻打它们；齐国如果不服从命令，燕、赵两国就去攻打它，天下人谁敢不服从？天下诸侯服从命令，就可以驱使韩、魏两国去进攻齐国，对齐国说：必须归还宋国的土地，还要把淮北的土地还给楚国。返还宋国的土地，归还楚国的淮北地区，这对燕、赵两国同样都有好处；三帝并立，是燕、赵两国共同的愿望。从实利上看，他们获得了好处；从名声上看，他们满足了自己的愿望，那么燕、赵两国抛弃齐国，就像扔掉一双破鞋子一样毫不吝惜。如今大王如果不联合燕、赵两国，那么齐王称霸的事就一定能够成功。诸侯们都去拥戴齐王，而大王如果不服从，这就会使秦国遭到讨伐；诸侯们都去拥戴齐王，大王您也跟随着他们去拥戴齐王，这就使大王的名声变得卑微。大王如果不联合燕、赵两国，就会使名声卑微，国家遇到危险；大王联合燕、赵两国，就会使名声尊贵，国家安宁。抛弃名声的尊贵和国家的安宁，而去追求名声的卑微和国家的危险，明智的人是不会这样做的。'秦王听了这些说辞，一定心痛如刀刺。那么大王为什么不赶快派一位有才能的人，用这样的说辞去劝说秦王呢？秦王听后一定会去进攻齐国。能够与秦国联合，是最好的外交策略；进攻齐国，会得到真正的利益。推重最好的外交策略，追求真正的利益，这是圣王要做的事情啊。"

　　燕昭王善其书①，曰："先人尝有德苏氏②，子之之乱③，而苏氏去燕④。燕欲报仇于齐，非苏氏莫可。"乃召苏氏，复善待之。与谋伐齐，竟破齐⑤，闵王出走⑥。

【注释】

①善其书：认为这封信写得非常好。

②先人尝有德苏氏：先王对苏氏曾经有恩德。《史记·苏秦列传》记载，早年的苏秦游说秦王失败之后，"乃东之赵。赵肃侯令其弟成为相，号奉阳君。奉阳君弗说之。去游燕，岁余而后得见。说燕文侯……文侯曰：'子言则可，然吾国小，西迫强赵，南近齐，齐、赵强国也。子必欲合从以安燕，寡人请以国从。'于是资苏秦车马金帛以至赵"。燕文侯，又称燕文公。燕文侯是燕昭王的曾祖父，文侯对于苏秦事业的成功，给予了极大的帮助，而苏秦是苏代的兄长，所以燕昭王说"先人尝有德苏氏"。

③子之之乱：之子动乱的时候。子之，人名。燕昭王父亲燕王哙的相国。燕王哙在位时，把王位禅让给相国子之，引发燕国内乱。齐国乘机攻破燕国，燕王哙和子之被杀。

④去：离开。

⑤竟：最终。

⑥闵王出走：齐闵王逃亡在外。闵王，即齐闵王，又作齐湣王。战国时期田齐第六任君主，齐宣王之子。闵王即位后，吞并富有的宋国；掀起秦、齐争霸的斗争，自称东帝；向南占领楚国的淮北地区；向西侵犯韩、赵、魏；还想吞并周王室，自称天子。前284年，乐毅率领五国联军攻破齐国七十二城，齐闵王出逃莒城，后被楚国将领淖齿所杀。

【译文】

燕昭王认为苏代的信写得非常好，说："先王曾经对苏家有恩，由于子之引起的动乱，苏代才离开了燕国。燕国要想向齐国报仇，除非有苏代的辅助，否则难以成功。"于是就把苏代召来，再次善待他。燕昭王同苏代谋划进攻齐国，最终打败了齐国，齐闵王被迫出逃。

附录二：

【说明】《史记·苏秦列传》中有一段文字，与《战国纵横家书》本章的内容相同，对这一故事发生的历史背景交代得较为明确，故附录于后，以供参考。

燕相子之与苏代婚①，而欲得燕权，乃使苏代侍质子于齐②。齐使代报燕③，燕王哙问曰："齐王其霸乎？"曰："不能。"曰："何也？"曰："不信其臣。"于是燕王专任子之，已而让位④，燕大乱。齐伐燕，杀王哙、子之。燕立昭王，而苏代、苏厉遂不敢入燕⑤，皆终归齐，齐善待之。

【注释】

①燕相子之与苏代婚：燕国的相国子之与苏代结为姻亲。

②侍质子于齐：侍奉在齐国做人质的燕王之子。

③报：报告，传达。

④已而：此后，后来。

⑤苏厉：苏代的弟弟。

【译文】

燕国的相国子之与苏代有婚姻关系，而子之想获取燕国的政权，于是就派苏代到齐国去侍奉在那里当人质的燕王之子。齐国让苏代回燕国传递有关信息，燕王哙就问苏代："齐王大概能够成就他的霸业吧？"苏代说："齐王无法成就自己的霸业。"燕王哙问："为什么？"苏代说："齐王不太信任他的大臣。"于是燕王哙就完全信任、重用子之，后来干脆把王位也禅让给了子之，结果引起燕国大乱。齐国乘机进攻燕国，杀死了燕王哙、子之。燕国人共同拥立燕昭王，而苏代与苏厉兄弟俩于是就不敢再进入燕国，两人都到了齐国，齐国对待他们很好。

　　苏代过魏，魏为燕执代①。齐使人谓魏王曰："齐请以宋地封泾阳君②，秦必不受。秦非不利有齐而得宋地也③，不信齐王与苏子也④。今齐、魏不和如此其甚，则齐不欺秦⑤。秦信齐，齐、秦合，泾阳君有宋地，非魏之利也。故王不如东苏子⑥，秦必疑齐而不信苏子矣⑦。齐、秦不合，天下无变⑧，伐齐之形成矣⑨。"于是出苏代。代之宋⑩，宋善待之。

【注释】

①魏为燕执代：魏国为燕国而逮捕了苏代。执，逮捕。

②齐请以宋地封泾阳君：如果齐国要求把宋国的一块土地分封给泾阳君。泾阳君，秦国君主秦昭王的弟弟。

③秦非不利有齐而得宋地也：与齐国联合，得到宋国的一块土地，秦

国并不认为这样对自己不利。有齐,有齐国的支持。指与齐国
联合。

④苏子:指苏代。

⑤则齐不欺秦:那么齐国就不会再欺骗秦国了。以上两句意思是,
如今齐国与魏国关系如此紧张,那么齐国就只得与秦国真诚合作
了,而这种合作就会对魏国形成夹击之势,对魏国极为不利。

⑥东苏子:释放苏代,让他到东边的齐国去。东,到东边去。齐国在
魏国的东边。

⑦疑齐:怀疑齐国与魏国联合。

⑧无变:没有其他变故。

⑨伐齐之形成矣:讨伐齐国的形势基本就形成了。

⑩代之宋:苏代到了宋国。之,到。

【译文】

　　苏代路过魏国的时候,魏国为燕国逮捕了苏代。齐国就派人对魏
王说:"齐国要求把宋国的一块土地封给秦国的泾阳君,秦国肯定不会接
受。与齐国联合起来,得到宋国的一块土地,秦国并不认为这样做对自
己不利,主要是因为不相信齐王与苏代的缘故。如今齐国与魏国的关系
不和睦竟然到了这种严重程度,那么齐国就不再欺骗秦国了。秦国信任
齐国,齐国与秦国联合起来,泾阳君拥有宋国的一块土地,这对魏国极为
不利。因此大王不如释放苏代,让他回到东边的齐国,这样一来秦国必
定怀疑齐国,而不再信任苏代了。齐国与秦国不和睦,天下如果没有其
他变故,那么讨伐齐国的形势就能形成了。"于是魏国释放了苏代。苏
代到了宋国,宋国对待苏代很好。

　　齐伐宋,宋急,苏代乃遗燕昭王书曰:"夫列在万乘而
寄质于齐,名卑而权轻;奉万乘助齐伐宋,民劳而实费;夫破
宋,残楚淮北,肥大齐,仇强而国害:此三者,皆国之大败也。

然且王行之者,将以取信于齐也。齐加不信于王①,而忌燕愈甚,是王之计过矣②。夫以宋加之淮北,强万乘之国也,而齐并之,是益一齐也。北夷方七百里,加之以鲁、卫,强万乘之国也,而齐并之,是益二齐也。夫一齐之强,燕犹狼顾而不能支③,今以三齐临燕,其祸必大矣。虽然,智者举事,因祸为福,转败为功。齐紫,败素也,而贾十倍;越王句践栖于会稽,复残强吴而霸天下:此皆因祸为福、转败为功者也。

【注释】

①加不信:更加不信任。

②计过:谋划错了。计,谋划。过,错误。

③狼顾:形容恐惧不安的样子。顾,回头看。狼生性多疑,总是担心受到后面的袭击,边走边不停地回头看。常用来形容人对处境存在着严重的不安全感与恐惧感。

【译文】

齐国进攻宋国,宋国的形势十分危急,于说苏代就写了一封信给燕王,信中说:"燕国虽然位列于万乘大国之中,却不得不把人质送往齐国,这使燕国名声卑微,权威削弱;您还要被迫派出大量的军队去协助齐国攻打宋国,使燕国军民疲惫不堪,且耗费了大量的财力人力;打败宋国,占领楚国的淮北地区,增加了齐国的势力,敌国变得更为强大,燕国受到更多伤害:这三种结果,都是燕国的巨大失败。然而大王却这样做的目的,是想要取得齐国的信任啊。而结果却是齐国更加不信任大王,更加忌恨燕国,这些都说明大王的谋划是不正确的。宋国的土地加上淮北地区的土地,其实力超过了一个万乘大国,而齐国兼并了这些土地,这就等于齐国之上又增加了一个齐国。九夷地区的土地方圆七百里,再加上鲁国与卫国的土地,其实力又超过了一个万乘大国,而齐国又兼并了这些土地，这就等于齐国之上又增加了两个齐国。一个强大的齐国，燕国尚且感到恐惧不安，难以抗拒，而如今有三个齐国来威胁燕国，其造成的灾难一定非常严重。虽说如此，那些明智的人做事的时候，往往能够因势利导地把灾难转化为福佑，把失败转化为成功。比如齐国人特别喜好紫色的衣服，于是便有人把残次的白色丝绢染成紫色，价格增长了十倍；勾践曾被吴国击败后退守在会稽山上，后来却成功地灭掉了吴国，称霸天下。这些都是能够因势利导地把灾难转化为福佑、把失败转化为成功的例子。

"今王若欲因祸为福，转败为功，则莫若挑霸齐而尊之①，使使盟于周室，焚秦符，曰：'其大上计②，破秦；其次，必长宾之③。'秦挟宾以待破，秦王必患之。秦五世伐诸侯，今为齐下，秦王之志苟得穷齐，不惮以国为功。然则王何不使辩士以此言说秦王曰：'燕、赵破宋，肥齐，尊之，为之下者，燕、赵非利之也。燕、赵不利而势为之者，以不信秦王也。然则王何不使可信者接收燕、赵，令泾阳君、高陵君先于燕、赵？秦有变，因以为质。则燕、赵信秦。秦为西帝，燕为北帝，赵为中帝，立三帝以令于天下。韩、魏不听则秦伐之，齐不听则燕、赵伐之，天下孰敢不听？天下服听，因驱韩、魏以伐齐，曰："必反宋地，归楚淮北。"反宋地，归楚淮北，燕、赵之所利也；并立三帝，燕、赵之所愿也。夫实得所利，尊得所愿，燕、赵弃齐如脱躧矣④。今不收燕、赵⑤，齐霸必成。诸侯赞齐而王不从，是国伐也；诸侯赞齐而王从之，是名卑也。今收燕、赵，国安而名尊；不收燕、赵，国危而名卑。夫去尊安而取危卑，智者不为也。'秦王闻若说，必若刺心然。然则王何不使辩士以此若言说秦？秦必取，齐必伐矣。夫取秦，厚交也；伐齐，正利也。尊厚交，务正利，圣王之事也。”

【注释】

①挑：假借为"遥"。一说，"挑"是持续、坚持的意思。《史记正义》："挑，田鸟反，执持也。"

②大（tài）上：最好的。大，同"太"。

③宾：通"摈"。排斥。

④蹝（xǐ）：亦作"屣"。草鞋。

⑤收：接受，联合。

【译文】

"现在大王您如果也想因势利导地把灾难转化为福佑，把失败转化为成功，最好的办法就是遥推齐国为霸主，并且尊崇它，让齐国派使者与周王室结盟，而焚烧与秦国的盟约，与各国约定：'最好的谋略，就是击败秦国；其次，是把秦国长期排斥在诸侯之外。'秦国长期承受着被排斥在外的痛苦，等待着失败的到来，秦王必定会为此感到忧虑。秦国连续五代君主不断征伐诸侯，如今却屈居于齐国之下，秦王的想法肯定是，如果能够使齐国陷入困境，他就不惜倾全国之力去赢得成功。那么大王您为何不派一位能言善辩的人，去向秦王转达这样的说法：'燕国和赵国帮助齐国打败宋国，使齐国变得更为强大，并且尊崇齐国，屈居于齐国之下，而燕国与赵国并不认为这样做对自己有利。燕国与赵国并不认为这样做对自己有利，却为形势所迫而这样做了，是因为他们不信任秦王的缘故。那么大王您为什么不派遣一位可信的使者前往燕、赵两国联络，比如派像泾阳君或高陵君这样的亲信重臣先去告知燕、赵两国呢？就说秦国的外交策略有所变化，所以让我来做人质。这样一来燕、赵两国就会信任秦国。秦国可以立为西帝，燕国可以立为北帝，赵国可以立为中帝，三帝建立之后一起号令天下。如果韩国、魏国不服从，秦国就出兵讨伐韩国与魏国；如果齐国不服从，燕、赵两国将联合出兵讨伐齐国，天下谁敢不服从？天下诸侯服从命令，就可以驱使韩、魏两国去进攻齐国，对齐国说："必须归还宋国的土地，还要把淮北的土地还给楚国。"返还宋国的土地，归还楚国的淮北地区，这对燕、赵两国都有好处；三帝并立，是燕、赵两国共同的愿望。从实利上看，他们获得了好处；从名声上看，他们满足了自己的愿望，那么燕、赵两国抛弃齐国，就像扔掉一双破鞋子一样毫不吝惜。如今大王如果不联合燕、赵两国，那么齐王称霸的事就一定能够成功。诸侯们都去拥戴齐王，而大王如果不服从，这就会使秦国遭到讨伐；诸侯们都去拥戴齐王，大王您也跟随着他们去拥戴齐王，这就使大王的名声变得卑微。如今大王联合燕、赵两国，就会使国家安宁，名声尊贵；如果不联合燕、赵两国，就会使国家遇到危险，名声卑微。抛弃名声的尊贵和国家的安宁，而去追求名声的卑微和国家的危险，明智的人是不会这样做的。'秦王听了这些说辞，一定心痛如刀刺。那么大王为什么不赶快派一位能言善辩的人，用这样的说辞去劝说秦王呢？秦王一定会接受这些建议，也一定会去进攻齐国。能够与秦国联合，是最有利的外交策略；进攻齐国，会得到真正的利益。推重最有利的外交策略，追求真正的利益，这是圣王要做的事情啊。"

燕昭王善其书，曰："先人尝有德苏氏，子之之乱而苏氏去燕。燕欲报仇于齐，非苏氏莫可。"乃召苏代，复善待之。与谋伐齐，竟破齐，湣王出走①。

【注释】

①湣王：即齐湣王，又作齐闵王。最后要说明的是，《史记》这段文字记载齐国营救苏代，而苏代却暗中反对齐国，这是因为苏秦、苏代与燕国、齐国的关系非常复杂，我们看发生在苏代写这封信之

前的史实："（燕）易王母，文侯夫人也，与苏秦私通。燕王知之，而事之加厚。苏秦恐诛，乃说燕王曰：'臣居燕不能使燕重，而在齐则燕必重。'燕王曰：'唯先生之所为。'于是苏秦详为得罪于燕而亡走齐，齐宣王以为客卿。齐宣王卒，湣王即位，说湣王厚葬以明孝，高宫室大苑囿以明得意，欲破散齐而为燕。燕易王卒，燕哙立为王。其后齐大夫多与苏秦争宠者，而使人刺苏秦，不死，殊而走。齐王使人求贼，不得。苏秦且死，乃谓齐王曰：'臣即死，车裂臣于徇于市，曰"苏秦为燕作乱于齐"，如此则臣之贼必得矣。'于是如其言，而杀苏秦者果自出，齐王因而诛之。燕闻之曰：'甚矣，齐之为苏生报仇也！'苏秦既死，其事大泄。齐后闻之，乃恨怒燕。燕甚恐。苏秦之弟曰代，代弟苏厉，见兄遂，亦皆学……齐王怨苏秦，欲囚苏厉。燕质子为谢，已遂委质为齐臣。"从以上记载可以看出，苏氏兄弟与燕国关系更为密切。

【译文】

燕昭王认为苏代的信写得非常好，说："先王曾经对苏家有恩，由于子之引起的动乱，苏代才离开了燕国。燕国要想向齐国报仇，除非有苏代的辅助，否则难以成功。"于是就把苏代召来，再次善待他。燕昭王同苏代谋划进攻齐国，最终打败了齐国，齐闵王被迫出逃。

二一、苏秦献书赵王章

【题解】

苏秦献书赵王：苏秦写信给赵王。需要说明的是，仅仅依据本章内容，无法确定这封书信为苏秦所写。《战国策·赵策一》认为是苏秦所写："赵收天下，且以伐齐。苏秦为齐上书说赵王。"而《史记·赵世家》则认为是苏厉所写："十六年，秦复与赵数击齐，齐人患之。苏厉为齐遗赵王书。"虽然我们倾向于认同《史记》的记载，但在无确切把握之前，还是尊重《战国纵横家书》的原题。赵惠文王十六年（前283），赵国准备随同秦国一起进攻齐国，苏秦就为齐国写信给赵国，认为赵国这样做，不仅有悖于信义，更重要的是对赵国自己不利，从而说服赵国取消伐齐的行动。

在本章的最后，我们附录了《战国策·赵策一》"赵收天下章"与《史记·赵世家》的一段文字，主要是因为这些文字的内容与本章一致。故附录于后，以供对照参考。

献书赵王①：臣闻［甘］洛降②，时雨至③，禾谷绛盈④，众人喜之，贤君恶之⑤。今足下功力非数加于秦也⑥，怨竺积怒⑦，非深于齐⑧，下吏皆以秦为夏赵而曾齐⑨。臣窃以事观

之⑩，秦几夏赵而曾齐戈⑪！欲以亡韩、呻两周⑫，故以齐饵
天下⑬。恐事之不〇诚⑭，故出兵以割革赵、魏⑮。恐天下之
疑己，故出挚以为信⑯。声德与国⑰，实伐郑韩⑱。〔臣〕以秦
之计必出于此。

【注释】

①献书赵王：写信给赵王。关于本句的主语，《战国策·赵策一》说
　是苏秦，《史记·赵世家》说是苏厉。

②臣闻：这两个字下面有脱文。整理小组《战国纵横家书》："臣闻
　下帛书有脱落。《赵策》与《赵世家》并多三十余字。"甘洛降：天
　上降下了甘露。甘洛，即甘露。洛，假借为"露"。甘露，甜美的
　露水。天降甘露属于天人感应思想。古人认为，社会政治清明，
　百姓心情舒畅，就会对自然界的阴阳二气产生良好的影响，于是
　冷热合时，风调雨顺，并出现各种祥瑞。而甘露就属于祥瑞之一。
　一说，如果社会政治清明，百姓心情舒畅，天帝就会降下各种祥瑞
　以示嘉奖。

③时雨至：及时雨也落了下来。

④禾谷绛盈：庄稼丰收。绛，假借为"丰"。

⑤贤君恶（wù）之：贤良的君主对此却感到讨厌与担忧。贤君之
　所以讨厌这种美好的现象，是因为事物的过度美好，与自己的德
　行不相配，那就是一种反常现象，往往意味着灾难的降临。《庄
　子·徐无鬼》记载，九方歅为子綦的儿子看相，九方歅认为其子
　捆最有福气，子綦对此提出质疑："吾未尝为牧而牂生于奥，未尝
　好田而鹑生于宎，若勿怪，何邪？"意思是："我从未放牧过羊而羊
　却出现在我家室内的西南角，我从来都不喜欢打猎而鹌鹑却出现
　在我家室内的东南角，你对这些异常之事不感到奇怪，这是为什

么呢?"家里无缘无故出现羊与鹌鹑这些财富,一般人视为好事,而子墨却为此忧心忡忡。后来,捆果然被强盗劫持,被砍去双脚后终身为奴。同样的道理,当各种吉祥现象出现后,普通民众为此而兴高采烈,而贤君却为此而忧心忡忡。这样理解还可以得到上下文的印证,可参阅本句的下文及附录的《战国策·赵策一》及《史记·赵世家》中的文字。

一说,"贤君恶之"的"恶"可能是错字,整理小组《战国纵横家书》:"恶,《赵策》同,疑有误。《赵世家》作图。"《长沙马王堆汉墓简帛集成·战国纵横家书》认可了这一说法。沈月《〈战国纵横家书〉译注》:"恶,疑有误,当从《赵世家》作图,是筹划、谋划的意思。"译为:"我听说甘露普降,雨水按时而至,五谷丰收,百姓欢喜,而贤君则要开始筹谋。"实际上,"恶"字并非误字,反而非常准确地表达了古人的一种哲学思想——天人感应。古人认为,君圣臣贤,国泰民安,上天就会降下许多美好的事物,如庆云甘露、风调雨顺等祥瑞以示嘉许;反之则会出现日食雷暴、水旱不均等灾害以示惩告。我们看与本章内容一致的《战国策·赵策一》的记载:

> 苏秦为齐上书说赵王曰:"臣闻古之贤君,德行非施于海内也,教顺慈爱非布于万民也,祭祀时享非当于鬼神也,甘露降,时雨至,农夫登,年谷丰盈,众人喜之,而贤主恶之。今足下功力,非数痛加于秦国,而怨毒积恶非曾深凌于齐也。臣窃外闻大臣及下吏之议,皆言王前专据以秦为爱赵而憎齐。臣窃以事观之,秦岂得爱赵而憎齐哉!"

这段话与帛书《战国纵横家书》相比,多了"德行非施于海内也,教顺慈爱非布于万民也,祭祀时享非当于鬼神也"数句作为前提,文义就明确得多了。苏秦这样讲,主要目的是为了分析赵国与秦国的关系,既然赵国并没有什么恩德于秦国,而秦国却表现

出对赵国的异常关心与爱护,这种反常现象,只能说明秦国别有
用心。这种"无故之利"是古人非常排斥的,《战国策·赵策一》
记载:"冯亭守三十日,阴使人请赵王曰:'韩不能守上党,且以与
秦,其民皆不欲为秦,而愿为赵。今有城市之邑十七,愿拜内之于
王,唯王才之。'赵王喜,召平阳君而告之曰:'韩不能守上党,且
以与秦,其吏民不欲为秦,而皆愿为赵。今冯亭令使者以与寡人,
何如?'赵豹对曰:'臣闻圣人甚祸无故之利。'"《史记·赵世家》
亦载:"后三日,韩氏上党守冯亭使者至,曰:'韩不能守上党,入
之于秦。其吏民皆安为赵,不欲为秦。有城市邑十七,愿再拜入
之赵,财王所以赐吏民。'王大喜,召平阳君豹告之曰:'冯亭入城
市邑十七,受之何如?'对曰:'圣人甚祸无故之利。'"本章的贤君
讨厌的不是"甘洛降,时雨至,禾谷绛盈,众人喜之"本身,而是此
"利"来得"无故",是"非分之福"。

⑥今足下功力非数(shuò)加于秦也:如今大王您也并没有为秦国
　立下很多功劳。足下,对赵王的尊称。功力,功劳。数,多次,很
　多。这句意思是说,赵国与秦国既没有什么特别的密切关系,也
　无恩于秦国,而秦国如此关心赵国,这是反常的,而反常的举动背
　后,一定隐藏着祸心。

⑦怨笁积怒:愤恨,积怨。笁,假借为"毒"。仇恨。

⑧非深于齐:对齐国并没有什么深仇大恨。本句的主语是秦国。

⑨下吏皆以秦为夏赵而曽齐:而赵国的官员们都认为秦国爱护赵
　国而憎恨齐国。下吏,下级官员。代指赵国官员,实际是指包括
　赵王在内的赵国君臣。以,以为,认为。夏,假借为"忧(繁体为
　憂)"。整理小组《战国纵横家书》:"忧,《赵策》和《赵世家》均
　作爱,似以帛书作忧为是。"忧,是担忧的意思。为赵国担忧,依
　然是爱的一种表现。曽,假借为"憎"。憎恨。

⑩臣窃以事观之:我个人根据一些事实观察这件事。窃,私下,个

人。谦辞。

⑪秦几夏赵而曾齐戈：秦国哪里是爱护赵国而憎恨齐国！几，假借
为"岂"。怎么，岂是。戈，同"哉"。

⑫欲以亡韩、呻两周：秦国的真实目的是想灭掉韩国，吞并东、西两
周。呻，假借为"吞"。吞并。两周，指东、西两周。东周晚期又
分裂出来的东周、西周。在今河南洛阳一带。

⑬故以齐饵天下：所以把进攻齐国作为诱饵来欺骗天下。意思是
说，秦国声称进攻齐国，不过是为了转移天下诸侯的注意力，目
的是想趁天下诸侯进攻齐国、无暇旁顾之机，自己去灭掉韩国与
两周。

⑭恐事之不〇诚：秦国担心此事不能成功。〇，此处有一废字。诚，
假借为"成"。

⑮故出兵以割革赵、魏：所以出兵强制赵国与魏国去攻齐。割革，劫
持，强制。割，假借为"劫"。劫持，强制。《长沙马王堆汉墓简帛
集成·战国纵横家书》："原注：割，宰割。革，通勒，强制。今按：
裘锡圭（1992:101）：《史记·赵世家》作：'恐事之不合，故出兵
以劫魏、赵。'《赵策一·赵收天下且以伐齐章》作：'恐其事不成，
故出兵以佯示赵、魏。'……'割'与叶部的'劫'，古音无疑是很
相近的。所以我们认为帛书的'割'应从《赵世家》读为'劫'。
也可以说'割'是'劫'的音近误字。"革，假借为"勒"。强制。

⑯故出挚以为信：所以派出人质以表示自己的诚信。挚，假借为
"质"。人质。

⑰声德与国：口头上声称自己是帮助赵国与魏国两个盟国。德，施
恩德，帮助。与国，盟国。与，帮助。

⑱实伐郑韩：实际目的是为了进攻韩国。郑国在今河南新郑一带，
前375年，郑国被韩国所灭。韩国灭掉郑国之后，迁都新郑，原郑
国土地被韩国所占有，所以韩国又称"郑韩"。

【译文】

苏秦写信给赵王,信中说:我听说天上降下甘露,及时雨也落了下来,庄稼丰收,民众对此欢欣鼓舞,而贤良的君主对此却感到讨厌与担忧。如今大王您并没有为秦国立下太多的功劳,秦国对于齐国,也并非有什么深仇大恨,而赵国的官员们都认为秦国爱护赵国而憎恨齐国。我根据一些事实观察这件事情,秦国哪里是爱护赵国而憎恨齐国!秦国的真实目的是要灭掉韩国、吞并两周,所以秦国把攻齐的事作为诱饵来欺骗天下诸侯。秦国担心这件事情无法成功,所以就出兵以强制赵国与魏国去进攻齐国。秦国还担心天下诸侯怀疑自己,所以又派出人质以表示自己的真诚。秦国口头上声称自己是为了帮助赵国与魏国这些盟国,实际目的是为了讨伐韩国。我认为秦国的谋划肯定如此。

且说士之计皆曰①:"韩亡参川②,魏亡晋国③,市〇〇朝未罢过及于赵④。"且物固[有势]异而患同者⑤。昔者,楚久伐,中山亡⑥。今燕尽齐之河南⑦,距莎丘、巨鹿之囷三百里⑧。距麋关,北至于[榆中]者千五百里⑨。秦尽韩、魏之上党⑩,则地与王布属壤芥者七百里⑪。秦以强弩坐羊肠之道⑫,则地去邯郸百廿里⑬。秦以三军功王之上常而包其北⑭,则注之西⑮,非王之有也⑯。今增注、茝恒山而守三百里⑰,过燕阳、曲逆⑱,此代马、胡狗不东⑲,纶山之玉不出⑳,此三葆者㉑,或非王之有也㉒。今从强秦久伐齐,臣恐其过出于此也㉓。

【注释】

①说士之计:说客们的计谋。说士,说客。

②韩亡参川:韩国失去了三川一带的土地。参川,即三川。参,假借

为"叁"。三。三川在韩国西境,因河水（黄河）、伊水、洛水三条河水流经此处而得名。原属韩国,后被秦国占领。

③魏亡晋国:魏国失去了原有的故都安邑一带的土地。晋国,指魏国的故都安邑,在今山西夏县一带。后被秦国占领。

④市○○朝未罢过及于赵:时间不久灾难就落到了赵国身上。市朝未罢,早市还未结束。形容时间很短。○○,此处有两个废字。过,假借为"祸"。

⑤且物固［有势］异而患同者:再说,确实发生过形势不同而灾难相同的情况。物,事情,情况。

⑥楚久伐,中山亡:楚国长期被诸侯攻伐,而中山国却被灭掉了。楚怀王时,秦、齐、韩、魏一起进攻楚国,而赵国趁着其他诸侯无暇顾及的机会,攻伐中山国,并于前295年灭掉了中山国。中山,诸侯国名。在今河北中部一带。

⑦今燕尽齐之河南:如今燕国全部占有齐国的黄河以北地区。尽,全部占有。河南,疑为"河北"之误。整理小组《战国纵横家书》:"河南,疑是河北之误。河北即北地与阳地。《赵世家》作'燕尽齐之北地'。第十七章说'且使燕尽阳地,以河为境',又说'北地归于燕',均可证。下面说距沙丘、巨鹿之围三百里,可见不会在河南。"

⑧距莎丘、巨鹿之囿（yòu）三百里:距离沙丘、巨鹿这些苑林只有三百里路。莎丘、巨鹿,两个地名。在今河北邢台。莎丘,即沙丘。囿,供王侯打猎的苑林。

⑨距麋关,北至于［榆中］者千五百里:这里距离麋关、再往北到榆中,有一千五百里路。麋关,地名。大约在今陕西延安一带。整理小组《战国纵横家书》:"麋关,地名,未详。《赵策》作:'距于扞关,至于榆中,千五百里。'《赵世家》说'秦之上郡近挺关,至于榆中者千五百里',则似在今陕西省东北部延安一带。"榆中,在

今陕西榆林北部。

⑩秦尽韩、魏之上党：秦国全部占有了韩国与魏国的上党地区。上党，地域名。大约包括今山西临汾东部、长治西部、晋城西部一带。上党是一个较大的地域名，一部分归魏国所有，一部分归赵国、韩国所有。

⑪则地与王布属（zhǔ）壤芥者七百里：那么秦国的土地与大王您的土地相互接壤的就有七百里。地，指秦国的土地。布，假借为"邦"。国家。属，连接。布属，即两国的土地连接在一起。壤芥，国土交界。壤，国土。芥，通"界"。接界。

⑫秦以强弩（nǔ）坐羊肠之道：秦国军队携带强劲的弓弩据守着险要的羊肠道路。弩，一种利用机械力量射箭的弓。坐，坐守，据守。羊肠，地名。在今山西壶关东南。此处地形险要。

⑬则地去邯郸百廿（niàn）里：那么这里距离赵国都城邯郸就只有一百二十里路。去，距离。邯郸，地名。在今河北邯郸。当时为赵国都城。廿，二十。

⑭秦以三军功王之上常而包其北：秦国出动全军进攻大王的上党地区，并包围其北部一带。三军，全军。先秦的大国一般有上、中、下三军。功，假借为"攻"。进攻。上常，即上党。常，假借为"党"。

⑮注：山岭名。即勾注。在今恒山山脉的西段。

⑯非王之有也：不再归大王所有。也即被秦国占有。

⑰今增注、笡恒山而守三百里：如今秦国要去加强勾注的防守，再越过恒山去据守三百里地。笡，疑与"跐"通用。超越，越过。整理小组《战国纵横家书》："笡即笡字，疑与跐字通，当超逾讲。"《长沙马王堆汉墓简帛集成·战国纵横家书》认为"笡"可能是"斩"的讹字。

⑱过燕阳、曲逆：穿过燕国的阳地与曲逆。阳、曲逆，燕国的两个地

名。阳,在今河北唐县东北。曲逆,在今河北顺平东南。

⑲此代马、胡狗不东:这样一来,代地的骏马与胡地的猎犬,就不可
能再来到东边的赵国了。意思是说,这些地方不再归赵国所有
了。代,在今河北西北一带。胡,指我国古代西北部地区。

⑳纶山之玉不出:昆仑山的美玉也无法运到赵国来。纶山,即昆仑
山。纶,假借为"仑"。昆仑山脉,是横贯中国西部的高大山脉,
位于青藏高原北缘。古代所说的昆仑山,商代指今陕西黄龙山
脉,周、秦时指祁连山脉,汉代指今新疆的昆仑山脉。

㉑三葆:三件宝物。指代马、胡狗、昆仑山美玉。

㉒或:也许。

㉓过:假借为"祸"。灾难。

【译文】

况且那些游说之士还出谋划策说:"韩国失去了三川地区的土地,
魏国失去了原来的都城地区,在很短的时间之后,灾难又落在了赵国头
上。"确实发生过形势不同而灾难相同的情况。从前,诸侯国长期讨伐
楚国,而赵国乘机灭掉了中山国。如今燕国完全占有了齐国的黄河以北
地区,距离沙丘、巨鹿这些苑林只有三百里路,距离麛关,再由此向北至
于榆中,也只有一千五百里路。秦国全部占有了韩国与魏国的上党地
区,那么秦国的土地与大王您的土地就有长达七百里的接壤地带。秦国
军队携带强弩据守着险要的羊肠道路,那么这里距离邯郸就只有一百二
十里路。秦国发动全军进攻大王的上党,然后从其北面包抄,那么勾注
以西地区,就再也不属于大王所有了。如今秦国再增强勾注的防守,还
要越过恒山,据守三百里土地,然后穿过燕国的阳地、曲逆,这样一来,代
地的骏马、胡地的猎犬,就不可能再来到东边的赵国了,昆仑山的美玉也
无法再运到赵国,这三件宝物,也许再也不属于大王您所有了。如今跟
随着强秦去长久地进攻齐国,我担心灾难就会发生在这一时期。

　　且五国之主尝合衡谋伐赵^①，疏分赵壤^②，箸之皱竿^③，属之祝谱^④。五国之兵出有日矣^⑤，齐乃西师以唫强秦^⑥。史秦废令^⑦，疏服而听^⑧，反温、轵、高平于魏^⑨，反王公、符逾于赵^⑩，此天下所明知也。夫齐之事赵，宜正为上交^⑪，乃以柢罪取伐^⑫，臣恐后事王者不敢自必也^⑬。今王收齐，天下必以王为义矣。齐探社稷事王^⑭，天下必重王。然则齐义，王以天下就之^⑮；齐逆^⑯，王以天下□之^⑰。是一世之命制于王也^⑱。臣愿王与下吏羊计某言而竺虑之也^⑲。

【注释】

①且五国之主尝合衡谋伐赵：再说秦、齐、韩、魏、燕五国君主曾经采取连横计划准备进攻赵国。尝，曾经。合横，即连横。本段主要是提醒赵王，齐国曾经有恩于赵国，希望赵国不要进攻齐国。

②疏分赵壤：瓜分赵国的土地。疏，分，分割。

③箸之皱竿：五国将盟约铸在青铜盘盂上。箸，同"著"。撰写。这里引申为铸刻。之，代指盟约。皱，假借为"盘"。竿，假借为"盂"。

④属之祝谱：写在祭祀的记录簿上。属，撰写。祝谱，记录祈祷词的簿籍。谱，假借为"籍"。以上两句是说，在五国出兵之前，大家信誓旦旦，表示要同心同德，但这种誓言是不可靠的，所以下文就谈到齐国的毁约行为。

⑤有日：约定了出兵的时间。一说是出兵了一段时间。

⑥齐乃西师以唫（jìn）强秦：齐国却向西进军以阻止秦国的强大军队东进攻赵。乃，却。西师，向西进军。唫，假借为"禁"。禁止。齐国的这一行为就是违背了五国攻赵的盟约，但客观上有利于赵国。

⑦史秦废令：使秦国废除了称帝的命令。史，假借为"使"。

⑧疏服而听：穿着素服表示服从。疏，假借为"素"。白色丝绸。整理小组《战国纵横家书》："疏服，《赵策》作素服，表示服罪的意思，疏与素音相近。"

⑨反温、轵（zhǐ）、高平于魏：把温、轵、高平三地归还给魏国。反，同"返"。返还。温、轵、高平，三个地名。温在今河南温县西南，轵在今河南济源东南，高平在今河南济源南边。

⑩反王公、符逾于赵：把王公、符逾返还赵国。再次提醒齐国对赵国有恩。整理小组《战国纵横家书》："王公、符逾，均地名，未详。王公《赵世家》作垩分，集解引徐广曰'一作王公'，与帛书同。《赵策》作三公。符逾，《赵策》作什清。《赵世家》作先俞。《集解》引徐广说以为即《尔雅》的西俞，是雁门。《史记正义》因此说，垩分是陉山之误。勾注山一名西陉山。但勾注、雁门不是秦、赵经常争战的地区，恐不确。"

⑪宜正为上交：应该把它视为最友好的外交。宜，应该。

⑫以柢罪取伐：因为犯下过错而招来讨伐。柢，假借为"抵"。抵罪，因犯罪而受到相应的处罚。所谓的"罪"，指齐国首先破坏盟约。取伐，招来讨伐。这句话的意思是说，齐国违背盟约，客观上对赵国有利，现在却成了齐国被征伐的理由。

⑬臣恐后事王者不敢自必也：我担心今后事奉大王的人再也不敢保证自己不会被大王抛弃。自必，自信。

⑭齐探社稷事王：齐王拿整个国家来侍奉大王。探，假借为"抱"。抱着，拿。社稷，本指土神和谷神，后来人们常用社稷代指国家。

⑮王以天下就之：大王就让天下诸侯亲近它。就，接近，亲近。

⑯齐逆：齐国背叛赵国。逆，违背，背叛。

⑰王以天下囗之：大王就让天下诸侯去约束它。本句缺一字，《赵世家》作"禁"。禁止，约束。

⑱是一世之命制于王也：这样一来，整个天下的命运都掌握在大王的手里。是，代词。代指按照自己的谋划行事。一世，全社会，整个天下。

⑲臣愿王与下吏羊计某言而竺虑之也：我希望大王您与官员们详细考虑我的这些谋划，对此事反复商议。愿，希望。下吏，指官员。羊，假借为"详"。详细。某，献书者自称。也即苏秦本人。竺，假借为"笃"。深入，认真。

【译文】

再说秦、齐、韩、魏、燕五国君主曾经采取连横计划准备进攻赵国，要瓜分赵国的土地，他们把盟约铸在青铜盘盂上，写在祭祀的记录簿里。五国的军队已经约定了出兵的时间，而齐国却向西派出军队，禁止强大的秦军向东进攻赵国。最终迫使秦国废止了称帝的命令，穿上素服表示愿意服从齐国，还把温、轵、高平三地返还给了魏国，把王公、符逾两地返还给了赵国，这一情况天下人都知道得清清楚楚。齐国如此事奉赵国，应该把它视为最为友好的外交，现在却因违背五国盟约而招来讨伐，我担心以后事奉大王的人再也不敢有信心与您交往了。现在如果大王与齐国讲和，天下诸侯一定会认为大王讲信义。齐王带着整个国家来侍奉大王，天下诸侯一定也会尊崇大王。这样的话，如果齐国讲信义，大王就让天下诸侯亲近它；齐国如果背叛了您，大王就让天下诸侯去约束它。这样一来，整个天下的命运都掌握在大王您的手里了。我希望大王您与官员们详细考虑我的这些谋划，对此事反复商议。

附录一：

【说明】《战国策·赵策一》"赵收天下章"的内容与《战国纵横家书》中的本章一致，文字有所差异，故附录于后，以供对照参考。

　　赵收天下①，且以伐齐②。苏秦为齐上书说赵王曰："臣闻古之贤君，德行非施于海内也③，教顺慈爱非布于万民也④，祭祀时享非当于鬼神也⑤，甘露降，时雨至⑥，农夫登⑦，年谷丰盈⑧，众人喜之，而贤主恶之⑨。今足下功力，非数痛加于秦国⑩，而怨毒积恶非曾深凌于齐也⑪。臣窃外闻大臣及下吏之议⑫，皆言王前专据以秦为爱赵而憎齐⑬。臣窃以事观之，秦岂得爱赵而憎齐哉⑭！欲亡韩、吞两周之地，故以齐为饵⑮，先出声于天下⑯，欲邻国闻而观之也⑰。恐其事不成，故出兵以佯示赵、魏⑱。恐天下之惊觉，故征韩以贰之⑲。恐天下疑己，故出质以为信。声德于与国，而实伐空韩⑳。臣窃观其图之也，议秦以谋㉑，计必出于是㉒。

【注释】

①收：联合。

②且：将要。

③德行非施于海内也：如果自己的美德还没有普遍施行于整个天下。非，没有。海内，指整个天下。

④教顺：教训，教育。

⑤时享：按时祭祀鬼神。享，用食物祭祀神灵。当：符合。

⑥时雨至：风雨按照时节降临。也即风调雨顺。

⑦登：庄稼成熟，丰收。

⑧年谷：庄稼，粮食。

⑨贤君恶（wù）之：贤良的君主对此却感到讨厌与担忧。贤君之所以讨厌这种美好的现象，是因为事物的过度美好，与自己的德行不相配，那就是一种反常的现象，往往意味着灾难的降临。这段话与《战国纵横家书》相比，多了"德行非施于海内也，教顺慈爱

非布于万民也，祭祀时享非当于鬼神也"数句作为前提，文义就明确得多了。

⑩痛：表示程度之深、之甚。《战国纵横家书》与《史记·赵世家》均无"痛"字。

⑪而怨毒积恶非曾深凌于齐也：而秦国也并非对齐国有什么深仇大恨。凌，加于，施加于。本句意思是提醒赵王，秦国并非真的痛恨齐国，而是以攻齐为幌子，转移诸侯的注意力，目的是灭掉韩国与两周。

⑫臣窃外闻：我个人在外面听说。

⑬皆言王前专据以秦为爱赵而憎齐：都说大王您以前完全认定齐国是爱护赵国而痛恨齐国的。专据，完全认定。

⑭岂得：岂能，怎么能够。

⑮以齐为饵：把齐国作为诱饵以转移诸侯的注意力。

⑯先出声：事先制造舆论。

⑰观之：关注此事。

⑱故出兵以佯示赵、魏：所以假装出兵攻齐给赵国、魏国看。佯，假装。

⑲故征韩以贰之：所以向韩国征兵以迷惑天下诸侯。征，原作"微"。贰，迷惑。何建章《战国策注释》："'微韩'，《史记·赵世家》作'微（征的繁体）兵于韩'。于鬯《战国策注》：'"微"，当作"徵"，徵韩兵也。既徵兵于韩，以示不伐韩，若真欲伐齐也；恐天下惊觉，故为是以疑之。'建章按：于说是，当据《赵世家》改'微'为'徵'，今简化作'征'。《尔雅·释诂》'贰，疑也'。贰之，迷惑天下之耳目也。"

⑳空韩：贫弱的韩国。一说，"空"是困窘的意思。空韩，使韩国陷入困窘状态。

㉑议：猜度，估计。

㉒是：代词。代指自己的猜想。

【译文】

赵国联合天下诸侯，将要一起进攻齐国。苏秦为齐国上书游说赵惠文王，说："我听说古代那些贤明的君主，当他们的美德还没有普遍施行于整个天下，仁爱的教育还没有普遍施予亿万民众，按时的祭祀还没有完全符合鬼神的心意，此时如果天上降下了甜美的露水，风雨按时来到，农民丰收，粮食非常富足，百姓们会对此欢天喜地，然而贤明的君主却对此感到厌恶与恐惧。如今大王您的功劳，并没有很多是为秦国立下的，秦国对齐国也没有什么深仇大恨。而我在外面听到您的大臣和官吏们议论纷纷，都说大王您以前完全认定秦国爱护赵国而憎恨齐国。我个人根据一些事实观察此事，觉得秦国哪里是爱护赵国而憎恨齐国呢！而是秦国想要灭亡韩国、吞并两周的土地，所以就把攻伐齐国作为诱饵以欺骗天下人，秦国先在天下到处声称憎恨齐国，想使邻国听到后关注此事。秦国担心此事不能成功，所以假装出兵攻齐而让赵国、魏国看到；秦国担心天下诸侯有所警觉，所以向韩国征兵以消除诸侯的怀疑；秦国担心天下诸侯对自己怀有疑心，所以派出一些人质表示自己的真诚。秦国声称对盟国友好，而实际目的是为了进攻贫弱的韩国。我个人观察秦国的图谋对象，料想秦国的计谋，一定像我说的这样。

"且夫说士之计，皆曰韩亡三川，魏灭晋国①，恃韩未穷②，而祸及于赵。且物固有势异而患同者，又有势同而患异者。昔者楚人久伐而中山亡。今燕尽齐之河南③，距沙丘，而至钜鹿之界三百里；距于扞关④，至于榆中千五百里。秦尽韩、魏之上党，则地与国都邦属而壤挈者七百里⑤。秦以三军强弩坐羊唐之上⑥，即地去邯郸百二十里⑦。且秦以三军攻王之上党而危其北⑧，则勾注之西，非王之有也。今鲁勾注禁常山而守⑨，三百里通于燕之唐、曲吾⑩，此代马胡狗不东，而昆山之玉不出也。此三宝者，又非王之有也。今从于强秦之伐齐，臣恐其祸出于是矣⑪。

【注释】

①魏灭晋国：魏国的故都安邑一带地区被秦国所占领。灭，被灭，失去。晋国，这里指魏国故都安邑地区。

②恃韩未穷：据《战国纵横家书》和《史记·赵世家》，本句应为"市朝未罢"或"市朝未变"，比喻时间非常短暂。

③今燕尽齐之河南：如今燕国全部占领了齐国的黄河以北地区。河南，应是"河北"之误。

④扦（hàn）关：地名。在今陕西绥德东南。

⑤则地与国都邦属而壤挈者七百里：那么秦国的土地与赵国的土地就有七百里的接壤地带。国、都、邦，指的都是国土。属，连接，接壤。壤挈，国土相互连接。挈，连结。

⑥羊唐：即《战国纵横家书》说的"羊肠"。

⑦即地去邯郸百二十里：这里距离赵国都城邯郸就只有一百二十里路。原无"百"字，据《战国纵横家书》补。

⑧危其北：威胁其北部地区。

⑨今鲁勾注禁常山而守：如果秦国陈兵勾注，掌控并据守于常山。今，如，如果。鲁，通"旅"。陈列。常山，即恒山。在今山西北部。

⑩唐：在今河北唐县。曲吾：即曲逆。在今河北顺平东南。

⑪是：代词。代指伐齐期间。

【译文】

"再说，那些游说之士出谋划策，都说：秦国攻占了韩国的三川之地，还占领了魏国的故都安邑一带地区，不久之后，灾难就又落在了赵国头上。事情本来有形势不同而灾难相同的，又有形势相同而灾难不同的。

从前楚国长期被诸侯进攻,而赵国乘机灭了中山国。如今燕国全部占领了齐国的黄河以北地区,这里距离沙丘、再到钜鹿的边界也只有三百里路;距离扞关、再到榆中也只有一千五百里路。秦国全部占领了韩国与魏国的上党地区,那么秦国的土地与赵国的土地就有七百里的接壤地带。秦国派出携带弓弩的军队据守在险要的羊肠一带,那么这里距离赵国都城邯郸就只有一百二十里路。况且秦国还会派出军队进攻大王的上党地区并威胁它的北部地区,那么勾注以西的土地,就不再是大王所有了。如果秦国陈兵于勾注,据守于常山,这里到达燕国的唐地、曲逆也只有三百里路,这样一来代地的骏马与胡地的猎犬就不能再向东来到赵国,昆仑山的宝玉也不能运到赵国,这三样宝物,也不可能再为大王所有了。如今赵国跟随着强大的秦国去进攻齐国,我担心灾难就会发生在这一时期。

"昔者,五国之王尝合横而谋伐赵,参分赵国壤地①,著之盘盂,属之雠柞②。五国之兵有日矣③,齐乃西师以禁秦国④,使秦发令素服而听,反温、枳、高平于魏,反巠分、先俞于赵⑤,此王之明知也。夫齐事赵宜正为上交⑥,今乃以抵罪取伐,臣恐其后事王者之不敢自必也。今王收齐⑦,天下必以王为得⑧。齐抱社稷以事王⑨,天下必重王。然则秦义⑩,王以天下就之;秦暴⑪,王以天下收之⑫。是一世之命制于王已⑬。臣愿大王深与左右群臣卒计而重谋⑭,先事成虑而熟图之也⑮。"

【注释】

①参分赵国壤地:把赵国的土地一分为三。参,假借为"三"。整理小组《战国纵横家书》作"疏分赵壤"。

②雒柞:即《战国纵横家书》说的"祝诰",记录祈祷辞的簿籍。

③五国之兵有日矣:五国出兵的日子已经确定下来了。有日,确定了
　日子。之,出。《说文》:"之,出也。"一说,五国出兵有些日子了。

④禁:禁止,强制。

⑤坙分、先俞:两个地名。详见《战国纵横家书》"反王公、符逾于
　赵"注。

⑥宜正为:应该被确定为。

⑦今王收齐:如今大王与齐国联合。原无"齐"字,据《战国纵横家
　书》补。

⑧为得:做得恰当。得,恰当。

⑨齐抱社稷以事王:齐国以整个国家来侍奉大王。齐抱,原文为
　"韩危",今据《史记·赵世家》《战国纵横家书》改。

⑩秦义:秦国讲信义。原文作"韩义"。何建章《战国策注释》据
　《史记·赵世家》及前后文义,改为"秦义"。

⑪秦暴:原文作"下至韩慕",何建章据《史记·赵世家》改为"秦
　暴"。"然则秦义,王以天下就之;秦暴,王以天下收之。是一世之
　命制于王已"数句,整理小组《战国纵横家书》作:"然则齐义,王
　以天下就之;齐逆,王以天下□之。是一世之命制于王也。"以后
　者文字为优。

⑫收之:攻取它。何建章《战国策注释》:"收:《广雅·释诂一》'取
　也'。"

⑬已:假借为"矣"。

⑭愿:希望。深:深入地,认真地。卒计:详尽地计划。卒,详尽,
　全部。

⑮先事成虑而熟图之也:事先对这件事情做到深思熟虑。

【译文】

"从前,秦、齐、韩、魏、燕五国君主曾经采取连横计划准备进攻赵国,

要把赵国的土地一分为三，他们把盟约铸在青铜盘盂上，写在祭祀的记录簿里。五国的军队已经确定了出兵的时间，而齐国却向西派出军队，禁止秦国军队向东进攻赵国，迫使秦国颁布命令，让军队穿上素服表示愿意服从齐国，还把温、枳、高平三地返还给了魏国，把亚分、先俞两地返还给了赵国，这一情况大王您知道得清清楚楚。齐国事奉赵国，应该把它视为最友好的外交，现在却因违背五国盟约而招来讨伐，我担心以后事奉大王的人再也不敢有信心与您交往了。如今大王联合齐国，天下诸侯一定会认为大王做得恰当。齐国就会拿整个国家来事奉大王，天下诸侯也一定会看重大王。这样一来，如果秦国讲信义，大王就让天下诸侯去亲近它；如果秦国残暴，大王就率领天下诸侯去攻取它，这样做，整个天下的命运都掌控在大王您的手里了。我希望大王深入地与左右身边大臣详尽计划，重新考虑，事先就对此事做到深思熟虑。”

附录二：

【说明】《史记·赵世家》有一段文字的内容与《战国纵横家书》中的本章一致，文字有所差异，故附录于后，以供对照参考。

　　十六年①，秦复与赵数击齐②，齐人患之③。苏厉为齐遗赵王书曰④：“臣闻古之贤君，其德行非布于海内也，教顺非洽于民人也⑤，祭祀时享非数常于鬼神也⑥，甘露降，时雨至，年谷丰孰⑦，民不疾疫，众人善之，然而贤主图之⑧。今足下之贤行功力，非数加于秦也；怨毒积怒，非素深于齐也⑨。秦、赵与国，以强征兵于韩，秦诚爱赵乎⑩？其实憎齐乎？物之甚者⑪，贤主察之。秦非爱赵而憎齐也，欲亡韩而吞二周，故以齐啖天下⑫。恐事之不合⑬，故出兵以劫魏、赵⑭。恐天下畏己也，故出质以为信。恐天下亟反也⑮，故征兵于韩以威之。声以德与国，实而伐空韩，臣以秦计为必出于此。夫物固有势异而患同者，楚久伐而中山亡，今齐久伐而韩必亡。破齐，王与六国分其利也。亡韩，秦独擅之^⑯。收二周，西取祭器，秦独私之。赋田计功^⑰，王之获利孰与秦多^⑱？

【注释】

①十六年：赵惠文王即位的第十六年，也即前283年。整理小组《战国纵横家书》："此章见《赵策一》，原题'赵收天下，且以伐齐，苏秦为齐上书，说赵王'。是公元前二八五年事。又见《史记·赵世家》惠文王十六年（前283），说是'秦复与赵数击齐，齐人患之，苏厉为齐遗赵王书'。"

②数（shuò）：多次。

③患之：非常忧虑此事。

④苏厉：苏秦的弟弟。遗（wèi）：送。书：信。

⑤教顺：教训，教育。洽：广博，普遍于。

⑥祭祀时享非数常于鬼神也：对鬼神的按时祭祀也没有经常做到。享，用食物祭祀神灵。数常，经常。

⑦孰：同"熟"。成熟。

⑧图：图谋，思考。这里是认真反省的意思。

⑨非素深于齐也：秦国对齐国也没有什么深仇大恨。一说，可以理解为赵国对齐国没有什么深仇大恨。亦通。但从下文"其实憎齐乎"看，应以前一种解释为长。

⑩诚：真的。

⑪物之甚者：对于一些做得有点过度的事情。

⑫啖：吃或给别人吃。这里指把齐国当作诱饵送给天下诸侯。

⑬不合：不能成功。

⑭劫：威胁，强制。

⑮亟（jí）反：很快反悔。理解为很快反秦也可。

⑯秦独擅之：秦国独自吞并韩国。

⑰赋田计功：计算一下您所得到的土地与利益。赋，征收，得到。功，功效，成果。

⑱王之获利孰与秦多：即"王之获利与秦孰多"。您与秦国相比，谁得到的利益更多一些呢？

【译文】

　　赵惠文王即位的第十六年，秦国与赵国又开始多次进攻齐国，齐国对此事十分担忧。于是苏厉就为齐国写了一封信送给赵王，信中说："我听说古代那些贤明的君主，当他们的美德还没有普遍施行于整个天下，仁爱的教育还没有普遍施予亿万民众，对鬼神的按时祭祀还没有经常做到，此时如果天上降下了甜美的露水，风调雨顺，粮食丰收富足，人们不生疾病，民众会对此情景欢天喜地，然而贤明的君主却会对此进行认真的反省。如今大王您的贤良行为与功劳，并没有很多是为秦国立下的；秦国虽然平时有些积怨，但对齐国也没有什么深仇大恨。秦国与赵国结为盟国，强行向韩国征兵伐齐，秦国真的是爱护赵国吗？是真的憎恨齐国吗？对于一些做得过度的事情，贤明的君主就要对它进行仔细考察了。秦国并非真的爱护赵国而憎恨齐国，而是想要灭亡韩国、吞并两周的土地，所以秦国就把攻伐齐国作为诱饵送给诸侯以欺骗天下。秦国担心此事不能成功，所以出兵以强制魏国、赵国。秦国担心天下诸侯畏惧自己，所以派出一些人质表示自己的真诚。秦国担心天下诸侯很快反悔，所以向韩国征兵以威胁它。秦国声称对盟国友好，而实际目的是为了进攻贫弱的韩国。我观察秦国的图谋一定像我说的这样。事情确实有形势不同而灾难相同的，楚国长期被诸侯攻伐，而赵国乘机灭掉了中山国，如今齐国长期被攻伐，而韩国一定会被秦国灭掉。打败了齐国，大王您要与六个国家瓜分其利益。韩国被灭了,秦国将会独占其利。秦国占领了东、西两周,会把周王室的祭祀重器运回西边的秦国,秦国依然是独占其利。计算一下各自所得到的土地与利益,大王您与秦国相比,谁的更多一些呢?

　　"说士之计曰:'韩亡三川,魏亡晋国,市朝未变而祸已及矣①。'燕尽齐之北地,去沙丘、钜鹿敛三百里②,韩之上党去邯郸百里,燕、秦谋王之河山③,间三百里而通矣④。秦之上郡近挺关⑤,至于榆中者千五百里,秦以三郡攻王之上党⑥,羊肠之西,句注之南⑦,非王有已⑧。逾句注,斩常山而守之,三百里而通于燕,代马、胡犬不东下,昆山之玉不出,此三宝者亦非王有已。王久伐齐,从强秦攻韩,其祸必至于此。愿王孰虑之⑨。且齐之所以伐者,以事王也⑩:天下属行⑪,以谋王也⑫,燕、秦之约成而兵出有日矣。五国三分王之地,齐倍五国之约而殉王之患⑬,西兵以禁强秦,秦废帝请服,反高平、根柔于魏⑭,反巠分、先俞于赵。齐之事王,宜为上佼⑮,而今乃抵罪⑯,臣恐天下后事王者之不敢自必也。原王孰计之也。今王毋与天下攻齐,天下必以王为义。齐抱社稷而厚事王,天下必尽重王义。王以天下善秦,秦暴,王以天下禁之,是一世之名宠制于王也⑰。"于是赵乃辍⑱,谢秦不击齐⑲。

【注释】

　　①市朝未变:早市还没有任何变化。是说早市还没有结束,比喻时间十分短暂。祸已及:灾难就会落在赵国头上。

②敛三百里：减少了三百里路。敛，减少。

③河山：黄河与太行山之间的土地。河，黄河。山，指太行山。一
　说，"河山"泛指土地。

④间三百里而通矣：其间也只有三百里路即可到达。一说，间指走
　小路。

⑤秦之上郡近挺关：秦国的上郡距离挺关很近。上郡，在今陕西榆
　林一带。挺关，地名。战国时属赵国，在今陕西绥德。一说在今
　陕西榆林西北，一说在今陕西米脂南，一说在今陕西延安。

⑥三郡：指前文提到的三川、上党、上郡。上党，是一个大的地域名，
　战国时的上党地区为秦、赵、韩所分有。

⑦句注：即勾注。在今恒山山脉的西段。

⑧已：假借为"矣"。

⑨孰：同"熟"。仔细，认真。

⑩以事王也：因为事奉大王您的原因。以上两句是说，齐国这次被
　攻伐，是因为齐国违背了五国共同进攻赵国的盟约引起的。《战
　国策·赵策一》对此记载得较为明确："昔者五国之王尝合横而
　谋伐赵，参分赵国壤地，著之盘盂，属之雠柞。五国之兵有日矣，
　齐乃西师以禁秦国，使秦发令素服而听，反温、枳、高平于魏，反巠
　分、先俞于赵，此王之明知也。夫齐事赵宜正为上交，今乃以抵罪
　取伐，臣恐其后事王者之不敢自必也。"本段下文对此也有简短
　说明。

⑪天下属行（zhǔ háng）：天下诸侯集结军队。属，连接，集结。行，
　古代的一种军队编制，二十五人为一行。这里代指军队。

⑫以谋王也：加害于大王啊。谋，谋害，进攻。

⑬齐倍五国之约而殉王之患：齐国违背了五国共同伐赵的盟约，为
　解除大王的灾祸做出了贡献。倍，假借为"背"。违背。殉，为某
　种目的而献身。这里指做出了贡献。

⑭高平、根柔：两个地名。高平在今河南济源南边，根柔在今河南焦作、济源一带。

⑮宜为上佼：应该被视为最友好的外交。佼，通"交"。交往，外交。

⑯而今乃抵罪：然而如今却被视为罪行而受到惩罚。

⑰名宠：名誉荣耀。宠，荣耀。

⑱辍（chuò）：停止。指停止协助秦国伐齐的事情。

⑲谢：谢绝。

【译文】

"那些游说之士出谋划策说：'秦国攻占了韩国的三川之地，还占领了魏国的故都安邑地区，然而此后不久，灾难就又落在了赵国头上。'如果现在燕国全部占领了齐国的黄河以北地区，这里距离沙丘、钜鹿不到三百里路；韩国的上党距离赵国都城邯郸只有一百来里路，燕国与秦国合伙攻伐大王黄河与太行山之间的土地，他们两国之间也只是相距了三百里的通畅道路。秦国的上郡距离挺关很近，从这里到榆中也只有一千五百里路。秦国凭借自己的三个郡进攻大王的上党地区，那么羊肠以西的土地，句注以南的地区，都不再为大王所有了。秦国越过句注，截断常山的道路而坚守在这里，只有三百里路而直通于燕国，那么代地的骏马与胡地的猎犬，还有昆山的宝玉再也无法来到赵国，这三件宝物也不再为大王所有了。大王如果长期讨伐齐国，跟随着强大的秦国再去进攻韩国，其灾难一定会像我说的这样。希望大王仔细考虑这件事情。再说齐国之所以被攻伐，就是因为齐国侍奉过大王：以前天下诸侯集结军队，计划加害于大王。燕国与秦国已经签订了盟约，军队也确定了出发的时间。秦、齐、韩、魏、燕五国计划把大王的土地一分为三，是齐国违背了五国之间的盟约，为解除大王的灾难做出了贡献，齐国派兵到西边去压制了强大的秦国，秦国只得废除自己的帝号，请求屈服，然后把高平、根柔还给了魏国，把巠分、先俞还给了赵国。齐国如此侍奉大王，应该被视为最友好的外交，然而如今却被看作罪行而受到惩罚，我非常担心以后天下那些想侍奉大王的人们再也不敢保证自己能够取信于大王了。希望大王仔细考虑这件事情。现在大王如果不与天下诸侯一起去进攻齐国，天下诸侯一定认为大王很讲信义。齐国将会拿整个国家更加尽心地侍奉大王，天下诸侯也一定都会敬重大王的义举。大王带领天下诸侯与秦国友善，如果秦国强暴，大王就率领天下诸侯去约束它，这样一来整个天下的名誉荣耀全部都集中在大王的身上了。"于是赵王就停止进军，谢绝秦国，不再进攻齐国了。

二二、苏秦谓陈轸章

【题解】

苏秦谓陈轸：苏秦对陈轸说。陈轸，又作"田轸"。楚国的大夫。《史记·田敬仲完世家》记载："（齐湣王）十二年，攻魏，楚围雍氏，秦败屈丐。苏代谓田轸曰。"齐闵王十二年（前312），齐国进攻魏国，楚国包围韩国的雍氏，秦国击败楚将屈丐。魏国在齐国的压力下，向秦国与韩国求援，并计划联合起来伐楚。在这种情况下，苏秦建议陈轸，让楚国先答应把占领的韩国土地还给韩国，以交换韩国三川地区，然后再把交换来的韩国三川地区送给秦国，以此来破坏秦国、韩国对魏国的援助。待到魏国失去援助被迫向齐国、楚国靠拢后，楚国便拒绝交还韩国土地。这是一次典型的外交失信或外交欺骗。

《史记·田敬仲完世家》有一段文字的内容与本章一致，只是文字有所差异，故附录于后，以供对照参考。

齐、宋攻魏①，楚回翁是②，秦败屈丐③。胃陈轸曰④："愿有谒于公⑤，其为事甚完⑥，便楚⑦，利公⑧。成则为福⑨，不成则为福。今者秦立于门⑩，客有言曰⑪：'魏王胃韩俪、张义⑫：煮棘将榆⑬，齐兵有进⑭，子来救［寡］人可也，不救寡人,寡人弗能枝^⑮。'枝辞也^⑯。秦、韩之兵毋东,旬余,魏是枝^⑰,韩是从^⑱,秦逐张义^⑲,交臂而事楚^⑳,此公事成也。"陈轸曰:"若何史毋东^㉑?"合曰^㉒:"韩倗之救魏之辞,必不胃郑王曰^㉓:'倗以为魏。'必将曰:'倗将枝三国之兵^㉔,乘屈匄之敝^㉕,南割于楚,故地必尽^㉖。'张义之救魏之辞,必[不]胃秦王曰:'义以为魏。'[必将]曰:'义且以韩、秦之兵东巨齐、宋^㉗,义[将]枝三国之兵,乘屈匄之敝,[东]割于楚,名存亡[国^㉘,实伐三川]而归^㉙,此王业也。'

【注释】

①齐、宋攻魏:齐国与宋国联合进攻魏国。整理小组《战国纵横家书》:"《田敬仲完世家》说:齐湣王十二年(一说应是齐宣王八年)攻魏,楚围雍氏,秦败屈丐。没有说宋国也攻魏。但后文说'东却齐、宋','东距齐、宋',可见宋国确是参加了。"

②楚回翁是:楚国军队包围了雍氏。回,假借为"围"。包围。翁是,地名。即雍氏,在今河南禹州东北。战国时属韩国。

③秦败屈匄:秦国打败了屈匄。屈匄,又作屈丐。楚国将领。《史记·楚世家》:"(楚怀王)十七年春,与秦战丹阳(在今河南淅川南),秦大败我军,斩甲士八万,虏我大将军屈匄、裨将军逢侯丑等七十余人,遂取汉中之郡。"

④胃陈轸(zhěn)曰:苏秦对陈轸说。本章记载本句的主语为苏秦,《史记·田敬仲完世家》记载为苏代。胃,假借为"谓"。陈轸,人名。也作田轸,当时为楚国大夫。

⑤愿有谒(yè)于公:我有一个计划,希望能够进献给您。愿,希望。谒,禀告,陈述。公,指陈轸。

⑥其为事甚完:按照这个计划做事就会非常完美。

⑦便楚：有利于楚国。便，有利于。

⑧利公：也有利于您。公，对陈轸的尊称。

⑨则：也。整理小组《战国纵横家书》："则字与亦字同义。"

⑩今者秦立于门：今天我站在门前。秦，苏秦自称。

⑪客：外地人。解释为客人或门客皆可。

⑫魏王胃韩佣（péng）、张义：魏王对韩佣、张仪说。韩佣，人名。当时为韩国的相。张义，人名。即张仪。著名的纵横家，当时为秦国的相。本句是说，魏国向韩国、秦国求救。

⑬煮棘将榆：煮枣将被攻破。煮棘，地名。即煮枣。在今山东菏泽西南。榆，假借为"渝"。变化，变故。这里指被攻破。一说，应通"逾"，也是攻占、降服的意思。

⑭齐兵有进：齐国军队还在不断推进。有，通"又"。

⑮枝：假借为"支"。支撑。

⑯柆辞：这话表明魏王要改变外交态度了。柆，假借为"转"。改变。沈月《〈战国纵横家书〉译注》认为"柆辞"是"婉转的言辞"。

⑰魏是柆：魏国将会转向楚国求救。魏是，即"魏氏"，魏国。是，通"氏"。柆，假借为"转"。此指转投楚国。

⑱韩是从：韩国会随着魏国而转投楚国。韩是，即"韩氏"，韩国。从，随着。指随着魏国而转投楚国。

⑲秦逐张义：秦国会追随着张仪。逐，追随。一说，秦国将会驱逐张仪。因为魏国与韩国转投楚国，张仪作为秦国的相，应对这次外交失利负责，所以会被秦国驱逐。

⑳交臂而事楚：他们将会手拉着手来侍奉楚国。交臂，手拉着手。这是形象的说法。沈月《〈战国纵横家书〉译注》认为"交臂"是表示屈服的一种动作："交臂：叉手，拱手，表示降服，恭敬。"并把这几句话译为："秦、韩两国军队如果不向东增援魏国，用不了十几天，魏国就会改变策略屈从齐国，韩国也会追随魏国，秦将驱

逐张仪，恭顺地事奉楚国。"

㉑若何史毌东：如何才能够使秦国与韩国的军队不向东救援魏国呢？若何，如何。史，通"使"。

㉒合：假借为"答"。回答。

㉓必不胃郑王曰：他肯定不会这样对韩王说。郑王，即韩王。郑国在今河南新郑一带，前375年被韩国所灭。韩国灭掉郑国之后，迁都新郑，原郑国被韩国所占有，所以韩国又被称为郑国。

㉔佣将拧三国之兵：我韩佣将集结韩、秦、魏三国军队。拧，假借为"抟"。集合，集结。三国，指韩、秦、魏三国。

㉕乘屈匄之散：趁着楚将屈匄失败的疲惫之时。散，破败，疲惫。

㉖故地必尽：过去割予楚国的韩国土地肯定会全部收回。尽，全部。这里指全部收回。

㉗义且以韩、秦之兵东巨齐、宋：我张仪将要率领韩国与秦国的军队向东抗拒齐国与宋国的军队。且，将。巨，假借为"拒"。抗拒。

㉘名存亡[国]：名义上拯救了危亡的魏国。

㉙[实伐三川]而归：实际目的是为了占领韩国的三川地区然后撤军回来。三川在韩国的西境，因河水（黄河）、伊水、洛水三条河水流经此处而得名。后来被秦国占领。

【译文】

　　齐国与宋国联合进攻魏国，楚国包围了韩国的雍氏，秦国在丹阳打败了楚国将军屈匄。苏秦对楚国大夫陈轸说："我希望能够把我的一个计谋进献给您，如果能够按照这条计谋行事，将会是非常完美的，此事不仅有利于楚国，也有利于您个人。这件事情办成功了，能够为楚国带来好处；如果办不成功，也同样能够为楚国带来好处。今天我苏秦站在门前时，听到有一位外地人说：'魏王对韩国的相韩佣、秦国的相张仪说：我们的煮枣马上就要被攻破了，齐国还在继续进军，如果你们能够出兵来救援我，我们魏国还会有一些转机；如果不来救援我，我真的支撑不住

了.'魏王的这些话说明他想改变外交态度了。如果秦国、韩国的军队
不向东救援魏国,十几天之后,魏国就要转投楚国求救,韩国也会跟着魏
国转投楚国,秦国同样会听从张仪的意见,他们都将手拉着手一起来侍
奉楚国,这样一来您就大功告成了。"陈轸问:"如何才能够使秦国与韩
国的军队不向东救援魏国呢?"苏秦回答说:"韩佣在劝告韩王去救援魏
国的时候,他肯定不会这样对韩王说:'我韩佣这样做是为了魏国。'他
肯定会这样对韩王说:'我韩佣将要集结韩、秦、魏三国军队,趁着楚将屈
匄失败后的疲惫之时,向南割取楚国的土地,把原来割给楚国的韩国土
地全部收回来。'张仪在劝告秦王救援魏国的时候,他也肯定不会这样
对秦王说:'我张仪这样做是为了魏国。'他肯定会这样对秦王说:'我张
仪将要率领韩国、秦国的军队向东抗拒齐国、宋国的军队,然后我将集结
秦、韩、魏三国军队,趁着楚将屈匄失败后的疲惫之时,向东割取楚国的
土地,我们名义上是为了拯救危亡的魏国,实际上是为了占领三川地区
然后再撤军回来,这可是建立王业的大事情啊。'

　　"公令楚[王与韩氏地①,使]秦制和②。胃秦曰:'[请
与韩地而王以]施三[川③。韩]是之兵不用而得地[于
楚]④,□□□□□何⑤:'秦兵[不用而得三川,伐楚、韩以
窘]魏⑥,魏是不敢不听⑦。'秦、韩欲地而兵案⑧,声□发于
魏⑨,魏是□□□□□□□□魏是[转]⑩,[秦、]韩争事齐、
楚⑪,王欲毋予地⑫。公令秦、韩之兵不[用而得地,有一大]
德⑬。秦、韩之王劫于韩佣、张义而东兵以服魏⑭,公常操□
芥而责于[秦、韩⑮,此其善于]公而[恶张]义多资矣⑯。"

【注释】

　　①公令楚[王与韩氏地]:您劝告楚王口头上答应把原来占领的韩

国土地还给韩国。公，对陈轸的尊称。令，这里是劝告的意思。本句所讲的只是一个带有欺骗性的外交策略。

②[使]秦制和：让秦国主持和谈之事。制，掌控，主持。

③[请与韩地而王以]施三[川]：请让我们楚国拿出原来占有的韩国故地，大王您可以用这些土地交换韩国三川地区。与，拿出，交出。施，交换。《长沙马王堆汉墓简帛集成·战国纵横家书》："原注：施，易。交换的意思。今按：此义之'施'，当与'弛'字意义相关。"

④[韩]是之兵不用而得地[于楚]：韩国的军队不用出动，就可以从楚国得到土地。韩是，即韩氏，韩国。

⑤□□□□□何：本句缺五字。《史记·田敬仲完世家》作："韩冯之东兵之辞且谓秦何？"韩冯即韩倗。韩倗如何再提向东用兵的事情？又如何对秦国交代？下面引号中的话应是苏秦设想的韩倗的回答。

⑥[窘]魏：使魏国陷入困窘之地。

⑦魏是不敢不听：魏国不敢不听从。魏是，即魏氏，魏国。

⑧[秦、]韩欲地而兵案：秦国与韩国希望得到土地而按兵不动。原文"韩"前无"秦"字，《长沙马王堆汉墓简帛集成·战国纵横家书》："《田敬仲完世家》作'秦、韩欲地而兵（有）案，声威发于魏'。帛书'韩'字上似应据之补'秦'字。"

⑨声□发于魏：只是口头上声援魏国。缺一字，《史记·田敬仲完世家》作"声威发于魏"，整理小组《战国纵横家书》作"声，□发于魏"。

⑩魏是□□□□□□□□魏是[转]：缺文较多。《史记·田敬仲完世家》作："魏氏之欲不失齐、楚者有资矣。魏氏转。"意思是：由于秦国与韩国不用出兵就可以得到土地，所以他们就按兵不动，只是口头上声援魏国，魏国在失去秦国与韩国的兵援之后，只得

转变外交态度,屈服于齐国,并与齐国、楚国联合起来。

⑪秦、韩争事齐、楚:秦国与韩国也不得不争着去侍奉齐国与楚国。由于魏国、齐国、宋国、楚国联合起来,势力较大,所以秦国、韩国也只得侍奉齐国与楚国了。

⑫王欲毋予地:此时楚王就可以考虑不把土地还给韩国了。这实际是用欺骗的外交手段离间了秦国、韩国与魏国的关系之后,不再兑现自己的承诺。

⑬[有一大]德:对秦国与韩国有一个大的恩德。这两句是说,如果按照陈轸的建议,秦、韩可以不用出兵就能得到土地,所以陈轸有恩于秦、韩,至于后来楚王失信不再送还韩国土地,则与陈轸个人无关。

⑭秦、韩之王劫于韩俪、张义而东兵以服魏:如果秦王与韩王在韩俪、张仪的挟制下再次出兵迫使魏国屈服。劫,劫持,强制。

⑮公常操□芥而责于[秦、韩]:您就可以凭借着这些恩德去责备秦国与韩国。□芥,《史记·田敬仲完世家》作"左券"。芥,假借为"契"。"券"与"契"同义。左券,收债的凭据。古代借债时,在木板或竹简上写清借债内容,然后一分为二,债权人保存左边的一半,债务人保存右边的一半。左契,即左边的一半,是讨债的凭据。这里用"左契"比喻别人欠自己的恩情。

⑯[此其善于]公而[恶(wù)张]义多资矣:秦王与韩王就会亲近您,而讨厌张仪出兵伐魏的主张付出的成本太大了。资,成本。

【译文】

　　"您可以劝说楚王口头上答应把过去占领的韩国土地归还给韩国,并且让秦国来主持这次和谈。就对秦王这样说:'请让我们楚国把过去占领的韩国土地归还给韩国,大王您可以用这些土地去交换韩国的三川地区。'韩国的军队不用出动,就可以从楚国得到土地,那么韩俪如何再提向东用兵的事情呢?又如何对秦国交代呢?他可能这样对秦国说:

'秦国不用出动军队就能够占有三川地区，还可以讨伐楚、韩两国，使魏
国陷入困窘地步，魏国不敢不服从。'秦、韩两国不用出兵就能得到土地，
所以他们就会按兵不动，只是用口头去声援魏国，魏国在失去秦国与韩
国的兵援之后，只得转变外交态度而屈服于齐国、楚国并与齐国、楚国
联合起来，秦国与韩国也只能迫不得已地去事奉齐国与楚国，而此时楚
王就可以考虑食言，不再把过去占领的韩国土地还给韩国了。您原来说
给秦、韩两国听的建议可以使秦国、韩国不用出兵就能够得到土地，这
对秦、韩两国可以说是一大恩德。如果秦王与韩王在韩俑、张仪的挟制
下再次出兵以迫使魏国屈服的话，您就可以经常拿这些恩德去责备秦、
韩两国，秦王与韩王就会亲近您而讨厌张仪的伐魏主张付出的代价太大
了。"

　　附录：

　　【说明】《史记·田敬仲完世家》有一段文字的内容与《战国纵横家
书》中的本章一致，文字有所差异，故附录于后，以供对照参考。

　　十二年①，攻魏。楚围雍氏，秦败屈丐。苏代谓田轸
曰②："臣愿有谒于公，其为事甚完，使楚利公③，成为福，不
成亦为福。今者臣立于门，客有言曰：魏王谓韩冯、张仪
曰④：'煮枣将拔⑤，齐兵又进，子来救寡人，则可矣；不救寡
人，寡人弗能拔⑥。'此特转辞也⑦。秦、韩之兵毋东，旬余，
则魏氏转，韩从秦，秦逐张仪⑧，交臂而事齐、楚，此公之事
成也。"田轸曰："奈何使无东⑨？"对曰："韩冯之救魏之辞，
必不谓韩王曰：'冯以为魏。'必曰：'冯将以秦、韩之兵东却
齐、宋⑩，冯因抟三国之兵⑪，乘屈丐之弊⑫，南割于楚，故地
必尽得之矣。'张仪救魏之辞，必不谓秦王曰：'仪以为魏。'

必曰：'仪且以秦、韩之兵东距齐、宋^⑬，仪将抟三国之兵，乘屈丐之弊，南割于楚，名存亡国，实伐三川而归，此王业也。'

【注释】

①十二年：指齐闵王即位的第十二年，也即前312年。

②苏代：苏秦的弟弟，一说是其兄长。整理小组《战国纵横家书》作"苏秦"。田轸：即《战国纵横家书》说的"陈轸"，当时为楚国大夫。先秦时的陈氏，又被称为田氏。

③使楚利公：使楚国对您有利。

④韩冯：即《战国纵横家书》的"韩佣"。此时为韩相。"佣"与"冯"音近。张仪：即《战国纵横家书》的"张义"。此时为秦相。

⑤煮枣将拔：煮枣马上就要被攻破了。拔，占领。

⑥寡人弗能拔：我对煮枣被攻破这件事情就无能为力了。《史记索隐》："能犹胜也。言不胜其拔，故听齐拔之耳。"整理小组《战国纵横家书》作"寡人弗能枝"。

⑦此特转辞也：此话特别明显地表现出魏王想改变外交态度了。转，指魏王不再期待秦、韩的救援，转而想求援于楚国，或与齐国讲和。

⑧秦逐张仪：秦国追随着张仪。逐，追随。《史记索隐》："逐，随也。"

⑨奈何：如何，怎么能够。

⑩却：打退，击退。

⑪因抟三国之兵：接着就集结韩、秦、魏三国军队。因，接着。抟，集结。

⑫弊：破败，疲惫。

⑬距：通"拒"。抗拒。

【译文】

齐闵王即位的第十二年，齐国攻打魏国。楚国包围了韩国的雍氏，秦国在丹阳打败了楚将屈匄。苏代对楚国大臣田轸说："我有一个计谋想告诉您,如果按照这个计谋去做事就会非常圆满,还会使楚国对您有利,此事成功了是福,不成功也是福。今天我站在门口,听到有一位外地人说:魏王对韩相韩冯、秦相张仪说:'煮枣将要失陷了,齐国还在不停进军,您二位如果前来救援我,魏国还会有转机;如果不来救援我,我对煮枣失陷的事情就无能为力了。'这些话就能够明显地表示魏王想改变外交态度了。如果秦、韩的军队不再向东救援魏国,十几天之后,魏国就要转变外交态度,韩国也将追随秦国,而秦国则听从张仪,他们将会手拉着手前来侍奉齐、楚两国了,这样一来您就大功告成了。"田轸说:"怎么才能够使秦、韩两国军队不向东救援魏国呢?"苏代回答说:"韩冯劝告韩王救魏的时候,他一定不会对韩王说:'我这样做是为了魏国。'他一定会这样对韩王说:'我将率领秦、韩的军队向东打退齐、宋的军队,我接着就集结韩、秦、魏三国的军队,趁着屈匄战败后的疲惫状态,向南要求楚国割地,过去被楚国占领的韩国土地一定能够全部收回。'张仪劝告秦王救魏的时候,他也一定不会对秦王说:'我这样做是为了魏国。'他一定会这样对秦王说:'我将率领秦、韩的军队向东抗拒齐、宋的军队,我将集结三国的军队,趁着屈匄战败后的疲惫状态,向南要求楚国割地,我们名义上是为拯救危亡的魏国,实际上是为了占领韩国的三川地区之后再撤军返回,这是建立王业的大事情啊。'

　　"公令楚王与韩氏地,使秦制和,谓秦王曰:'请与韩地,而王以施三川,韩氏之兵不用而得地于楚。'韩冯之东兵之辞且谓秦何?曰:'秦兵不用而得三川,伐楚、韩以窘魏[1],魏氏不敢东[2],是孤齐也[3]。'张仪之东兵之辞且谓何?曰:'秦、韩欲地而兵有案[4],声威发于魏[5]。'魏氏之欲不失齐、楚者有资矣[6]。魏氏转,秦、韩争事齐、楚,楚王欲而无与地^⑦,公令秦、韩之兵不用而得地,有一大德也。秦、韩之王劫于韩冯、张仪而东兵以徇服魏^⑧,公常执左券以责于秦、韩,此其善于公而恶张子多资矣^⑨。"

【注释】

①窘魏:使魏国陷入困窘之地。

②不敢东:不敢向东与齐国讲和。

③是孤齐也:这样就会使齐国陷入孤立状态。是,代指这样做的结果。

④秦、韩欲地而兵有案:秦、韩两国只是想得到土地而已,可以按兵不动。案,按兵不动。

⑤声威发于魏:可以向魏国表示声援。也即只是口头支援,而不实际发兵救助。

⑥魏氏之欲不失齐、楚者有资矣:那么魏国不想与齐、楚失去正常的外交关系就有了更充分的理由。不失齐、楚,不失去与齐、楚的正常外交关系。资,凭借。这里引申为理由。

⑦楚王欲而无与地:此时楚王就可以考虑不交还韩国土地了。意思是,楚王先口头答应还给韩国土地,使秦、韩各自都得到好处,等到齐、韩与魏国的关系破裂之后,便不再把土地还给韩国。这是典型的外交失信或者说是外交欺骗。

⑧徇服魏:使魏国屈服。徇,顺从。

⑨张子:即张仪。子,对男子的尊称。

【译文】

"您可以劝告楚王口头上答应把过去占领的韩国土地还给韩国,并请秦国主持两国的议和,您对秦王这样说:'请让我们楚国把过去占领的韩国土地还给韩国,而大王您可以用这些土地去交换韩国的三川地区,韩国的军队不用出动就可以从楚国拿到土地了。'那么韩冯如何再提向东用兵的事情呢？又如何对秦国交代呢？他可能会这样对秦国说：'秦国不用出兵就得到了三川地区，然后再讨伐楚国与韩国，使魏国陷入困窘之地，魏国便不敢向东联合齐国，这样就把齐国孤立了。'张仪关于向东发兵的言辞又会怎样说呢？他会说：'秦国、韩国只是想得到土地而已，现在就先按兵不动吧，只用口头上声援魏国就行了。'那么魏国不想失去和齐、楚的正常外交关系也就有了更为充分的理由。如果魏国转变态度向齐国、楚国靠拢，那么秦国、韩国也会争着来侍奉齐国和楚国，此时楚王就可以考虑不把韩国的土地还给韩国了。您原本提出的建议是让秦国、韩国不用出兵就能得到土地，这是对两国的大恩德啊。如果秦、韩两国君主受到韩冯、张仪的挟制，要继续向东发兵以迫使魏国顺服的话，您就可以常常拿这些恩德去责备秦、韩两国，这样就使秦、韩两国亲近您而讨厌张仪的主张花费的成本太多了。"

二三、虞卿谓春申君章

【题解】

虞卿谓春申君：虞卿对春申君说。虞卿是战国时期的著名谋士，春申君是楚国的相。本章的主要内容是虞卿劝告春申君应该趁早确定自己的封地以及封地的地点。为了获取封地，虞卿还劝告春申君讨伐燕国以立功，并劝说魏王同意借道给楚国以伐燕。本章充分体现了虞卿的智谋，但客观上也反映出当时的许多战争，完全是一些权臣不顾国家、百姓的利益而无端挑起的。

本章最后附录了《战国策·楚策四》"虞卿谓春申君章"与《战国策·韩策一》"王曰向也子曰天下无道章"两段文字，因其内容与本章一致，故附录于后，以供对照参考。

胃春申君曰①："臣闻之：于安思危，危则虑安。今楚王之春秋高矣②，[君之封]地不可不蚤定③。为君虑封④，莫若远楚⑤。秦孝王死⑥，公孙鞅杀⑦；惠王死⑧，襄子杀⑨。公孙央功臣也⑩，襄子亲因也⑪，皆不免，封近故也⑫。大公望封齐⑬，召公奭封于燕⑭，欲远王室也。今燕之罪大⑮，赵之怒深⑯，君不如北兵以德赵⑰，浅盩燕国⑱，以定身封⑲，此百世一时也。"

【注释】

①胃春申君曰:对春申君说。胃,通"谓"。春申君,楚国人,姓黄名
歇,楚考烈王以黄歇为相,封为春申君,与魏国信陵君魏无忌、赵
国平原君赵胜、齐国孟尝君田文并称"战国四公子"。前238年,
楚考烈王病逝,黄歇奔丧时,李园令人埋伏于棘门之内,杀害春申
君及其全家。本句的主语是虞卿,虞卿是战国时期的名士,曾在
赵国任上卿。

②春秋高矣:年龄大了。春秋,指年龄。高,年龄大。

③蚤:通"早"。

④为君虑封:为您考虑封地的事情。

⑤莫若远楚:最好要远离楚国的都城。楚,这里指楚国都城,远离都
城也即远离政治中心,以免使君主感到对自己的威胁。

⑥秦孝王:应是"秦孝公"之误。秦孝公是秦献公之子,秦惠文王之
父。战国时期的秦国第二十五位国君。秦孝公在位期间,重用商
鞅,积极进行各项变法,但并未称王。

⑦公孙鞅:即商鞅。本为卫人,原名卫鞅、公孙鞅,后入秦被封于商,
改称商鞅。商鞅协助秦孝公变法,使秦国变得富强。秦孝公去世
后,商鞅被杀。

⑧惠王:战国时期秦国国君,秦孝公之子,秦昭襄王之父。

⑨襄子杀:穰侯被剥夺封地。襄子,即穰侯。穰侯是秦昭襄王母亲
宣太后的异父弟弟,姓魏,名冉,封于穰(在今河南邓州),故称
"穰侯",后封陶(在今山东菏泽定陶区)。曾任秦相。杀,应是
"敚"字之误。敚,同"夺"。指剥夺封地。《史记·穰侯列传》:
"范睢言宣太后专制,穰侯擅权于诸侯,泾阳君、高陵君之属太侈,
富于王室。于是秦王悟,乃免相国,令泾阳之属皆出关,就封地。

穰侯出关,辎车千乘有余。穰侯卒于陶,而因葬焉。秦复收陶为郡。"

⑩公孙央:即商鞅。央,通"鞅"。

⑪亲因:亲姻,亲人。穰侯是秦昭王母亲宣太后的异父弟弟,所以说是亲姻。因,假借为"姻"。

⑫封近故也:是封地距离都城太近的缘故。

⑬大(tài)公望封齐:姜太公被封在齐地。大,同"太"。太公望姓姜名牙,又称吕尚、太公望。西周初年人,协助周武王灭商后,被封于齐。

⑭召(shào)公奭(shì)封于燕:召公奭被封到了燕国。召公,姓姬名奭,又称召伯、召康公,西周宗室。姬奭辅佐周武王灭商后,被封于燕。

⑮今燕之罪大:如今燕国犯了大错。指燕国连续进攻赵国。

⑯赵之怒深:赵国对燕国的怨恨很深。

⑰君不如北兵以德赵:您不如向北出兵讨伐燕国,以便赵国感恩于您。德赵,施恩德于赵国。

⑱浅盬燕国:消灭、破坏燕国。浅,通"践"。脚踏,消灭。一说通"翦"。灭除。盬,通"乱"。搞乱,破坏。

⑲以定身封:以此来确定自己的封地。意思是说,要春申君进攻燕国,建立军功,以便获取封地。以上为虞卿的话。

【译文】

虞卿对春申君说:"我听说过这样的话:处于安定环境的时候,要考虑到可能发生的危险;处于危险环境的时候,要思考如何获取安全的方法。如今楚王的年龄很大了,您的封地不能不早一点确定下来。我为您考虑了有关封地的问题,您的封地最好要远离楚国都城。秦孝公去世后,商鞅就被杀掉了;秦惠王去世后,穰侯就被剥夺了封地。商鞅,是位大功臣啊;穰侯,是君主的亲戚啊,他们都没能逃脱被杀害、被剥夺封地的命运，原因就在于他们的封地距离秦国都城太近了。太公望封于齐地，召公奭封于燕地，他们都希望能够远离周王室啊。如今燕国犯下了大错，赵国对燕国的怨恨很深，您不如向北进军讨伐燕国，以便施恩德于赵国，消灭或者破坏燕国，凭此功劳以确定自己的封地，这是百代难逢的好机会啊。"

"所道攻燕①，非齐则魏②，齐、魏新恶楚③，唯欲攻燕④，将何道戋⑤？"对曰："请令魏王可⑥。"君曰："何⑦？"曰："臣至魏，便所以言之⑧。"乃胃魏王曰："今胃马多力⑨，则有；言曰'胜千钧⑩'，则不然者⑪，何也？千钧非马之任也⑫。今胃楚强大，则有矣；若夫越赵、魏，关甲于燕⑬，几楚之任戋⑭？非楚之任而为之⑮，是敝楚也⑯。敝楚、强楚，其于王孰便⑰？"

【注释】

①所道攻燕：进攻燕国所要经过的道路。

②非齐则魏：不经过齐国，就要经过魏国。楚国在南方，燕国在北方，楚国要想讨伐燕国，必须借道于他国。

③齐、魏新恶楚：齐国与魏国最近刚刚与楚国结下怨恨。恶，指关系恶化。

④唯欲攻燕：即使想进攻燕国。唯，通"虽"。即使。

⑤将何道戋：军队将走哪条道路呢？戋，同"哉"。

⑥请令魏王可：请让我去说服魏王同意借道。可，同意。

⑦何：您如何做到呢？

⑧臣至魏，便所以言之：我回赵国时要经过魏国，顺便劝说魏王同意。整理小组《战国纵横家书》："虞卿由楚回赵，要经过魏，可以

趁便游说。"

⑨今：如，如果。

⑩胜千钧：能够负担起千钧重量。钧，古代重量单位。三十斤为一钧。

⑪则不然者：那就不正确了。

⑫千钧非马之任也：千钧重量不是马能够负担得起的。

⑬关甲于燕：出兵进攻燕国。关，假借为"掼"。穿戴，武装。甲，战衣。关甲，这里指派出军队。

⑭几楚之任弋：这怎么是楚国能够负担得起的事情？几，通"岂"。岂能，怎能。

⑮非楚之任而为之：不是楚国能够负担得起的事情，而楚国却要去做。

⑯是敝楚也：这是在削弱楚国的力量啊。敝，破坏，削弱。

⑰其于王孰便：对于大王来说，哪一样对您更有利呢？便，便利，有利。

【译文】

"我们讨伐燕国所要走的道路，如果不经过齐国，就必须经过魏国，齐国与魏国最近刚刚与楚国的关系恶化，我们即使想去讨伐燕国，军队将从哪条道路走呢？"虞卿回答说："请让我去说服魏王同意借道。"春申君问："您有什么办法说服魏王呢？"虞卿说："我回赵国时要经过魏国，到了魏国我就顺便说服魏王。"虞卿到了魏国后对魏王说："如果说马的力量大，这是对的；但如果说马能够'负担起千钧重量'，那就不正确了，为什么呢？因为千钧重量不是马负担得起的。如果说楚国力量强大，这是对的；但如果说楚国能够越过赵国、魏国，前去讨伐燕国，这岂是楚国负担得起的事情？不是楚国能够负担得起的事情，而楚国还要去做，这是在削弱楚国的力量啊。削弱楚国的力量，与加强楚国的力量，哪一样更有利于大王呢？"

附录一：

【说明】《战国策·楚策四》"虞卿谓春申君章"的内容与《战国纵横家书》中的本章一致，文字有所差异，故附录于后，以供对照参考。

虞卿谓春申君曰："臣闻之《春秋》①：于安思危，危则虑安。今楚王之春秋高矣，而君之封地不可不早定也。为主君虑封者②，莫如远楚。秦孝公封商君，孝公死，而后不免杀之。秦惠王封冉子③，惠王死，而后王夺之④。公孙鞅，功臣也；冉子，亲姻也。然而不免夺、死者，封近故也。太公望封于齐，邵公奭封于燕⑤，为其远王室矣。今燕之罪大而赵怒深，故君不如北兵以德赵，践乱燕，以定身封，此百代之一时也。"

【注释】

①《春秋》：书名。孔子依据鲁史编撰的一部关于春秋时期的编年史书。另外，古代把编年史书也统称为"春秋"。一说，"春秋"二字为衍文，应删。

②主君：对春申君的尊称。一说，"主"为衍文，应删。

③冉子：即穰侯。穰侯姓魏，名冉，故称"冉子"。

④后王：指秦惠王的儿子秦昭襄王。

⑤邵公奭：即召公奭。

【译文】

虞卿对春申君说："我听说《春秋》书中有这样的话：处于安定环境的时候，要考虑到可能发生的危险；处于危险环境的时候，要思考如何获取安全的方法。如今楚王的年龄很大了，您的封地不能不早一点确定下来。我为您考虑了有关封地的问题，您的封地最好要远离楚国的都城。

秦孝公分封了商鞅，孝公去世后，商鞅没能逃脱被杀掉的命运；秦惠王分封了穰侯，惠王去世后，昭襄王就剥夺了穰侯的封地。商鞅，是位大功臣啊；穰侯，是君主的亲戚啊，然而他们都没能逃脱被剥夺封地、被杀害的命运，原因就在于他们的封地距离秦国的都城太近了。太公望封于齐地，邵公奭封于燕地，因为齐地与燕地都远离周王室啊。如今燕国犯下了大错，赵国对燕国的怨恨很深，所以您不如向北进军讨伐燕国，以便施恩德于赵国，消灭或者破坏燕国，凭此功劳以确定自己的封地，这是百代难逢的好机会啊。"

君曰："所道攻燕，非齐则魏。魏、齐新怨楚，楚君虽欲攻燕，将何道哉？"对曰："请令魏王可。"君曰："何如？"对曰："臣请到魏，而使所以信之①。"乃谓魏王曰："夫楚亦强大矣，天下无敌，乃且攻燕②。"魏王曰："乡也子云天下无敌③，今也子云乃且攻燕者④，何也？"对曰："今为马多力，则有矣；若曰胜千钧，则不然者，何也？夫千钧，非马之任也。今谓楚强大，则有矣；若夫越赵、魏而斗兵于燕⑤，则岂楚之任也哉？非楚之任，而楚为之，是敝楚也。敝楚、强楚⑥，其于王孰便也？"

【注释】

①而使所以信之：本句整理小组《战国纵横家书》作："便所以言之。"是。

②乃且攻燕：于是楚国将计划进攻燕国。乃，于是。且，将。

③乡：刚才，前面。

④今：现在，后面。

⑤斗兵：作战。

⑥散楚强楚：原文作："散楚见强魏也。"何建章《战国策注释》："姚
　校：'一本"散楚见强魏也"作"强楚散楚"。鲍本'见'作'是'。
　建章按：……当据《韩策一》、一本及《战国纵横家书》改作'散楚
　强楚'。"

【译文】

　　春申君说："进攻燕国的路线，不是经过齐国，就是经过魏国，而魏、齐两国又刚刚与楚国结了怨，楚王即使想进攻燕国，军队将从哪条道路上进兵呢？"虞卿回答说："请让我去说服魏王同意借道吧。"春申君问："您准备怎么办呢？"虞卿回答说："请允许我去魏国，我会找个方便的机会说服魏王。"虞卿到了魏国就对魏王说："楚国也算是很强大了，天下无敌，于是他们将计划去进攻燕国。"魏王说："刚才您说楚国天下无敌，此刻又说楚国将要进攻燕国，您为什么要这样说呢？"虞卿回答说："如果说马的力量很大，这是对的；如果说马可以负担起千钧重的东西，那就不正确了。为什么呢？因为千钧的重量，绝不是马力所负担得起的。如果说楚国很强大，这是可以的；如果说楚国能够越过赵、魏两国去进攻燕国，楚国怎能胜任呢？楚国既不能胜任此事，却还要去进攻燕国，那就是削弱自己的力量。削弱楚国力量与加强楚国力量，这两者哪个对大王您更有利呢？"

　　附录二：

　　【说明】《战国策·韩策一》"王曰向也子曰天下无道章"的内容与《战国纵横家书》中的本章一致，文字有所差异，故附录于后，以供对照参考。

　　王曰①："向也子曰②：'天下无道③。'今也子曰'乃且攻燕'者，何也？"对曰："今谓马多力，则有矣；若曰胜千钧，则不然者，何也？夫千钧，非马之任也。今谓楚强大，则有

矣；若夫越赵、魏而斗兵于燕，则岂楚之任也哉？且非楚之任，而楚为之，是弊楚也。强楚、弊楚，其于王孰便也^④?"

【注释】

①王：指魏王。

②向：刚才。子：您。指虞卿。

③天下无道：天下无敌。《战国策·楚策四》作"天下无敌"。何建章《战国策注释》："此'道'当是'适'字之形误，'适'通'敌'。"

④孰：谁，哪个。

【译文】

魏王问："刚才您说：'楚国天下无敌。'现在您又说'楚国将要进攻燕国'的原因，是什么呢？"虞卿回答说："如果说马的力量大，这是可以的；如果说马能够负担起千钧重量，那就不正确了，为什么呢？因为千钧重量，不是马所负担得起的。如果说楚国强大，这是可以的；如果说楚国能够越过赵、魏两国去进攻燕国，那么楚国又岂能胜任呢？不是楚国能够胜任的事情，而楚国却还要去做，这就是削弱了楚国的力量。加强楚国的力量与削弱楚国的力量，哪一个更有利于大王呢？"

二四、公中佣胃韩王章

【题解】

公中佣胃韩王：公仲佣对韩王说。公中佣，人名。即公仲佣，又作公仲倗等。中，通"仲"。韩国的相。胃，通"谓"。韩王，指韩宣惠王。韩宣惠王十六年（前314），秦国伐韩，韩国迫不得已，计划与秦国割地讲和，然后再联合秦国南伐楚国。楚国为了化解这次危机，便声称要援韩抗秦，待韩国拒绝与秦国和谈、秦国与韩国交战之后，楚国却按兵不动，导致韩国大败。这是历史上的又一次典型的外交欺骗。

在本章最后，我们附录了三段文字：《战国策·韩策一》"秦韩战于浊泽章"、《史记·韩世家》的一段文字、《韩非子·十过》的一段文字，供读者对照参考。

秦、韩战于蜀潢^①，韩是急^②。公中佣胃韩王曰^③："冶国非可持也^④。今秦之心欲伐楚，王不若因张义而和于秦^⑤，洛之以一名县^⑥，与之南伐楚，此以一为二之计也^⑦。"韩王曰："善。"乃警公中佣^⑧，将使西讲于秦^⑨。楚王闻之，大恐。召陈轸而告之^⑩。

【注释】

①秦、韩战于蜀潢（huáng）：秦国与韩国在蜀潢作战。蜀潢，地名。在今河南长葛西。整理小组《战国纵横家书》："蜀潢，地名。《韩策》与《韩世家》均作浊泽。《史记》集解引徐广说：'长社有浊泽。'《后汉书·郡国志》：颍川郡长社县有蜀津。古书泽与津常混，蜀津即浊泽。帛书作蜀潢，潢通潢，《说文》：'潢，小津也。'那末蜀潢也即蜀津。地在今河南省长葛县西。"

②韩是急：韩国的情况危急。韩是，即韩氏。韩国。是，假借为"氏"。

③公中倗（péng）胃韩王曰：公仲倗对韩王说。公中倗，即公仲倗。韩国的相。胃，通"谓"。韩王，指韩宣惠王。

④冶国非可持也：盟国是不可以依赖的。冶，假借为"与"。帮助，相互帮助。持，假借为"恃"。依靠。

⑤因张义而和于秦：通过秦相张仪与秦国讲和。因，通过。张义，即张仪。秦国的相。

⑥洛之以一名县：贿赂秦国一个大县。洛，假借为"赂"。贿赂，送给。名，大。

⑦此以一为二之计也：这是一箭双雕的计谋。一，指"洛之以一名县"。二，指换来秦国不再攻韩、与秦国一起讨伐楚国两件事情。这两件事情对韩国均有利，进攻楚国可以获取土地。

⑧乃警公中倗：于是就为公仲倗做好出使的准备。警，戒备，准备。

⑨将使西讲于秦：将派公仲倗到西边的秦国讲和。使，派遣。讲，讲和。

⑩陈轸（zhěn）：人名。楚国大夫。

【译文】

秦国与韩国在蜀潢交战，韩国情况危急。公仲倗对韩王说："盟国是不可以依赖的。如今秦国一心想攻打楚国，大王不如通过秦相张仪与秦国讲和，贿赂秦国一个大县，然后与秦国一起向南讨伐楚国，这是个一箭双雕的计谋啊。"韩王说："好。"于是就为公仲倗做好出使准备，将要派他到西边的秦国讲和。楚王听说此事之后，非常恐慌，就把陈轸召来，把此事告知陈轸。

陈轸曰："夫秦之欲伐王久矣。今或得韩一名县具甲①，秦、韩并兵南乡楚②，此秦之所庙祀而求也③。今已得之④，楚国必伐⑤。王听臣之为之，警四竟之内⑥，兴师救韩，名战车⑦，盈夏路⑧；发信［臣⑨，多］其车，重其敝⑩，史信王之救己也⑪。韩为不能听我⑫，韩之德王也⑬，必不为逆以来⑭，是［秦、］韩不和也。［兵虽］至楚，国不大病矣⑮。为能听我，绝和于秦⑯，［秦］必大怒，以厚怨韩。韩南［交楚］，必轻秦，轻秦，其应必不敬矣。是我困秦、韩之兵，免楚国楚国之患也⑰。"

【注释】

①或：又。具甲：军队，兵力。具，器械。这里指军事器械。甲，战衣。这里指穿战衣的将士。

②并兵南乡楚：联合出兵向南进攻楚国。并，联合。乡，向。

③此秦之所庙祀而求也：这是秦国在祭祀神灵时所百般祈求的事情。庙祀，在庙堂里祭祀。

④今已得之：如今秦国已经得到了他们所祈求的事情。

⑤必伐：一定会被攻伐。伐，被伐。

⑥警四竟之内：在楚国全境进行战备。警，戒备，战备。四竟之内，指全国。竟，同"境"。

⑦名战车：命令集结战车。名，假借为"命"。命令。

⑧盈夏路：摆满了通向北方的大路。盈，满。夏路，通向北方的大路。韩国在楚国的北边。整理小组《战国纵横家书》："夏路是楚

国向北方的大道。《史记·越世家》：'商、於、析、郦、宗胡之地,夏
路以左,不足以备秦。'索隐引刘氏云：'楚适诸夏,路出方城,人
向北行,以西为左,故云夏路以左。'《韩非子》说：'因发车骑,陈
之下路。'下与夏音同借用。《韩策》和《韩世家》均作满道路。"

⑨发信[臣]：派出亲信大臣。

⑩重其敝：带着很多的礼品与财物。敝,假借为"币(幣)"。古代
用作礼物的丝织品。这里泛指礼品、财物。

⑪史信王之救己也：使韩王相信大王您是真的要来救助自己了。
史,通"使"。

⑫韩为不能听我：韩国即使不能听命于我们。为,如果。这里有
"即使"的含义。

⑬韩之德王也：韩国也会感谢大王您的救助之恩。

⑭必不为逆以来：一定不会前来与楚国作战。逆,敌对。

⑮大病：大的危险。

⑯绝和于秦：拒绝与秦国讲和。

⑰楚国楚国：本句多"楚国"两字,应删。

【译文】

陈轸说："秦国想攻伐大王您很久了。如今秦国又获取了韩国一个
大县的兵力,秦、韩两国联合起来向南进攻楚国,这是秦国在庙堂祭祀
神灵时所反复祈求的事情。现在秦国已经实现了他们所祈求的事情,楚
国肯定会被攻伐。大王您要听从我的建议去处理此事,要在楚国全境做
好战备,发动军队去救助韩国,下令集结战车,把战车摆满通向北方的
大路;然后派出亲信大臣,多安排一些随行车辆,多带一些礼品与财物,
使韩王确信大王您真的会去救助他。韩国即使不能听命于我们,也会感
激大王您的救助之恩,肯定不会前来与楚国为敌,这样就能够造成秦国
与韩国之间的不和了。他们的军队即使来到楚国,楚国也不会有大的危
险。如果韩国能够听命于我们,拒绝与秦国讲和,那么秦国必定十分愤

怒，极度怨恨韩国。韩国与南方的楚国结盟，一定会轻视秦国，一旦轻视秦国，韩国对秦国的回应态度肯定不够尊敬。这样我们就能够使秦、韩两国的军队因矛盾冲突而陷入困境，避免两国联合攻伐楚国的灾难了。"

　　楚之若①。乃警四竟之内，兴师，言救韩；发信臣，多车，厚其敝。使之韩②，胃韩王曰："不穀唯小③，已悉起之矣④。愿大国肆意于秦⑤，不穀将以楚佳韩⑥。"[韩王]说⑦，止公中之行⑧，公中曰："不可。夫以实苦我者秦也⑨，以虚名救[我]者楚也。[恃]楚之虚名，轻绝强秦之适⑩，天下必芯王⑪。且楚、韩非兄弟之国也，有非素谋伐秦也⑫，已伐刑⑬，因兴师言救韩，此必陈轸之谋也。夫轻绝强秦而强[信]楚之谋臣⑭，王必悔之。"韩王弗听，遂绝和于秦。秦因大怒，益师⑮，与韩是战于岸门⑯。楚救不至，韩是大败。故韩是之兵非弱也，其民非愚蒙也⑰，兵为秦禽、知为楚笑者⑱，过听于陈轸⑲，失计韩俑⑳。故曰："计听知顺逆㉑，唯王可㉒。"

【注释】

①楚之若：楚王同意陈轸的建议。之，应为"王"之误字。若，通"诺"。同意。

②之：到，到了。

③不穀（gǔ）唯小：我的国家虽然很小。这是使臣代表楚王讲的话。不穀，不善。君主、王侯的谦称。先秦诸侯王多自称"不穀"。唯，假借为"虽"。小，国家很小。这是楚国的谦辞。

④已悉起之矣：已经动员了所有军队。悉，全部。起，发动。之，指

军队。

⑤愿大国肆意于秦：希望贵国可以放心大胆地与秦国大战一场。大国，对韩国的尊称。肆，假借为"肆"。肆意，任意，放心大胆地。

⑥不穀将以楚佳韩：我将率领整个楚国与韩国共存亡。佳，假借为"徇"。为某种目的而献身。整理小组《战国纵横家书》认为"佳"应为"隼"："隼，《韩策》和《韩世家》均作殉。隼与殉音同通假。"

⑦说（yuè）：同"悦"。喜悦，高兴。

⑧止公中之行：不让公仲倗出使秦国讲和。公中，即公仲倗。

⑨夫以实苦我者秦也：让我们遭受实实在在的战争痛苦的是秦国。实，指实实在在的战争痛苦。

⑩轻绝强秦之适：轻率地拒绝与强大的秦国这个敌人讲和。适，假借为"敌"。

⑪芯：假借为"笑"。嘲笑，笑话。

⑫有非素谋伐秦也：平素又没有与我们商议过讨伐秦国的事情。有，通"又"。素，平素，过去。

⑬已伐刑：楚国被秦、韩联合讨伐的形势已经形成了。伐，指楚国被讨伐。刑，通"形"。形成。

⑭夫轻绝强秦而强［信］楚之谋臣：轻率地拒绝与强大的秦国讲和，而去相信楚国谋臣的谎言。本句话中的第二个"强"应为衍文，整理小组《战国纵横家书》："强信的强字，当是误衍。"

⑮益师：增加了进攻韩国的军队。益，增加。

⑯岸门：地名。在今河南许昌。

⑰愚蒙：愚蠢。蒙，愚昧，无知。

⑱兵为秦禽：韩军被秦军打败。为，被。禽，同"擒"。擒拿。这里指打败。知为楚笑：韩国的智谋被楚国嘲笑的原因。知，同"智"。智慧，智谋。

⑲过听:错误地听信。过,错误。

⑳失计韩俑:没有听取公仲佣的计谋。失,失去,没有采纳。韩俑,
　　即公仲佣。

㉑计听知顺逆:在听取臣下计谋的时候,要知道哪些计谋是正确的,
　　哪些计谋是错误的。顺,正确。逆,不正确。

㉒唯王可:即便是想称王称霸,也是可以的。意思是说,善于听取臣
　　下意见,就可以称王称霸了。唯,通"虽"。即使,即便是。

【译文】

　　楚王同意了陈轸的建议。于是楚国全国加强了战备,动员所有军
队,声称要出兵援助韩国;楚王还派出亲信使臣,随行车辆很多,带着丰
厚的礼品与财物。楚王的使臣到了韩国,对韩王说:"我们楚国虽然很
小,但已经发动了全国所有的军队来救援韩国。希望贵国可以放心大胆
地与秦国大战一场,我们将会与韩国共存亡。"韩王听后十分高兴,于是
就中止了公仲佣出使秦国讲和的事情,公仲佣进谏说:"不可以这样做。
让我们遭受实实在在的战争痛苦的是秦国,用空话救援我们的是楚国。
依赖楚国救援我们的空话,轻率地拒绝与强大的秦国这个敌人讲和,天
下人一定会嘲笑大王的。再说,楚、韩两国并非亲如兄弟的国家,平时也
没有商讨过攻伐秦国的事情,楚国被秦、韩两国联合攻伐的形势已经形
成了,楚国这才声称要发动军队前来救助韩国,这肯定是陈轸的计谋啊。
轻率地拒绝与强大的秦国讲和,而去轻信一个楚国谋臣的谎言,大王您
一定会后悔的。"韩王没有接受公仲佣的进谏,于是就拒绝与秦国和谈。
秦国为此十分生气,于是就增加了伐韩的军队,与韩国在岸门交战。楚
国的救援军队果然没有前来,韩国惨败。据此可以说,韩国的军队并非
十分弱小,韩国的臣民也并非愚昧,韩国的军队被秦国击败、韩国的智谋
被楚国嘲笑的原因,是因为韩王错误地听信了陈轸的谎言,没有采纳公
仲佣的计谋。所以说:"在听取臣下意见时,能够知道哪些意见是正确
的,哪些意见是错误的,即便是想称王称霸,也是可以的。"

附录一：

【说明】《战国策·韩策一》"秦韩战于浊泽章"的内容与《战国纵横家书》中的本章一致，文字有所差异，故附录于后，以供对照参考。

秦、韩战于浊泽^①，韩氏急。公仲朋谓韩王曰^②："与国不可恃。今秦之心欲伐楚，王不如因张仪为和于秦^③，赂之以一名都^④，与之伐楚。此以一易二之计也^⑤。"韩王曰："善。"乃儆公仲之行^⑥，将西讲于秦。楚王闻之大恐，召陈轸而告之。陈轸曰："秦之欲伐我久矣，今又得韩之名都一，而具甲，秦、韩并兵南乡，此秦所以庙祠而求也。今已得之矣，楚国必伐矣。王听臣，为之儆四境之内，选师言救韩^⑦，令战车满道路；发信臣，多其车，重其币，使信王之救己也。纵韩为不能听我^⑧，韩必德王也，必不为雁行以来^⑨。是秦、韩不和，兵虽至，楚国不大病矣。为能听我，绝和于秦，秦必大怒，以厚怨于韩。韩得楚救，必轻秦。轻秦，其应秦必不敬。是我困秦、韩之兵，而免楚国之患也。"

【注释】

①浊泽：地名。在今河南长葛西。

②公仲朋：即公仲倗。当时为韩相。

③为和：讲和。为，讲，谈判。

④名都：大城邑。名，大。

⑤以一易二之计：即《战国纵横家书》说的"以一为二之计"，这是一箭双雕的计谋。易，交换。

⑥儆：戒备，准备。

⑦选师：根据《史记·韩世家》，"选师"应是"起师"之误。发动军队，起，发动。《公中倗冑韩王章》作"兴师"，"兴"与"起"义同。

⑧纵：纵使，即使。一本无"纵"字。为：如果。这里有"即使"的含义。与"纵"同义。

⑨雁行：先锋。《战国纵横家书·朱己谓魏王章》有"雁行"一词，整理小组《战国纵横家书》："雁行，像雁群飞翔，序列略在后。一说雁行即前行。"《长沙马王堆汉墓简帛集成·战国纵横家书》认为"雁行"应为"颜行"："'颜'义近'额'。所以古人称前行为颜行，以颜在人身上的位置来比喻前行在军队里的位置。"

【译文】

秦国与韩国在浊泽交战，韩国情况危急。韩相公仲朋对韩王说："盟国是不可以依赖的。如今秦国一心想攻打楚国，大王不如通过秦相张仪与秦国讲和，贿赂秦国一个大城邑，然后与秦国一起向南讨伐楚国，这是个一箭双雕的计谋啊。"韩王说："好。"于是就为公仲朋的出使做好准备，将要派他到西边的秦国讲和。楚王听说此事之后，非常恐慌，就把陈轸召来，把此事告知陈轸。陈轸说："秦国想攻伐大王您很久了。如今秦国又获取了韩国的一个大城邑，还有这个城邑的兵力，秦、韩两国联合起来向南进攻楚国，这是秦国在庙堂祭祀神灵时所反复祈求的事情。现在秦国已经实现了他们所祈求的事情，楚国肯定会被攻伐。大王您要听从我的建议，要为此事在楚国全境做好战备，发动军队声称要去救助韩国，下令把战车摆满大路；然后派出亲信大臣，多安排一些随行车辆，多带一些礼品与财物，使韩王确信大王您真的会去救助他。韩国即使不能听命于我们，也会感激大王您的救助之恩，肯定不会充当先锋前来与楚国为敌，这样就能够造成秦国与韩国之间的不和了。他们的军队即使来到楚国，楚国也不会有大的危险。如果韩国能够听命于我们，拒绝与秦国讲和，那么秦国必定十分愤怒，极度怨恨韩国。韩国认为自己得到了楚国的援兵，一定会轻视秦国。一旦轻视秦国，韩国对秦国的回应态度肯定不够尊敬。这样我们就能够使秦、韩两国的军队因不和而陷入困境，避免两国攻伐楚国的灾难了。"

　　楚王大说^①，乃儆四境之内，选师言救韩，发信臣，多其车，重其币。谓韩王曰："弊邑虽小^②，已悉起之矣。愿大国遂肆意于秦，弊邑将以楚殉韩。"韩王大说，乃止公仲。公仲曰："不可，夫以实苦我者，秦也；以虚名救我者，楚也。恃楚之虚名，轻绝强秦之敌，必为天下笑矣。且楚、韩非兄弟之国也，又非素约而谋伐秦矣^③。秦欲伐楚，楚因以起师言救韩，此必陈轸之谋也。且王以使人报于秦矣^④，今弗行^⑤，是欺秦也。夫轻强秦之祸，而信楚之谋臣，王必悔之矣。"韩王弗听，遂绝和于秦。秦果大怒，兴师与韩氏战于岸门，楚救不至，韩氏大败。韩氏之兵非削弱也，民非蒙愚也，兵为秦禽、智为楚笑者，过听于陈轸，失计于韩朋也。

【注释】

①说（yuè）：同"悦"。喜悦，高兴。

②弊邑：敝国。是楚国使者的谦称。

③素约：过去有约定。素，平素，过去。

④且王以使人报于秦矣：再说大王您已经派使者告诉秦国讲和的事情了。且，再说。以，通"已"。已经。

⑤今弗行：现在不让我去讲和。

【译文】

　　楚王听后非常高兴，于是就在全国加强了战备，发动军队声称要救援韩国，还派出亲信的使臣，跟随着很多车辆，携带着贵重的礼品及财物。楚国使臣对韩王说："我们楚国虽然很小，但已经动员了所有的军队。希望贵国能够放心大胆地与秦国大战一场,我们楚国将以整个楚国与韩国共存亡。"韩王非常高兴,于是就不让公仲朋再去秦国讲和。公仲朋说:"不可以这样做啊。让我们实实在在感受战争痛苦的,是秦国;用空话来援助我们的,是楚国。依赖楚国援助我们的空话,轻率地拒绝与强大的敌人秦国讲和,我们一定会被天下人嘲笑。再说楚、韩两国并非亲如兄弟的国家,过去又没有约定过联合进攻秦国的事情。现在秦国准备讨伐楚国了,楚国因此才说要动员军队援助韩国,这一定是陈轸的计谋。再说大王您已经派使者与秦国沟通过讲和这件事情,如今却突然不去讲和,这是在欺骗秦国。轻视强大的秦国带来的灾难,而相信楚国谋臣的谎言,大王一定会后悔的。"韩王没有接受公仲朋的意见,于是就拒绝与秦国讲和。秦国果然十分愤怒,发动军队在岸门与韩国军队作战,楚国的救兵果真没有到来,韩国大败。韩国的军队并非弱小,韩国的臣民并非愚昧,然而韩国的军队却败于秦国、韩国的智谋被楚国所嘲笑的原因,就在于韩王错误地听信了陈轸的谎言,没有能够接受公仲朋的意见。

　　附录二:

　　【说明】《史记·韩世家》有一段文字的内容与《战国纵横家书》中的本章一致,文字有所差异,故附录于后,以供对照参考。

　　十六年①,秦败我脩鱼②,虏得韩将鰒、申差于浊泽③。韩氏急,公仲谓韩王曰④:"与国非可恃也。今秦之欲伐楚久矣,王不如因张仪为和于秦,赂以一名都,具甲,与之南伐楚,此以一易二之计也。"韩王曰:"善。"乃警公仲之行,将西购于秦⑤。楚王闻之大恐,召陈轸告之。陈轸曰:"秦之欲伐楚久矣,今又得韩之名都一而具甲,秦、韩并兵而伐楚,此

秦所祷祀而求也。今已得之矣，楚国必伐矣。王听臣，为之
警四境之内，起师言救韩，命战车满道路，发信臣，多其车，
重其币，使信王之救己也。纵韩不能听我，韩必德王也，必
不为雁行以来，是秦、韩不和也，兵虽至，楚不大病也。为
能听我，绝和于秦，秦必大怒，以厚怨韩。韩之南交楚，必
轻秦；轻秦，其应秦必不敬：是因秦、韩之兵而免楚国之患
也⑥。”

【注释】

①十六年：指韩宣惠王即位的第十六年，也即前314年。

②秦败我脩鱼：秦国在脩鱼打败了韩国军队。我，指韩国。脩鱼，地
　　名。在今河南原阳西南。一说在今山西运城。

③鰑（sōu）、申差：两个人名。均为韩国将军。

④公仲：即公仲倗。

⑤将西购于秦：将要去西边的秦国讲和。购，通“媾”。媾和，讲和。

⑥因：顺应，利用。

【译文】

　　韩宣惠王即位的第十六年，秦军在脩鱼打败韩军，在浊泽俘虏了韩
国将领鰑和申差。韩国十分危急，相国公仲倗对韩王说：“盟国是不可靠
的。如今秦国想征伐楚国已经很久了，大王不如通过张仪向秦王求和，
送给秦国一座大城邑，还有这个城邑的兵力，然后和秦军一起向南征伐
楚国，这是个一箭双雕的计谋。”韩王说：“好。”于是就为公仲倗的出使
做好准备，他将要西行与秦讲和。楚王听说此事后非常惊恐，召见陈轸，
把此事告诉了他。陈轸说：“秦国想攻伐楚国已经很久了，现在又得
到韩国的一座大城邑，而且还有这个城邑的兵力，秦、韩联合起来攻伐楚
国，这是秦国祭祀神灵时所祈求的事情。如今秦国已经实现了所祈求的

事情,楚国一定会受到侵伐。大王听我的意见,为了此事要先在全国加强战备,发动军队声称要去援救韩国,下令让战车布满道路,然后派出亲信使臣,多给他配备车辆,带上厚礼与财物,让韩国相信大王真的要来救援他们。即使韩王不能听从我们的意见,韩国也一定会感激大王的救助之恩,肯定不会充当先锋前来攻楚,这样一来秦、韩两国的关系就不和睦了,即使他们的军队到了楚国,也不会成为楚国的大患。如果韩国能够听从我们的意见,停止向秦国求和,秦国必定十分愤怒,就会极为怨恨韩国。韩国认为自己与南方的楚国结为同盟,必定会轻视秦国;一旦轻视秦国,韩国对秦国的回应必定不会恭敬。这就是利用秦、韩军队之间的矛盾,来免除楚国的祸患啊。"

楚王曰:"善。"乃警四境之内,兴师言救韩。命战车满道路,发信臣,多其车,重其币。谓韩王曰:"不穀国虽小,已悉发之矣。愿大国遂肆志于秦,不穀将以楚殉韩。"韩王闻之大说,乃止公仲之行。公仲曰:"不可。夫以实伐我者秦也,以虚名救我者楚也。王恃楚之虚名,而轻绝强秦之敌,王必为天下大笑。且楚、韩非兄弟之国也,又非素约而谋伐秦也。已有伐形,因发兵言救韩,此必陈轸之谋也。且王已使人报于秦矣,今不行,是欺秦也。夫轻欺强秦而信楚之谋臣①,恐王必悔之②。"韩王不听,遂绝于秦。秦因大怒,益甲伐韩③,大战,楚救不至韩。十九年,大破我岸门。太子仓质于秦以和④。

【注释】

①轻:轻率。

②恐:担心,恐怕。

③益甲:增加军队。益,增加。甲,战衣。这里指穿战衣的军队。

④太子仓:韩宣惠王的儿子。质:人质。这里用作动词,做人质。

【译文】

楚王说:"好!"于是就在全国加强战备,动员军队声称要去救援韩国。楚国让战车布满道路,然后派出亲信使臣,给他配备了很多车辆,让他带着厚礼与财物到韩国去。楚国使臣对韩王说:"我们的国家虽然很小,但已经把军队全部动员起来了。希望贵国能够放心大胆地同秦国作战,我们楚国的军队将会为韩国拼死作战。"韩王听了之后非常高兴,于是就中止了公仲侗到秦国议和的行动。公仲侗说:"不能这样。实实在在攻伐我们的是秦国,用虚名来救我们的是楚国。大王依赖楚国的救援虚名,而轻率地和强敌秦国绝交,大王必定要被天下人大加嘲笑的。况且楚、韩并非亲如兄弟的国家,原来也没有盟约去共谋伐秦。现在楚国被讨伐的形势已经形成,楚国才声称要发兵救韩,这一定是陈轸的计谋。再说大王已经派人把我们的讲和意图通报秦国了,现在又决定不去讲和,这是在欺骗秦国。轻率地去欺骗强大的秦国,而去听信楚国谋臣的谎言,恐怕大王一定会后悔的。"韩王没有接受公仲侗的劝告,于是就与秦国断交。秦国为此十分愤怒,增加兵力进攻韩国,两国大战,而楚国的救兵一直没有前来韩国。韩宣惠王即位的第十九年,秦军在岸门大败韩军。韩国只好派太子仓去做人质,以此求得与秦国讲和。

附录三:

【说明】《韩非子·十过》有一段文字的内容与《战国纵横家书》中的本章一致,故附录于后,以供对照参考。

　　奚谓内不量力①?昔者,秦之攻宜阳②,韩氏急。公仲朋谓韩君曰:"与国不可恃也,岂如因张仪为和于秦哉?因

赂以名都而南与伐楚,是患解于秦而害交于楚也。"公曰:
"善。"乃警公仲之行,将西和秦。楚王闻之,惧,召陈轸而
告之曰:"韩朋将西和秦,今将奈何?"陈轸曰:"秦得韩之都
一,驱其练甲③,秦、韩为一,以南乡楚,此秦王之所以庙祠
而求也,其为楚害必矣。王其趣发信臣④,多其车,重其币以
奉韩,曰:'不榖之国虽小,卒已悉起⑤,愿大国之信意于秦
也⑥。因愿大国令使者入境视楚之起卒也。'"

【注释】

①奚谓内不量力:什么叫不对内衡量一下自己的力量呢?奚,什么。

②宜阳:地名。在今河南宜阳。当时属于韩国领地。

③练甲:训练有素的将士。也即精锐部队。甲,甲衣。这里指穿甲
　衣的将士。

④趣(cù):通"促"。催促,赶快。

⑤卒已悉起:将士已经全部发动。卒,士兵。悉,全部。

⑥信(shēn)意:申述不屈的决心。信,通"申"。申述,表明。一
　说,"信意"与"肆意"义同。任意,放心大胆地。

【译文】

什么叫不对内衡量一下自己的力量呢? 从前,秦国攻打宜阳,韩国
十分危急。公仲朋就对韩王说:"盟国是不可以依靠的,何不通过张仪去
与秦国讲和呢? 借此机会拿一个大城邑去贿赂秦国,然后与秦国一起向
南去讨伐楚国,这样就解除了秦国给韩国造成的灾难,而把这一灾难转
嫁给楚国了。"韩王说:"很好!"于是就命令公仲朋出使,将到西边的秦
国去跟秦国和谈。楚王听说这件事后,深感恐慌,于是就召见陈轸,对他
说:"韩国的公仲朋要到西边的秦国与其和谈,如今我们该怎么办呢?"
陈轸说:"秦国得到了韩国的一座大城邑,然后派遣它的精锐部队,秦国

与韩国结为一体向南进攻楚国,这是秦王在宗庙中祭祀时所特别祈求的事情,这肯定会给楚国造成灾难。大王还是赶快派遣一位可靠的使臣,多给他一些车辆,多带一些礼品与财物去送给韩国,就对韩国说:'我的国家虽然很小,但是所有的军队已经全部动员起来了,希望贵国能够向秦国表明坚决不会屈服的决心。为此也希望贵国派使者到我们国家来视察一下楚国所动员起来的军队。'"

　　韩使人之楚①,楚王因发车骑陈之下路②,谓韩使者曰:"报韩君,言弊邑之兵今将入境矣③。"使者还报韩君,韩君大悦,止公仲。公仲曰:"不可。夫以实告我者④,秦也;以名救我者,楚也。听楚之虚言而轻诬强秦之实祸⑤,则危国之本也。"韩君弗听,公仲怒而归,十日不朝。宜阳益急,韩君令使者趣卒于楚⑥,冠盖相望而卒无至者⑦。宜阳果拔⑧,为诸侯笑。故曰:内不量力,外恃诸侯者,则国削之患也⑨。

【注释】

①之:到。

②下路:即夏路。也即通向韩国的大路。下,通"夏"。华夏地区,也即中原地区。韩国地处中原。

③弊邑:对自己国家的谦称。犹言"敝国"。弊,通"敝"。入境:进入韩国境内。

④告:应为"苦"字之误。

⑤诬:应为衍字,当删。王先慎《韩非子集解》:"'轻'下不得有'诬'字,'诬'即'轻'之讹……今作'轻诬强秦之实祸'者,一本作'轻',一本作'诬',而后人误合之耳。"

⑥趣(cù)卒:催促援军。趣,通"促"。催促。卒,士卒,军队。

⑦冠盖：使者的帽子和乘坐车辆上的车盖。这里代指使者。相望：
　　彼此相互能够看见，也即一个接着一个。

⑧果拔：结果被攻破了。

⑨则国削之患也：是国家被削弱的灾难啊。

【译文】

韩国派使者到了楚国，楚王于是就调动车马士卒陈列在通向韩国的大路上，对韩国的使者说："请你回去向韩王报告，就说敝国的军队马上就要进入韩国的国境了。"使者回去报告了韩王，韩王十分高兴，便不再让公仲朋出使秦国讲和。公仲朋说："不行。以实际行动危害我们的，是秦国；拿空话来救援我们的，是楚国。听信楚国的空话而轻视强大的秦国给我们带来的实际灾难，那是危害我们国家的祸根啊。"韩王没有听从公仲朋的劝告，公仲朋满腔怒火地回家了，十天都没有来上朝。宜阳的形势越来越危急了，韩王就派使者去楚国催促援军，韩国的使者一个接着一个而援军最终也没有到来。宜阳结果被秦国攻破了，韩王遭到了诸侯们的嘲笑。因此说：对内不衡量自己的力量，而去依赖国外的诸侯，那就是国家被削弱的祸患啊。

二五、李园谓辛梧章

【题解】

李园谓辛梧：李园对辛梧说。李园，人名，时任楚相。辛梧，人名，秦国将军。根据文中内容，应该是李园派遣的使者对辛梧的劝告。秦王政（即秦始皇）十二年（前235），"（秦）发四郡兵助魏击楚"（《史记·六国年表》），而代表秦国驻守在魏国的是秦将辛梧。李园的使者通过历史事实，劝告辛梧不可过于急切地伐楚。因为楚国陷入危机之后，就会向秦国割地求和，从而成为友好国家。一旦秦、楚两国成为友好国家，那么辛梧就会成为一个无用的弃子，将会遭遇到意想不到的灾祸。使者的游说最终成功，辛梧果然拖延了六个月才出兵伐楚。

　　秦使辛梧据梁^①，合秦、梁而攻楚^②，李园忧之^③。兵未出，谓辛梧^④："以秦之强，有梁之劲^⑤，东面而伐楚。于臣也^⑥，楚不恃伐^⑦，割挚马兔而西走^⑧，秦余楚为上交^⑨，秦祸案环中梁矣^⑩。将军必逐于梁^⑪，恐诛于秦。将军不见井忌乎^⑫？为秦据赵而攻燕，拔二城^⑬。燕使蔡鸟股符肤璧^⑭，奸赵入秦^⑮，以河间十城封秦相文信侯^⑯。文信侯弗敢受，曰：'我无功。'蔡鸟明日见，带长剑，案其剑^⑰，举其末^⑱，视文信侯曰：'君曰："我无功。"君无功，胡不解君之玺以佩蒙敖、王齮也^⑲？秦王以君为贤，故加君二人之上^⑳。今燕献地，此非秦之地也，君弗受，不忠。'文信侯敬若^㉑。

【注释】

①秦使辛梧据梁：秦国派遣辛梧驻守在魏国。辛梧，人名。秦国将军。据，驻守。梁，通"粱"。粱国，即魏国。魏国于前361年迁都大梁（在今河南开封），故魏国又称梁国。

②合秦、梁而攻楚：准备联合秦国与魏国的军队去进攻楚国。

③李园：人名。时任楚相。前238年，楚考烈王去世，李园使死士刺杀春申君黄歇，立太子悍为楚王，李园掌控楚国政权。

④谓辛梧：对辛梧说。本句的主语应是李园派来的使臣。

⑤有梁之劲：再加上魏国的强大军队。有，还有，再加上。劲，劲旅，强大的军队。一说，"劲"指强力支持。

⑥于臣也：根据我的看法。于，以，根据。整理小组《战国纵横家书》："于字和以字义同。"臣，李园自称。

⑦楚不侍伐：楚国无须等到秦、魏两国前来征伐。侍，通"待"。

⑧割挚马免而西走：就像割断了缰绳的马一样，迅速跑向西边去投奔秦国。也即投降秦国。挚，通"絷"。拴马的绳索。免，脱跑。西，向西。因秦国在西边。走，跑。

⑨秦余楚为上交：秦国与楚国就会成为非常友好的国家。余，通"与"。上交，最为友好的国家。

⑩秦祸案环中（zhòng）梁矣：被秦国征伐的灾祸就会转嫁到魏国头上。实际是指转嫁到辛梧的头上。秦祸，指被秦国征伐的灾祸。案，于是，就。环，假借为"还"。转嫁。中，落在。

⑪将军必逐于梁：将军您一定会被魏国驱逐。

⑫井忌：人名。秦国将军。

⑬拔二城：占领了燕国两座城邑。整理小组《战国纵横家书》："此事史书所无。按吕不韦在秦庄襄王元年（前249）为丞相，封文信侯，秦始皇十年（前237）免相。下文蔡乌说到蒙骜、王齮，据《六国表》，蒙骜死在始皇七年，王齮死在始皇三年（前244），那末，此事必在公元前二四九年之后，前二四四年之前。"

⑭燕使蔡乌股符肤（qū）璧：燕国派蔡乌把符信藏在大腿处，把玉璧藏在腋下。蔡乌，人名。燕国使臣。股符，把符信藏在大腿处。股，大腿。这里用作动词，藏在大腿处。符，古代朝廷派遣使节或调兵遣将时所用的凭证，分为两半，有关双方各执一半，两半相合，作为验证。肤璧，把玉璧藏在腋下。肤，腋下。这里用作动词，藏在腋下。璧，玉璧。应是蔡乌携带的礼品。

⑮奸赵入秦：偷偷地穿过赵国进入秦国。奸，假借为"间"。悄悄地，偷偷地。因为赵国与燕国时为敌国，所以蔡乌经过赵国时，要"股符肤璧""间行"。

⑯以河间十城封秦相文信侯：要把燕国的河间十城封给秦相文信侯吕不韦。河间，地名。在今河北河间一带。文信侯，吕不韦，时为秦国的相，被封为文信侯。

⑰案其剑：手按着剑首。案，通"按"。

⑱举其末：一手举起剑的末端。末，指剑尖部分。"案其剑，举其末"是将要拔剑的动作，带有威胁的意味。

⑲胡：为什么。解君之玺以佩蒙敖、王齮（yǐ）：把您的相印解下来送给蒙敖、王齮佩戴。也即把相位送给蒙敖、王齮。玺，相印。蒙敖、王齮，两个人名，都是秦国的名将。蒙敖，又作蒙骜。

⑳故加君二人之上：所以让您的官爵高于他们两人。

㉑敬若：表示同意。若，通"诺"。同意。

【译文】

秦国派遣辛梧驻守在魏国，计划联合秦国与魏国的军队去进攻楚国，楚相李园为此事非常担忧。秦、魏两国联军还未出发之前，李园派使者对辛梧说："凭借着秦国的强大，再加上魏国的精锐部队，就要向东讨伐我们楚国了。在我看来，楚国不用等到你们前来讨伐，就会像割断了缰绳的马一样，飞快地向西跑去投奔秦国，秦国与楚国就会成为关系友好的国家了，那时候楚国被讨伐的灾祸就会转嫁到魏国头上。将军您一定会被魏国驱逐出去，恐怕还会被秦国诛杀。将军难道没有看到井忌将军的下场吗？井忌为秦国驻守在赵国而进攻燕国，占领了燕国的两座城邑。燕国派使者蔡鸟把符信藏在大腿处，把玉璧藏在腋下，然后偷偷地穿过赵国，进入秦国，表示愿意把燕国的河间十城封给秦相文信侯吕不韦。文信侯不敢接受，说：'我没有立下什么功劳。'蔡鸟第二天又去见文信侯，他佩戴着长剑，一手按着剑首，一手举起剑尾，两眼盯着文信侯，说：'您说："我没有立下什么功劳。"既然您没有立下什么功劳，为什么不把您的相印解下来送给蒙骜、王齮二位将军佩戴呢？秦王认为您非常贤明，所以让您的官爵高于那两位将军。如今燕国敬献给您的土地，并非秦国的土地，您如果不接受，就是不忠于秦国。'文信侯表示同意。

　　"言之秦王①，秦王令受之。余燕为上交②，秦祸案环归于赵矣。秦大举兵东面而赍赵③，言毋攻燕。以秦之强，有燕之怒④，割匀必突⑤。赵不能听，逐井忌，诛于秦。今臣窃为将军私计⑥，不如少案之⑦，毋庸出兵⑧。秦未得志于楚⑨，必重梁；梁未得志于楚，必重秦，是将军两重⑩。天下人无不死者，久者寿⑪，愿将军之察之也。梁兵未出，楚见梁之未出兵也，走秦必缓⑫。秦王怒于楚之缓也，怨必深。是将军有重矣⑬。"梁兵果六月乃出。

【注释】

①言之秦王：把燕国进献土地的事情汇报给秦王。

②余：通"与"。

③东面而赍（jī）赵：向东进攻赵国。赍，通"剂"。分割，攻击。

④怒：愤怒。燕国讨伐赵国，带有复仇性质，故而愤怒。一说，"怒"
是奋力的意思，亦通。

⑤割勺必突：对赵国的打击肯定是十分沉重的。勺，假借为"赵"。
指赵国。突，假借为"深"。深刻，沉重。

⑥私计：私下为您出谋划策。

⑦不如少案之：不如暂时按兵不动。少，稍微，暂时。案之，按兵不动。

⑧毋庸：不用。

⑨秦未得志于楚：秦国在没有击败楚国之前。得志，满足自己的意
愿。这里指击败楚国。

⑩是将军两重：这样的话，将军您能够得到秦、魏两个国家的重视。

⑪久者寿：只求成为一个活得长久一些的长寿之人。"天下人无不
死者，久者寿"两句是比喻，虽然人必有一死，但还是活得越长久
越好，比喻虽然伐楚行动必然会发生，但多拖一天，就对辛梧多有
利一天。

⑫走秦必缓：跑去投靠秦国的行动肯定也会迟缓下来。走，跑。

⑬是将军有重矣：这样一来，将军更被秦国看重了。有，通"又"。
再次，更加。

【译文】

"文信侯把燕国献地的事情汇报给了秦王，秦王命令他接受这些土
地。秦国与燕国结为友好国家之后，被秦国攻伐的灾祸就转嫁到了赵国
头上。秦国大举出兵向东进攻赵国，并且警告说不许进攻燕国。凭借着
秦国的强大，再加上燕国复仇的愤怒之情，赵国必定会遭到沉重打击。
赵国不肯听命于秦国，并且驱逐了井忌，井忌回到秦国后被诛杀。如今

我个人为将军私下出谋划策，您不如暂时按兵不动，不用急于出兵。秦国在没有击败楚国之前，肯定会重视魏国；魏国在没有击败楚国之前，也肯定重视秦国，这样一来将军就能够获得两个国家的重视。天下人没有不死的，只求能够成为一个活得长久些的长寿之人而已，希望将军仔细考虑这件事情啊。魏国暂时按兵不动，楚国看到魏国还没有出兵，他们跑去投靠秦国的行为就会迟缓下来。秦王对于楚国的迟缓行为肯定会非常生气，对楚国的怨恨肯定会随之加重。这样一来，将军就会更加被秦国看重了。"魏国军队果然拖了六个月才出动。

二六、见田傺于梁南章

【题解】

见田傺于梁南：某位谋士在魏国都城大梁城南进见田傺。本句主语不明，应是一位谋士。田傺，人名。魏国将军。本章记载："今者秦之攻□□□将□以□行几二千里，至，与楚、梁大战长社，楚、梁不胜，秦攻鄢陵。"《史记·秦本纪》记载："（秦昭王）三十三年，客卿胡阳攻魏卷、蔡阳、长社，取之。"一说，《史记》中的"秦昭王三十三年"应为"秦昭王三十四"之误，也即前273年。本章主要内容是：秦国在该年连胜魏国之后，魏国形势十分紧急，某位谋士劝告魏王离开魏国都城大梁，转移到魏国东部地区的单父，在那里组织魏国臣民抗秦，并争取其他诸侯的援助。

见田傺于梁南①，曰："秦攻鄢陵②，几拔矣③。梁计将奈何？"田傺曰："在楚之救梁。"对曰"不然④。在梁之计，必有以自恃也⑤。无自恃计，传恃楚之救⑥，则梁必危矣。"田傺曰："为自恃计奈何？"曰："梁之东地⑦，尚方五百余里，而与梁⑧，千丈之城，万家之邑，大县十七，小县有市者卅有余⑨，将军皆令县急急为守备，撰择贤者⑩，令之坚守，将以救亡。令梁中都尉□□大将⑪，其有亲戚、父母、妻子⑫，皆令从梁王葆之东地单父^⑬,善为守备。"

【注释】

①见田僔于梁南:有一位谋士在大梁的南边见到田僔。本句主语身份不明。田僔,人名。魏国将军。僔,整理小组《战国纵横家书》疑为"俔"字:"田僔,人名,当是魏将。僔疑即《说文》俔字(兵字古文)。"《长沙马王堆汉墓简帛集成·战国纵横家书》疑为"仆(僕)"字:"疑当释'仆'。"梁,通"梁"。大梁,魏国的都城。在今河南开封。梁南,即大梁的南边。

②鄢陵:地名。在今河南鄢陵西北。

③几拔矣:几乎就要攻陷了。

④不然:不是这样的,不对。

⑤必有以自恃也:一定要有些可以自我依靠的计谋与实力。有以,有些实力或计谋。自恃,自我依靠。

⑥传:通"专"。专一,完全。

⑦梁之东地:大梁以东的地方。这些地方当时还控制在魏国手中。

⑧与梁:支持大梁。与,帮助,支持。

⑨小县有市者:有市集的小县城。卅(sà)有余:三十多个。卅,三十。

⑩撰:假借为"选"。选拔。

⑪令梁中都尉□□大将:命令大梁城中的都尉及各位将军。都尉,武官名。级别稍低于将军。本句缺两字,不影响句意理解。

⑫亲戚:泛指亲人。妻子:妻子与儿女。

⑬葆:通"保"。保护,坚守。单父:地名。在今山东单县。

【译文】

有位谋士到了大梁的南边去见魏国将军田僔,说:"秦军进攻鄢陵,几乎就要攻陷了。魏国打算怎么办呢?"田僔说:"寄希望于楚国的救援。"谋士回答说"这不行。站在魏国自己的角度考虑,一定要找到些可以自我依赖的计谋与实力。如果没有一些可以自我救助的计谋与实力，完全依赖楚国的救助，那么大梁必定会危险了。"田俙说："如何能够找到一些自我救助的计谋与实力呢？"谋士说："大梁以东的土地，还有方圆五百多里，可以用来支持大梁，那里有千丈长的城墙，万户人家的城邑，规模较大的县城有十七个，规模较小但有市集的县城有三十多个，将军下令所有的县城都要赶快做好战备，选拔贤良的人，命令他们坚守城池，以挽救魏国的危亡。再下令大梁城里的都尉及各位大将，让他们的亲人、父母、妻子、儿女，都要跟随着魏王到东边的单父去坚守城池，妥善做好各项守备事宜。"

　　田俙曰："粱之群臣皆曰：'粱守百万①，秦人无奈粱何也②。粱王出③，顾危④。'"对曰："粱之群臣必大过矣⑤，国必大危矣。粱王自守，一举而地毕⑥，固秦之上计也⑦。今粱王居东地，其危何也？秦必不倍粱而东⑧，是何也？多之则危⑨，少则伤。所说谋者为之⑩，而秦无所关其计矣⑪。危弗能安，亡弗能存，则奚贵于智矣⑫？愿将军之察也。粱王出粱，秦必不攻粱，必归休兵，则是非以危为安、以亡为存耶？是计一得也。若秦拔鄢陵，必不能掊粱、黄、济阳阴、睢阳而攻单父⑬，是计二得也。若欲出楚地而东攻单父⑭，则可以转祸为福矣，是计三得也。若秦拔鄢陵而不能东攻单父，欲攻粱，此粱、楚、齐之大福已⑮。粱王在单父，以万丈之城、百万之守、五年之食，以粱饵秦⑯，以东地之兵为齐、楚为前行⑰，出之必死⑱，击其不意⑲，万必胜⑳。

【注释】

①梁守百万：大梁的守军有上百万人。

②无奈梁何：对大梁毫无办法。也即无法攻陷大梁。

③出：离开大梁。

④顾危：大梁反而危险了。顾，表示轻微转折，相当于"而""反而"。

⑤必大过：一定会犯下大错。过，错误。

⑥一举而地毕：大梁一旦被攻陷，整个魏国土地就会全部被秦国占领。举，攻占，占领。毕，全部。意思是说，如果魏王坚守大梁，一旦大梁被攻陷，魏王被俘，那么整个魏国就会投降秦国。

⑦固秦之上计也：这本来就是秦国最想得到的结果。固，本来。

⑧倍梁而东：背对着大梁向东进攻。也即秦军绕过大梁，直接向东进军。

⑨多之则危：秦军即使人多也很危险。因为秦军向东攻打单父，就会被大梁与单父的魏军夹击，腹背受敌。

⑩所说谋者为之：如果能够按照我说的计谋去做事。为之，做这件事情。

⑪而秦无所关其计矣：那么秦国就没有办法获取他们所想得到的结果。关，通"贯"。贯彻，施行。

⑫奚贵于智矣：那么所谓的计谋还有什么值得看重的呢？奚，什么。贵，珍惜，看重。

⑬必不能培梁、黄、济阳阴、睢阳而攻单父：肯定不敢背对着大梁、黄地、济阳、济阴、睢阳而去进攻单父。培，假借为"背"。背对着。黄，地名。在今河南杞县。济阳，地名。在今河南兰考东。济阴，地名。在今山东菏泽定陶区。睢阳，地名。在今河南商丘南。

⑭若欲出楚地而东攻单父：如果秦军想经过楚国的地盘去向东进攻单父。秦军如果想经过楚地进攻单父，势必要与楚国发生冲突，

所以下文说魏国"则可以转祸为福矣"。

⑮此梁、楚、齐之大福已：这是魏国、楚国、齐国的大福啊。原因见下文解释。已，通"矣"。

⑯以梁饵秦：以大梁为诱饵吸引着秦军。

⑰前行：打先锋。

⑱出之必死：带着必死的决心出击秦军。一说指攻击秦军的要害之处。

⑲击其不意：进攻秦军意想不到的地方。

⑳万必胜：绝对能够取得胜利。万，表示程度之高，绝对。

【译文】

田倛说："魏国的大臣们都说：'大梁的守军有百万之众，秦国对大梁是毫无办法的。一旦魏王离开大梁，大梁反而危险了。'"谋士回答说："魏国的大臣们一定会犯下大错的，魏国也一定会遇到大的危险啊。如果魏王亲自率军坚守大梁，大梁一旦陷落，那么整个魏国土地就会被秦国占领，这本来就是秦国想得到的最佳结果。如果魏王到魏国东部地区去坚守，哪里会有什么危险呢？秦国肯定不敢背对着大梁而向东进军，这是为什么呢？因为即使秦国军队多也很危险，军队少了则会失败。如果能够按照我说的计谋去行事，而秦国就无法实现他们所预计的结果了。国家危险了而不能使它变得安全，国家危亡了而不能使它生存下去，那么所谓的计谋又有什么值得重视的呢？希望将军您要仔细考虑这件事情啊。魏王离开大梁，秦国肯定不会进攻大梁，一定会撤军回去，那么这不就是转危为安、化亡为存了吗？这是这一计谋的第一个好处。如果秦国攻陷了鄢陵，肯定不敢背对着大梁、黄地、济阳、济阴、睢阳而前去进攻单父，这是这一计谋的第二个好处。如果秦国想经过楚国的地盘向东进攻单父，那么秦、楚的矛盾冲突就可以使魏国转祸为福了，这是这一计谋的第三个好处。如果秦国攻陷鄢陵之后不敢向东进攻单父，而是进攻大梁，这就是魏国、楚国、齐国的大福啊。魏王坚守在单父，凭借着万丈长的城墙、上百万的守军、能够维持五年的粮食，以大梁为诱饵吸引住秦军，然后让魏国东部地区的军队为齐国、楚国当先锋，带着拼死的决心，突击秦军意想不到的地方，绝对能够取得胜利。

"齐、楚见亡不叚①，为梁赐矣②。将军必听臣，必破秦于梁下矣。臣请为将军言秦之可可破之理③，愿将军察听之〔也〕。今者秦之攻□□□□将□以□行几二千里④，至，与楚、梁大战长社⑤，楚、梁不胜，秦攻鄢陵。秦兵之□□□死伤也⑥，天下之□见也⑦。秦兵战胜，必收地千里。今战胜不能倍鄢陵而攻梁者⑧，□少也⑨。鄢陵之守，〔城百〕丈，卒一万。今梁守，城万丈，卒百万。臣闻之也，兵者弗什弗围⑩，弗百弗□军⑪。今梁守百万，梁王有出居单父，秦拔鄢陵，必归休兵。若不休兵，而攻虚梁⑫，守必坚。是〔何〕也？王在外，大臣则有为守⑬，士卒则有为死，东地民有为勉⑭，诸侯有为救梁，秦必可破梁下矣。若梁王不出梁，秦拔鄢陵，必攻梁，必急，将卒必□□⑮，守必不固。是何也？之王⑯，则不能自植士卒⑰；之将，则以王在梁中也，必轻⑱；之武⑲，则□□□如不□⑳，梁中必乱㉑；之东地，则死王更有大虑㉒；之诸侯，则两心㉓，无□□无□□□地㉔；之梁将㉕，则死王有两心㉖，无以出死救梁㉗，无以救东地，而□□□□□□□㉘，王不出梁之祸也。"

【注释】

①齐、楚见亡不叚：齐国与楚国看到自己不久也会遭遇危亡的命运。叚，假借为"遐"。长远，久远。

②为梁赐矣：就会为魏国提供援助。赐，帮助，救援。

③可可：其中一个"可"字为衍字，当删。

④今者秦之攻□□□□将□以□行几二千里：缺字较多。《史记·秦本纪》："（秦昭王）三十三年，客卿胡阳攻魏卷、蔡阳、长社，取之。"根据前后文，本句大意应是：如今秦国进攻魏国的卷地（在今河南原阳西南）、蔡阳（在今河南上蔡东南），行军将近两千里。几，几乎，差不多。

⑤长社：地名。在今河南长葛西。

⑥秦兵之□□□死伤也：缺三字。大意应是：秦国军队在这些战役中的伤亡情况。

⑦天下之□见也：天下都是有目共睹的。缺一字，应是"所"字。

⑧今战胜不能倍鄢陵而攻梁者：如今秦国打了胜仗，而不敢背对着鄢陵去进攻大梁的原因。倍，通"背"。背对着。

⑨□少也：是因为军队少了。缺一字，应为"兵"字。

⑩兵者弗什弗围：兵力不到敌人的十倍，就不要去包围敌人。什，同"十"。指十倍于敌人。

⑪弗百弗□军：此句缺一字。大意可能是：不到敌军的一百倍，就不敢贸然进攻坚守城池的军队。

⑫虚梁：指魏王不在城中的大梁。

⑬有为守：有为魏王而坚守大梁的信念。

⑭勉：努力。

⑮将卒必□□：缺二字。大意可能是：将士们一定会感到恐慌。

⑯之王：这种情况下的魏王。之，此，这种情况。

⑰则不能自植士卒：则不能亲自指挥士卒。植，古代军队中主持工程的将领，这里用作动词，率领，指挥。魏王不懂军事，故无法亲自指挥军队作战。

⑱必轻：一定会受到轻视。因为魏王在大梁城中，所以指挥作战的

将军的威望就会降低。

⑲之武：在这种情况下的士卒们。武，武士，士卒。

⑳则□□□如不□：缺字较多，大意可能是：因为将领的权威不足而不能协调一致地行动。沈月《〈战国纵横家书〉译注》则译为："士兵因为将领的犹豫不决而不能协调一致地行动。"

㉑梁中必亂：大梁城中一定会变得一片混乱。亂，通"乱"。

㉒则死王更有大虑：在为魏王拼死的问题上会变得非常犹豫不决。死王，为魏王而死。虑，反复思考，犹豫不决。

㉓两心：与魏国三心二意。

㉔无□□无□□□地：缺字较多。大意应为：没有可占的利益，也没有可占的土地。

㉕梁将：指守卫大梁的将军。

㉖则死王有两心：在为魏王拼死作战的问题上三心二意。

㉗无以出死救梁：没有心思拿出生命去挽救魏国。

㉘而□□□□□□□：缺字很多。根据前后文，大意应是：而是眼睁睁地看着魏国陷入危亡。

【译文】

"齐国与楚国看到自己不久也会遭遇到危亡的命运，将会为魏国提供援助。将军一定要听从我的建议，那就肯定能够在大梁的城下大败秦军。请让我为将军谈谈秦军可以击败的缘由。如今秦国进攻魏国的卷地、蔡阳，行军将近两千里，到了魏国之后，又与楚国、魏国大战于长社，楚国和魏国打败了，秦国开始进攻鄢陵。秦国军队在这些战役中的伤亡情况，天下的人们有目共睹。秦军不断打胜仗，肯定想获取方圆千里的土地。如今战胜之后，却不敢背对着鄢陵而去进攻大梁的原因，还是因为军队太少了。鄢陵的守备情况是，有数百丈长的城墙，一万名士卒。如今大梁的守备情况是，有万丈长的城墙，上百万的士卒。我听说，军队不到敌人的十倍，就不敢包围敌人；军队不到敌人的一百倍，就不敢贸然进攻坚守城池的敌军。如今大梁的守军有百万人，魏王又离开大梁到了单父，秦国在攻陷鄢陵之后，一定会撤军回去。如果秦国还不撤军，而去进攻魏王不在城里的大梁，那么大梁的军队必定会坚守。这是为什么呢？因为魏王在大梁之外，大臣们具备了为魏王守城的信念，士卒们具备了为魏王拼死的决心，东部地区的民众具备了为魏王而奋斗的动力，其他诸侯国也会为了魏王而前来救助大梁，秦军一定会被击败于大梁城下。如果魏王不离开大梁，秦国在攻陷鄢陵之后，一定会继续前来进攻大梁，大梁肯定会处于危急之中，将士们一定会感到恐慌，防守一定难以牢固。这是为什么呢？因为在这种情况下的魏王，又不能亲自指挥士卒作战；在这种情况下的将军，就会因为魏王身在大梁城中，他们的权威会被削弱；在这种情况下的士卒们，就会因为将军们的权威不足而不能协调一致地行动；在这种情况下的东部地区的臣民，在为魏王拼死的问题上就会变得犹豫不决；在这种情况下的其他诸侯，就会对魏国离心离德，因为他们既得不到财物，也得不到土地；在这种情况下的魏国将军，在为魏王拼死作战的问题上就会变得三心二意，他们既没有心思拼命去挽救大梁，也没有心思去挽救东部地区，只会眼睁睁地看着魏国走向衰亡，这都是魏王不离开大梁引起的灾祸啊。"

田偺曰："请使宜信君载先生见□□□□□□□□□□□□不责于臣[1]。""不自处危[2]。今王之东地尚方五百余里，□□□□□□□□□□□责于臣[3]。若王不□[4]，秦必攻梁，是梁无东地忧[5]，而王□□□□□□□□□□□梁中[6]，则秦［之］攻梁必急；王出[7]，则秦之攻梁必疑[8]。是三[9]，□□□□□□□□□□□□□□□□□大破[10]，□□□□□□□□□□□□□□□[11]，臣来献□计[12]，□□□王弗用臣[13]，则□□□□□[14]。"

【注释】

①请使宜信君载先生见□□□□□□□□□□□不责于臣：缺字很多，大意应是：请派宜信君用车子把您送到大梁城中的魏王那里，您亲自向魏王陈述自己的这些计谋，以免将来出了问题要来责备我。宜信君，魏国大夫。本段以下缺文很多，其注释及译文仅供参考。

②不自处危：大王您不可以把自己置于危险的大梁城中。根据文意，本句及下文均为这位谋士对魏王讲的话。

③□□□□□□□□□□□□□责于臣：缺字太多。根据前文，大意应是：大王您转移到东部地区，可保大梁无忧，否则可以问责于我。

④若王不□：如果大王不离开大梁。缺一字，应是"出"。

⑤是梁无东地忧：这样一来，虽然魏国没有东部地区战事的忧患。因为如果魏王不离开大梁，秦军的主要力量用来进攻大梁，东部地区会有暂时的安宁。

⑥而王□□□□□□□□□□□□□梁中：缺字很多。大意应是：然而大王您却会被牢牢地困在大梁城中。

⑦王出：如果大王离开大梁。出，离开。

⑧则秦之攻梁必疑：那么秦军在是否进攻大梁的问题上就会犹豫不决。《战国纵横家书》无"疑"字，据《长沙马王堆汉墓简帛集成·战国纵横家书》补。

⑨是三：《战国纵横家书》无"是三"二字，据《长沙马王堆汉墓简帛集成·战国纵横家书》补。是三，这三种反应。指秦军对魏国行动的三种反应，一是不进攻大梁，二是在进攻大梁的问题上犹豫不决，三是紧急进攻大梁。

⑩□□□□□□□□□□□□□□□□□大破：缺字很多。根据全文，大意应是：针对秦国的三种反应，采取相应的措施，一定会打败秦军。

⑪□□□□□□□□□□□□□□□□□□□□□□□□□□□□□：缺字无从补起。大意可能是：希望大王认真考虑我的计谋，对比大王是否离开大梁所引起的不同结果。

⑫臣来献□计：我来献上这一计谋。缺一字，疑为“此”字。

⑬□□□王弗用臣：缺三字。大意应是：如果大王您不能采用我的这一计谋。

⑭则□□□□：缺四字。大意可能是：那么大王一定会后悔的。沈月《〈战国纵横家书〉译注》译为：“请允许我离开。”

【译文】

田併说：“请派宜信君用车子把您送到大梁城中的魏王那里，您亲自向魏王陈述自己的这一计谋，以免将来出了问题要来责备我。”谋士见到魏王后说：“大王您不可以把自己置于危险的大梁城中。如今大王的东部地区还有方圆五百多里的土地，大王您如果转移到东部地区，可保大梁安然无忧，否则您可以问责于我。如果大王不离开大梁，秦军必定进攻大梁，这样一来，虽然魏国没有东部地区战事的忧患，然而大王却会被围困于大梁城里，那么秦军肯定会加紧对大梁的进攻；如果大王离开大梁，那么秦军在进攻大梁的问题上就会犹豫不决。秦军对魏国大约会有不进攻大梁、在进攻大梁的问题上犹豫不决、紧急进攻大梁三种反应，大王针对秦国的这三种反应，采取相应的措施，一定能够打败秦军。希望大王您能够仔细考虑我的计谋，认真对比一下是否离开大梁所引起的不同结果。我前来献上这个计谋，如果大王不予采用，那么大王一定会后悔的。”

二七、麛皮对邯郸君章

【题解】

麛皮对邯郸君:赵国大夫麛皮与赵成侯的对话。麛皮,赵国大夫。邯郸君,指赵国君主赵成侯。邯郸为赵国都城,赵成侯住在邯郸,故称赵成侯为邯郸君。对,对话。理解为"回答"亦可。赵成侯二十一年(前354),魏国围攻赵国邯郸,第二年邯郸沦陷。在邯郸被围困期间,麛皮出使楚国,楚国主动提出要救援赵国。麛皮回国后劝告赵成侯不可相信楚国的许诺,要尽快与魏国讲和,而赵成侯却犹豫不决,最终失去邯郸。本章主要告诫人们,在与别人交谈的时候,一定要善于察言观色,以此来判断对方的真实意图,不可被对方的表面言辞所蒙蔽。

　　□□□□[邯]郸□□□□□□□□未将令也①。工君奚溣曰②:"子之来也③,其将请师耶④? 彼将□□□重此□⑤,如北兼邯郸⑥,南必□□□□□□□□□城必危⑦,楚国必弱,然则吾将悉兴以救邯[郸]⑧,吾非敢以为邯郸赐也,吾将以救吾□□⑨。"[麛]皮曰:"主君若有赐⑩,兴□兵以救敝邑⑪,则使臣赤敢请其日以复于□君乎⑫?"工君奚溣曰:"大缓救邯郸⑬,邯郸□□□郸⑭。进兵于楚,非国之利也，子择其日归而已矣，师今从子之后⑮。"

【注释】

①□□□□邯郸□□□□□□□□未将令也：缺字较多。根据下
文，大意应是：魏国围攻赵国都城邯郸，赵国大夫靡（mí）
皮出使楚国，但没被赋予求援的使命。靡皮，赵国大夫。邯郸，赵国都
城，在今河北邯郸。未将令，没有奉命求救。将，携带，带着。《史
记·赵世家》："（赵成侯）二十一年，魏围我邯郸。二十二年，魏
惠王拔我邯郸，齐亦败魏于桂陵。"赵成侯二十一年，即前354年。
本章所记载的事件应发生于前354至前353年。

②工君奚泏：即昭奚恤。又称江君奚泏。人名，楚国的相。工，假借
为"江"。因昭奚恤被封于江地（在今河南正阳），故称"江君"。
奚泏，即"奚恤"。

③子之来也：您这次来楚国。子，对靡皮的尊称。

④其将请师耶：大概是要请求援军吧？其，表示揣测的语气词。师，
军队。

⑤彼将□□□重此□：缺字较多。大意应是：魏国对进攻邯郸这次
战役将会非常重视。彼，指魏国。

⑥如北兼邯郸：如果魏国向北兼并了邯郸。邯郸在魏国的北边。

⑦南必□□□□□□□□城必危：缺字较多。大意应是：魏国一定
还会向南进攻楚国，楚国的北部城邑就会危险了。

⑧然则吾将悉兴以救邯〔郸〕：那么我将会动员全部军队去援救邯
郸。悉，全部。兴，发动军队。

⑨吾将以救吾□□：我将以此来拯救我们的北部城邑。缺二字，当
为"边城"。

⑩主君若有赐：您如果能够为赵国提供援助。主君，对昭奚恤的尊
称。赐，恩赐。这里指出兵援助。

⑪兴□兵以救敝邑：发动楚国军队来救援我们赵国。缺一字，应为"楚"。敝邑，犹言敝国。自我谦称。

⑫则使臣赤敢请其日以复于□君乎：那么我是否可以冒昧地询问一下贵国出兵救援的具体时间，以便我回去后向我的君主汇报呢？使臣，虋皮自称。赤，假借为"亦"。敢，谦辞，有冒昧的意思。其日，指楚国出兵救援赵国的具体日子。复，回复，汇报。本句缺一字，应是"吾"。

⑬大（tài）缓救邯郸：如果救援邯郸的行为太迟缓。大，同"太"。

⑭邯郸□□□郸：缺三字。大意应是：邯郸就不是赵国的邯郸了。

⑮师今从子之后：楚国的军队马上就会跟在您的后面去援救邯郸了。

【译文】

魏国军队围攻赵国都城邯郸，赵国大夫虋皮出使楚国，但没有被赋予求援的使命。楚相江君奚湎对虋皮说："您这次到楚国来，大概是要请求援兵的吧？魏国对进攻邯郸的这次战役将会非常重视，如果魏国向北兼并了邯郸，他们肯定会向南进攻楚国，那么楚国的北方城邑就危险了，楚国一定会被削弱，这样的话我们将愿意动员所有的军队去救援邯郸，我不敢说这是对邯郸的恩赐与帮助，我只是想借此拯救我们楚国的北部城邑而已。"虋皮说："您如果愿意救援我们，发动楚国军队来救助我们赵国，那么我是否可以冒昧地询问一下楚国出兵的具体时间，以便我回去后向我的君主汇报呢？"江君奚湎回答："救援邯郸的行动如果太迟缓，邯郸就不再是赵国的邯郸了。让魏国军队兼并邯郸后进攻楚国，这对我们楚国是太不利了，您只管自己选择个时间回赵国就行了，我们的军队马上就会跟随在您的后面去救援邯郸。"

虋皮归①，复令于邯郸君曰②："□□□□□和于魏③，楚兵不足侍也④。"邯郸君曰："子使，未将令也。人许子兵甚俞⑤，何为而不足侍［也］⑥？虋皮曰："臣之□□［不足］侍者以其俞也⑦。彼其应臣甚辨⑧，大似有理。彼非卒然之应也⑨。彼笱齐□□□□守其□□□利矣⑩。□□□兵之日不肯告臣⑪。颊然进其左耳而后其右耳⑫，台乎其所后者⑬，必其心与□□□□□俞许[我]兵⑭，我必列地以和于魏⑮，魏必不敝⑯，得地于赵，非楚之利也。故俞许我兵者，所劲吾国⑰，吾国劲而魏氏敝，[楚]人然后举兵兼承吾国之敝⑱。主君何为亡邯郸以敝魏氏⑲，而兼为楚人禽弋⑳？故萋和为可矣㉑。"

【注释】

①聋皮：即麛皮。聋，通"麛"。

②复令于邯郸君：向赵成侯汇报出使情况。复令，即复命。完成使命后汇报情况。邯郸君，指赵成侯。邯郸为赵国都城，故有此称。

③□□□□□和于魏：缺五字。根据下文，大意应是：虽然楚国答应出兵援助，但还是应该与魏国讲和。

④楚兵不足恃也：不能依靠楚国的援兵啊。恃，假借为"恃"。依赖。

⑤人许子兵甚俞：江君奊泏如此痛快地答应出兵援助。人，指江君奊泏。许，许诺，答应。俞，通"愉"。愉快，痛快。

⑥何为而不足恃[也]：为什么不能够依靠呢？

⑦臣之□□[不足]恃者以其俞也：我之所以认为楚国的救援不可以依靠，就是因为他答应得过于痛快了。缺二字，应是"所以"或"所谓"。

⑧彼其应臣甚辨：他在与我谈话时，话讲得非常漂亮动听。辨，通"辩"。能言善辩，漂亮动听。

⑨彼非卒（cù）然之应也：他并非突然之间想出的这些应对之辞。意思是说，江君奊泏的这些外交辞令，是经过精心准备的，并非一

时发自内心。卒,突然。

⑩彼笥齐□□□□守其□□利矣:缺字较多。据《战国策》,大意应是:江君奚沺正在等待着齐、秦两国的反应,以图获取渔翁之利。《战国策·楚策一》"邯郸之难章":"邯郸之难,昭奚恤谓楚王曰:'王不如无救赵,而以强魏。魏强,其割赵必深矣。赵不能听,则必坚守,是两弊也。'"《战国策·楚策一》"邯郸之难章"还记载:"(楚国大夫)景舍曰:'……赵、魏相弊,而齐、秦应楚,则魏可破也。'"楚国的策略是,先让魏国与赵国相互消耗,然后联合齐国与秦国去讨伐魏国,自己从中取利。笥,通"伺"。伺机。

⑪□□□兵之日不肯告臣:缺三字。大意应是:当我询问楚国出兵的时间,却不肯告诉我。

⑫颓(lèi)然进其左耳而后其右耳:江君奚沺与我交谈时歪着头,左耳在前,右耳在后。颓然,歪着头的样子。意思是不让麋皮看到自己的正面面容、表情。颓然,整理小组《战国纵横家书》原为"颓然":"颓然,未详。一说,颓疑为夌的别体,音页。《广韵·十六屑》:'夌,头邪。'因为歪了头,所以左耳在前,右耳在后。"《长沙马王堆汉墓简帛集成·战国纵横家书》:"原释文隶定为'颓'不可信……全字当即见于《说文·九上·页部》的'颓(颓)'字,《说文》云:'头不正也。从页,从夌。夌,头倾也。'……整理者对字形的分析虽然不对,但是对文义的理解却是正确的。"

⑬台(yí)乎其所后者:把愉悦的容貌隐藏在后面。台,通"怡"。愉快。

⑭必其心与□□□□俞许[我]兵:缺五字。大意应是:一定是他的内心想法与言辞不一致,如果不痛快地许诺出兵救助我们。

⑮我必列地以和于魏:我们一定会割让土地给魏国以求和解。列,同"裂"。割裂,割地。

⑯魏必不敝:魏国一定不会被削弱。敝,破败,削弱。

⑰所劲吾国:以此来鼓动我们赵国继续抗击魏国。劲,鼓劲,鼓动。

⑱［楚］人然后举兵兼承吾国之散：楚国人在赵国与魏国都打得筋疲力尽时，趁着两个国家疲惫不堪而兼收渔利。然，代指赵国与魏国都打得筋疲力尽。兼承，趁着两国都很疲惫的时机。

⑲主君何为亡邯郸以散魏氏：主君您为什么要以邯郸被攻陷为代价，去削弱魏国的力量呢？亡，使……灭亡。

⑳而兼为楚人禽戋：而一起被楚国击败呢？兼，都，全部。指赵、魏两国。为，被。禽，同"擒"。擒拿，击败。戋，同"哉"。

㉑故莬和为可矣：所以说赶快与魏国讲和才是正确的。莬，假借为"数"。快速，赶快。

【译文】

麛皮回到赵国之后，向赵成侯汇报自己出使的情况，说："虽然楚国答应出兵援助，但我们还是应该与魏国讲和，因为楚国军队的援助是不可靠的。"赵成侯问："您这次出使，并没有向楚国求援的使命啊。楚国人这么痛快地答应出兵援助我们，为什么说不可靠呢？"麛皮回答说："我之所以判断楚国的援助不可靠，就是因为他们答应得太痛快了。江君奚溢在与我谈话的时候，话讲得非常漂亮动听，看似非常有道理，这说明他并非突然之间想到的，而是经过精心准备的这些应对之辞。江君奚溢正在等待着齐、秦两国的反应，以图获取渔翁之利。当我询问楚国出兵的时间，他却不肯告诉我。江君奚溢与我谈话的时候，歪着头，把他的左耳放在前面，而把右耳放在后面，他之所以想把愉悦的表情藏在背后，一定是他的内心想法与言辞不一致。如果楚国不痛快地许诺出兵救助我们，我们一定会割让土地给魏国以求和解，魏国也就肯定不会被削弱，魏国从赵国这里得到了土地，对楚国是不利的。所以他这么痛快地答应出兵援助，目的就是为了鼓动我们赵国继续抗击魏国，我们赵国抗击魏国，而魏国就会被削弱，楚国人在赵国与魏国都打得筋疲力尽时，趁着两个国家疲惫不堪的时机而兼收渔利。主君您为什么要以邯郸被攻陷为代价去削弱魏国的力量、然后让赵与魏两国一起被楚国击败呢？所以说赶快与魏国讲和才是正确的。"

　　邯郸君榣于楚人之许己兵而不肯和①。三年,邯郸
俴②。楚人然后举兵,兼为正乎两国③。若由是观之,楚国
之口虽□□④,其实未也。故□□应⑤,且曾闻其音以知其
心⑥。夫颗然见于左耳⑦,麝皮已计之矣⑧。

【注释】

①榣:同"摇"。动摇,犹豫不决。不肯和:不肯与魏国讲和。

②邯郸俴:邯郸被攻陷。俴,通"残"。被打败。具体指陷落。"俴"
字,整理小组《战国纵横家书》原为"俴"字:"邯郸下一字,未详。
意思是,邯郸拔。"《长沙马王堆汉墓简帛集成·战国纵横家书》:
"字当释为'俴'……读为'残'。"

③兼为正乎两国:同时左右着赵国与魏国两个国家。正,长官,领导
者。这里指领导、左右别人。一说,"正"通"征",楚国同时讨伐
了赵、魏两国。

④楚国之口虽□□:缺二字。大意应是:楚国口头上虽然答应出兵
援助赵国。

⑤故□□应:缺二字。大意应是:所以说在与别人交谈的时候。

⑥且曾(zēng)闻其音以知其心:还要做到听到了别人的言辞,就能
够知道他的内心。曾,用来加强语气。

⑦夫颗然见(xiàn)于左耳:当江君奚澻歪着头只露出左边耳朵时。
见,同"现"。露出,让别人看见。

⑧麝皮已计之矣:麝皮就已经猜出他内心的真实想法。计,猜测。

【译文】

因为楚国人答应出兵援助,所以赵成侯犹豫不决,不肯与魏国讲和。

三年之后，邯郸被攻陷。此后楚人才出动军队，同时左右着赵国与魏国两个国家。从这里可以看出，楚国虽然口头上答应出兵救助赵国，而实际上并非如此啊。所以说在与别人交谈的时候，一定要做到听了别人的言辞，就能够知道他的内心。当江君奚溢歪着头只露出左边耳朵时，麝皮就已经猜出他内心的真实想法了。

中华经典名著
全本全注全译丛书
（已出书目）

周易	国语
尚书	晏子春秋
诗经	穆天子传
周礼	战国纵横家书
仪礼	战国策
礼记	史记
左传	列女传
韩诗外传	吴越春秋
春秋公羊传	越绝书
春秋穀梁传	华阳国志
春秋三传	水经注
孝经·忠经	洛阳伽蓝记
论语·大学·中庸	大唐西域记
尔雅	史通
孟子	贞观政要
春秋繁露	营造法式
说文解字	东京梦华录
释名	梦粱录

唐才子传	六韬
大明律	吕氏春秋
廉吏传	韩非子
徐霞客游记	山海经
读通鉴论	黄帝内经
宋论	素书
文史通义	新书
鹖子·计倪子·於陵子	淮南子
老子	九章算术(附海岛算经)
道德经	新序
帛书老子	说苑
鹖冠子	列仙传
黄帝四经·关尹子·尸子	盐铁论
孙子兵法	法言
墨子	方言
管子	白虎通义
孔子家语	论衡
曾子·子思子·孔丛子	潜夫论
吴子·司马法	政论·昌言
商君书	风俗通义
慎子·太白阴经	申鉴·中论
列子	太平经
鬼谷子	伤寒论
庄子	周易参同契
公孙龙子(外三种)	人物志
荀子	博物志

抱朴子内篇	唐语林
抱朴子外篇	北山酒经(外二种)
西京杂记	折狱龟鉴
神仙传	容斋随笔
搜神记	近思录
拾遗记	洗冤集录
世说新语	传习录
弘明集	焚书
齐民要术	菜根谭
刘子	增广贤文
颜氏家训	呻吟语
中说	了凡四训
群书治要	龙文鞭影
帝范·臣轨·庭训格言	长物志
坛经	智囊全集
大慈恩寺三藏法师传	天工开物
长短经	溪山琴况·琴声十六法
蒙求·童蒙须知	温疫论
茶经·续茶经	明夷待访录·破邪论
玄怪录·续玄怪录	潜书
酉阳杂俎	陶庵梦忆
历代名画记	西湖梦寻
唐摭言	虞初新志
化书·无能子	幼学琼林
梦溪笔谈	笠翁对韵
东坡志林	声律启蒙

老老恒言

随园食单

阅微草堂笔记

格言联璧

曾国藩家书

曾国藩家训

劝学篇

楚辞

文心雕龙

文选

玉台新咏

二十四诗品·续诗品

词品

闲情偶寄

古文观止

聊斋志异

唐宋八大家文钞

浮生六记

三字经·百家姓·千字
　文·弟子规·千家诗

经史百家杂钞